납득되는

몰상식한

아이디어

추천의 글

송재원 감독은 제일기획에서 그리 긴 시간을 보내지도 않고 '스튜디오좋'을 설립했고, 파격적인 광고들로 광고계에 존재를 단단히 각인시켰다. 비결이 뭐였을까? 그 얘기를 책에 담았다. 스튜디오좋은 신입 크리에이터를 뽑을 때마다 크리에이티브가 무엇이고 그 일을 잘하려면 무얼 어떻게 해야 하는지 알려주어야 했는데 그 내용을 고스란히 책에 담았다. 자신의 일을 잘하는 것과 그 일의 연원을 밝히는 건 완전히 다른 능력인데 책을 보니 송재원 감독은 그 일을 완벽하게 해냈다. 한창 뜨겁게 크리에이티브를 발휘하고 있는 송재원 감독에게 젊은 크리에이터들이 많이 배울 수 있을 듯하다.

최인아 최인아책방 대표, 전 제일기획 부사장

정말 몰상식하네요. 납득이 (안) 됩니다.

신우석 돌고래유괴단 감독

오랜 시간 마케팅 분야에서 일을 하면서 좋은 아이디어는 같은 사실이나 현상을 다른 방식으로 이해하고 해석하는 태도에서 시작된다는 걸 알게 되었다. 이 책은 단순히 주목받는 마케팅이나 광고를 기획하는 방법을 알려주는 것이 아니라 '남다른' 크리에이티브가 필요한 모든 영역에서 창의력을 발휘할 수 있게 만드는, 사고하고 일을 하는 방식에 대해 탁월한 노하우와 영감을 전해준다. 자신만의 방식으로 창의력을 키우고 일에 적용하고 싶은 모든 사람들에게 이 책은 유용한 지침서가 될 것이다.

이상훈(스투시) 마케터, 브랜드 컨설턴트
브랜드, 마케팅 전문 채널 '스투시의 마케팅팩토리' 운영자
@stussygo @Marketingfactory_

추천사는 표지의 장벽 너머 장대한 첫 페이지까지 독자를 인도하는 것으로 제 역할을 마친다. 따라서 지나침이나 모자람 없는 균형의 미덕을 갖추면서도 압축적으로 책의 가치를 담아야 한다. 감사하게도 추천사를 부탁받은 나는 목적에 충실히 부합하기 위하여, 마음가짐을 다잡고 몇 가지 방안을 꼽아보았다.

1. 저자의 이력과 성공 사례를 언급하여 저서의 권위를 높이고 유용함을 뽐낸다.
2. 진지하게 정성적 평을 담은 객관적 지침으로 책의 신뢰성을 돋보이게 한다.
3. 저자와 공유하는 흥미로운 일화를 꼽아, 저자의 기발한 매력을 드러낸다.
4. 이 책의 무용함을 가장한 농담을 하여, 역설적으로 독자에게 묘한 도전 의식을 부여한다.
5. 그럴듯한 숫자를 매긴 다이제스트를 통해 구체적 내용에 접근할 만한 호기심을 갖도록 한다.

내가 고심 끝에 선택한 최선의 전략이 과연 무엇일지, 그 답은 이 책 속에 있을 것이다.

김기조 그래픽 디자이너

오랜 시간, 혼자 창작을 하다 보면 '아, 이건 그냥 운이었나?' 싶은 우연들이 참 많아요. 그렇게 우연의 이유들을 찾지 못해 스스로 매너리즘에 빠지거든요. 이 책을 통해 그 순간들이, 저마다의 이유가 닿았던 시간들이었음을 새삼 깨달았습니다. 요즘 많은 사람들이 초심을 강요해요. 그런데 사람들이 바랐던 초심은 태도가 아니라, 그들에게 파격을 던졌던 그때의 '몰상식'이었음을 알게 됐습니다. 콘텐츠 뒤에 숨긴 자극을 걷어내고 다시 한 번 몰상식해지려 합니다.

유준호 크리에이터

들어가며

많은 사람들이 창의성을 타고나는 '천부적 재능'처럼 여깁니다. 세상을 바꾼 파격적인 크리에이티브를 '신내림 받은 영웅의 전설' 처럼 보기도 합니다. 그러나 크리에이티브는 그런 것이 아닙니다. 크리에이티브는 훈련 가능한 '근육'이자 '기술'입니다.

　인터뷰나 강연을 진행하면 항상 받는 질문이 있습니다. "어디서 영감을 얻나요?", "그런 아이디어는 어떻게 떠올리나요?" 저 역시 좋아하는 창작자의 결과물을 보며 '저 사람의 뇌구조는 어떻게 되어 있을까?'라는 생각을 자주 하곤 합니다. 하지만 매뉴얼이 정해져 있지 않은 크리에이티브 작업의 특성 때문에, 결과물만으로는 그 노하우를 파악하긴 참 어렵습니다. 그래서 다양한 창작자들을 관찰했습니다. 그 과정에서 얻은 정보들은 어떤 진리의 일부분이란 느낌이 들었습니다. '어쩌면 이것들이 서로 연결된 내용이 아닐까?'라는 생각에서 출발했습니다. 크리에이티브의 방법론에 작동 원리가 있다고 믿었기 때문입니다.

　이 책에서 다루는 크리에이티브의 작동 원리는 다음과 같습니다. 파격, 크리에이티브, 렐러번스라는 세 가지 요소가 유기적으로 맞물려야 비로소 성공적인 결과물로 완성됩니다. 이 책은 창의적인 발상법이나 영감을 얻는 법을 설명하려는 책이 아닙니다. 파격, 크리에이티브, 렐러번스 세 요소가 어떻게 연결되고, 상호 보완하며, 조화를 이루어 완성도 높은 결과물을 만들어내는지의 과정을 탐구합니다. 각 요소는 개별적으로도 중요한 의미를 지니지만, 진정한 크리에이티브는 세 요소가 통합된 구조로 설계될 때 완성됩니다.

파격은 단순히 강한 충격을 의미하지 않습니다. 파격은 격식이라는 세상의 기준을 부수는 영향력입니다. 세심하게 계획된 파격만이 대중의 주목을 끌고, 기억에 각인될 수 있습니다. 그리고 이러한 파격이 효과를 발휘하기 위해서는 반드시 크리에이티브한 기획력과 실행력이 뒷받침되어야 합니다. 여기에 더해, 타깃이 공감을 느낄 만한 렐러번스로 촘촘히 구조화되어야 합니다. 그렇게 만들어진 완성된 창작물에 사람들은 납득하고 호응하게 됩니다.

이 책에 저의 경험과 다양한 분야에서 활동하는 크리에이터들의 창작 노하우를 정리했습니다. 특정 분야에서만 쓸 수 있는 노하우가 아니라 모든 창작 분야에 적용 가능한 보편적 작동 원리를 담고자 했습니다. 특히 광고, 마케팅, 디자인, 영상 등 크리에이티브가 중요한 분야로 진입하고자 하는 대학생이나 주니어 창작자들을 위해 썼습니다. 이 책을 통해 파격이 어떤 원리로 작동하는지, 크리에이티브가 감각을 넘어 어떻게 분석과 훈련의 대상이 되는지, 그리고 렐러번스가 창작물에 어떻게 깊이를 더하는지를 이해할 수 있기를 바랍니다. 크리에이티브가 우연한 영감의 영역이 아닌, 단련과 재활용이 가능한 실질적 기술임을 깨닫게 되기를 바랍니다. 이 책을 통해 얻은 인사이트로 시행착오를 줄이고, 아낀 시간을 효율적으로 활용해 더 좋은 크리에이티브를 만들 수 있기를 바랍니다.

예시와 사례에 대한 안내

다양한 사례를 통해 파격, 크리에이티브, 렐러번스의 속성과 작동 원리를 탐구합니다. 책의 분량을 위해 각 개념마다 이해하기 용이한 사례만 첨부했습니다. 사례가 혹시 당신의 분야가 아니라면, 당신의 분야에선 어떤 유사한 사례가 있을지 고민해보시면 좋습니다. 만약 마땅한 사례가 떠오르지 않는다면 해당 원리를 활용해 최초의 사례를 만들 수도 있을 테니까요. 광고, 영화, 게임, 문학, 음악 등 최대한 폭넓게 사례를 다루다 보니 반례나 오류가 있을 수 있습니다. 제보해주시면, 살펴보고 다음 쇄에 수정하도록 하겠습니다. 증쇄를 진행할 정도로 책이 많이 팔리면 좋겠습니다.

단어 사용에 대한 안내

이 책에서는 광고나 마케팅뿐만 아니라 브랜딩, 미술, 디자인, 영화, 드라마, SNS 콘텐츠 등 크리에이티브가 필요한 모든 영역을 다룹니다. 특정 분야의 예시를 들 때는 해당 분야의 단어를 사용하였지만, 일반적인 개념을 설명할 때는 글쓴이의 본업인 광고·마케팅의 용어들을 주로 사용했습니다. 글을 읽을 때 자신의 본업에 맞추어 단어를 바꿔 읽어주시길 바랍니다. 예컨대, 글에서는 '소비자'로 적었지만, 자신이 영화나 드라마를 만드는 창작자라면 '관객'이나 '시청자'로 바꾼다거나, 소설가 또는 웹툰 작가라면 '독자'라고 바꾸어 읽습니다. 장르는 달라도 창작자의 업은 비슷하기 때문에 단어만 바꾸어 읽어도 훨씬 이해하기 쉬울 것입니다. 클라이언트, 투자자, 후원자를 바꿔서 읽거나 협력사, 스태프, 유관부서 등도 마찬가지입니다.

차례

추천의 글   4
들어가며   8

Chapter 1   파격

강력한 한 방   19
부서진 기준 | 리셋 버튼 | 돌연변이 | 경계선 찾기 | 특이점 만들기 | 뇌는 파격에 저항할 수 없다

경계선 넘기   39
격식의 힘 | 격식은 기본기 | 창작자가 격식을 습득 | 제각각의 경계선 | 못 부수는 격식 | 경계선의 두께: 파격의 난이도 | 대중의 경계선 | 평단과 대중 | 중복경계선 넘기 | 장인정신과 차력쇼의 경계선 | 격식으로의 매몰: 매너리즘

벽 부수기   71
특이점이 파격이 되는 과정 | 파격의 타이밍과 위치 선정 | 파격의 비율: 세 가지 전략 | 잔잔한 파격 | 무지성 파격: 초심자의 행운 | 뜻밖의 파격: 수준 미달 | 파격의 대환장 파티 | 파격의 피로감 | 파격과 격식의 순환

부수고 난 후   93
파격의 의도 | 파격의 납득 | 파격의 후폭풍 | 경외심 | 파격의 성공: 세 가지 조건 | 야수의 심장으로

NEXT LEVEL   109
파격 설계를 위한 종합 점검 프레임 워크   111

Chapter 2 크리에이티브

창의성 ≠ 창조　　　　　　　　　　　　　　　　119
새로운 것 | 신박한 것

크리에이티브의 기본 공식　　　　　　　　　　　127
1. A → A'로 다르게 활용한다: 비틀기(Twist) | 2. A+ B를 섞는다: 섞기(Mix) | 3. B +A를 C +A로 바꾸기: 변주(Variation) | 4. A를 뒤집어 −A로 만들기: 역발상(Reverse) | 5. A+ B에서 'B'를 덜어내기: 빼기(Subtract) | 6. B(A)B → C(A)C: 재맥락화(Reframe)

크리에이티브의 여섯 가지 조건　　　　　　　　137

첫 번째 조건 : 선택지가 두 개 이상　　　　　　139
영감을 받았다 | 직군별 선택지 늘리기 | 트레이닝 1. 초심자를 위한 기본 선택지 늘리기 | 트레이닝 2. 레퍼런스 인수분해법 | 노하우: 잘 먹히는 선택지 | 우리는 왜 크리에이티브한가?

두 번째 조건 : 남다른 선택　　　　　　　　　　149
소비자에게 비전형적 선택지란? | 트레이닝 1. 전형적인 선택지 학습하기 | 창작자의 촉 | 촉을 날카롭게 업데이트 | 트레이닝 2. 다른 분야 기웃거리기 | TT자형 인재 | 비전형적 용기 | 트레이닝 3. 비전형적 선택지의 검증, 피드백 | 대중의 피드백 | 피드백 회피 증상 | 트레이닝 4. 잉여 시간 만들기

세 번째 조건 : 더 우월한 성과　　　　　　　　　164
답이 없을 때의 솔루션 | 답이 있을 때의 솔루션 | 두 종류의 예상 성과 | 트레이닝 1. 정량 성과로 제안하기 | 트레이닝 2. 비용 절감으로 제안하기 | 트레이닝 3. 정성 성과(의도)로 제안하기 | 짜잔− 판타지를 버리자

네 번째 조건 : 실현 가능성　　　　　　　　　　179
실현 가능하게 크리에이티브 구성하기 | 숙련도 고려하기 | 협력자의 능력과 조건 고려하기 | 오히려 좋은 선택지 소거법 | 트레이닝 1. 리소스를 중요한 곳에 집중하기 | 트레이닝 2. 제약 조건을 역이용하기 | 트레이닝 3. 마감을 도구로 활용하기 | 실현 가능성 결론

다섯 번째 조건 : 사회적 인정　　　　　　　　　　　**194**

최초라는 인정 | 표절, 오마주, 패러디 | 창의성은 책임을 동반한다 | 사회적 인정 또한 변화한다 | 타깃 집단에게 '인정'받기 | 고유한 단어가 된 크리에이티브 | 창조가 된 크리에이티브

여섯 번째 조건 : 지속 가능성　　　　　　　　　　**204**

지속 가능한 크리에이티브의 구성 요소 | 지속 가능성의 구조 분석 | 지속 가능한 비전형적 선택지 | 지속 가능성의 양면성 | 트레이닝 1. '차별화+지속 가능성' 동시에 확보하기 | 트레이닝 2. 투입 리소스 줄이기 | 트레이닝 3. 변주 요소를 끊임없이 공급하기 | 트레이닝 4. 시작부터 콜라보 염두에 두기 | 트레이닝 5. 지속적으로 소비자에게 연락하기 | 지속 가능성 체크 리스트

NEXT LEVEL　218

Chapter 3　렐러번스

렐러번스 = 연결　　　　　　　　　　　　　　　**223**

연결고리 | 유머의 연결고리 | 감정이입의 연결고리 | 신뢰의 연결고리 | 돈 버는 연결고리 | 제각각의 연결고리 | 오해와 날조의 연결고리 | 밈의 연결고리 | 렐러번스를 설계하는 크리에이티브

연결의 설계　　　　　　　　　　　　　　　　　**247**

렐러번스 설계의 목적 | 동시연결 설계: 교집합 | 구글 두들의 연결 설계 | 최소 렐러번스 설계 | 렐러번스로 만드는 특이점 | 첫인상 설계하기 | 최초상기도: 1번 연결고리 | 머릿속 연결 전쟁 | 욕망이라는 연결고리의 재구성

내부 연결 : 완성도와 정체성　　　　　　　　　　**281**

내부의 렐러번스 = 완성도 | 구조의 완결성 설계 | 완성도가 만드는 격식 | 명분과 표현 연결하기 | 내부 렐러번스의 크리에이티브 | 빙그레우스와 빙그레의 렐러번스 | '불 좀 꺼줄래?'의 렐러번스 | 독보적 렐러번스 | 신뢰의 렐러번스: 꾸준히 연결하기 | 다중 렐러번스의 난이도와 희소성 | 내부가 정리되어야 외부와 연결될 수 있다

외부 연결: 유혹과 확장   **317**

물꼬를 트는 렐러번스 | 출입구가 두 개인 렐러번스 | 유명세의 렐러번스 | 광고 모델의 렐러번스 | 콜라보레이션의 렐러번스 | 거대 연결고리 | 렐러번스와 브랜드 확장 | 중간고리 만들기: 기네스북 & 미슐랭 가이드 | 연결고리 분산하기 | 렐러번스 갈아 끼우기 | 렐러번스 재활성화: 헤리티지 | 썩은 렐러번스: 족쇄 | 의도 없는 렐러번스 통제하기 | 낙인을 브랜드로 바꾼다

렐러번스 트레이닝   **350**

렐러번스 자체평가법: 흑백요리사 참가자 되기 | 타깃 페르소나 세팅 방법론 | 렐러번스 바꿔 걸기 | 자소서의 렐러번스 | 신인의 렐러번스 | 렐러번스-브레인스토밍 | 렐러번스 체크 리스트 | 인간이 아닌 것들과의 연결고리 | 기획서와 시안의 역할: 렐러번스 관점에서 쉽게 이해하기 | 렐러번스 결론

Chapter 4   격식

새로운 격식의 주인   **375**

유지력의 싸움 | 격식의 약점 | 자기복제의 늪 | 카피캣을 막는 해자 | 촉의 업데이트 | 지속 가능하기 위한 자기파괴 | 격식의 대들보, 브랜드 철학 | 격식의 연결고리 관리하기 | 영향력

마치며   398
영감을 주신 분들   401

Chapter 1

파격

강력한
한 방

부서진 기준

2022년, 미국의 나스카NASCAR 대회에서 경악할 장면이 펼쳐졌습니다. 레이서 로스 채스테인이 결승선을 통과하기 전 마지막 코너에서, 급격히 핸들을 꺾더니 차량을 경기장 외벽에 붙여 '벽을 타듯' 질주해버린 것입니다. 원래는 코너에서 속도를 줄이는 것이 상식이었지만, 그의 차량은 속도를 줄일 필요가 없었습니다. 그의 차량은 비디오게임처럼 외벽을 따라 달렸고, 순식간에 여러 대를 제치고 기적처럼 순위를 끌어올렸습니다. 당시 해설자는 "이건 현실에서 가능하지 않은 일이야"라고 외쳤고, 온라인은 뒤집혔습니다. 그는 우승자보다 더 많은 관심을 받았습니다.

그는 규칙을 어기지 않았습니다. 벽 타기를 금지한다는 규정

나스카 대회에서 로스 채스테인이 선보인 벽 타기 기술

자체가 없었기 때문입니다. 단지, 지금까지 아무도 시도하지 않았을 뿐이었습니다. 경기 이후, 협회는 안전 문제를 들어 이 기술을 금지했습니다. 이 장면은 단순한 '기발함'이거나 '무모함'이 아니었습니다. 로스 채스테인은 모두가 '당연히 그렇게 해야 한다'고 여겼던 규칙에 부딪쳤습니다. 그리고 그 결과, 규칙의 맹점이 그대로 드러났습니다.

인공지능 엔지니어링 설계 기업 'LEAP71'은 기존의 로켓 엔지니어링 방식을 따르지 않았습니다. 설계 경험도, 전통적인 기준도 없던 AI는 오직 목적 중심으로 최적화된 형태를 계산했고, 그 결과는 인간이 상상하지 못한 새로운 구조였습니다. 에이리언 같은 기괴한 생김새의 디자인은 인간이 만든 엔진과 너무나 달라서, 공포감 혹은 경외감을 불러일으켰습니다. 엔진은 실제로도 잘 작

LEAP71 로켓 엔진의 단면 (출처: LEAP71)

동했습니다. 이는 인간의 지식과 경험이 오히려 제한적이었음을 드러냈습니다. 정석으로 여겨지던 수많은 이론과 기술들이 다시 검토되기 시작했습니다.

2013년, 미용용품 브랜드 도브Dove는 '리얼 뷰티 스케치Real beauty sketch'라는 광고 영상을 공개했습니다. 전형적인 다큐멘터리 스타일 실험 영상이었는데, 그 내용이 독특했습니다. 인터뷰에 참여한 여성들이 자신의 외모를 묘사한 내용과, 다른 사람들이 그 여성의 외모를 묘사한 내용을 바탕으로 FBI 몽타주 전문가가 초상화를 각각 그렸습니다. 그런데 두 장의 초상화는 확연히 달랐습니다. 여성들이 자신을 실제보다 덜 아름답게 인식한다는 게 한눈에 들어왔습니다. 여성들은 자신의 초상화 앞에서 멍한 표정으로 아무 말도 하지 못했습니다. 미디어에 의해 오랫동안 규정된 '아

도브의 '리얼 뷰티 스케치' 광고 영상

름다움의 기준'이 수면 위로 떠 올랐습니다. 이후 뷰티 업계의 마케팅 방식이 조금씩 변화하기 시작했습니다.

〈식스 센스〉는 단순한 공포 영화가 아니었습니다. 마지막 장면에서 밝혀지는 반전은, 관객이 지금까지 따라온 이야기의 구조 자체를 되돌아보게 했습니다. 스토리는 직선적이어야 한다는 영화의 문법이 흔들렸습니다. 이후 수많은 영화들이 〈식스 센스〉를 벤치마크 삼아 새로운 내러티브를 실험하기 시작했습니다. 기준은 다시 쓰여졌고, 관객의 감각도 함께 교체되었습니다.

뒤샹의 〈샘〉, 존 케이지의 〈4분 33초〉, 마르지엘라의 길거리 패션쇼, 픽사의 〈토이 스토리〉, 조이스의 〈율리시스〉, 닌텐도의 〈슈퍼마리오〉, 브레히트의 '서사극', 피카소의 〈아비뇽의 여인들〉, 비틀즈의 〈Sgt. Pepper's Lonely Hearts Club Band〉, 르코르뷔지에의 '빌라 사보아', 마사 그레이엄의 〈애팔래치아의 봄〉, 애

영화 〈식스 센스〉

플의 '아이폰' 등등.

모든 분야와 장르엔 등장 이전과 그 이후를 나누는 강력한 '파격'이 존재합니다. 이것은 단순히 흥미롭고 신선한 아이디어 정도가 아닙니다. 기존에 당연하다고 생각했던 기준을 산산이 부숴 버리며 등장합니다.

'파격 할인!'이라는 문구를 봤을 때 기대했던 가격보다 별로 싸지 않다면, 혹은 '파격 변신!'이라던 영화 속 배우의 모습이 무리수처럼 느껴진다면, 그건 아마도 '파격'이라는 단어가 제대로 쓰이지 않았기 때문입니다. 대부분 파격은 단순히 '충격이 크다' 정도로 사용됩니다. 하지만 진짜 파격은 그렇게 얕은 게 아닙니다.

파격(破格)은 말 그대로 '격식을 깬다'는 뜻입니다. 반면 우리가 흔히 쓰는 '충격(衝擊)'은 '찌를 충(衝)'과 '칠 격(擊)'의 조합입니다. 파격의 '격'과 충격의 '격'은 뜻도 다르고, 작동 방식도 다릅니

깨뜨릴 파 + 격식 격

다. 하나는 '구조를 뒤엎는 것'이고, 다른 하나는 '자극을 주는 것'입니다. 구조를 뒤엎으면 당연히 자극도 함께 따라 오지만, 자극이 반드시 구조를 뒤엎는 것은 아닙니다. 따라서 두 단어를 잘 구분해야 합니다.

그렇다면 '격식(格式)'이란 무엇일까요? 그 상황에 자연스럽게 어울리는 품위 있는 기준을 말합니다. 쉽게 말해 '그 상황에 어울리는 클라쓰class'를 갖추는 것입니다. 결혼식장에 반바지를 입고 가거나, 중요한 비즈니스 미팅에 슬리퍼를 신고 들어간다면, "격 떨어진다"는 말이 나옵니다. 격식은 보이지 않지만 분명 존재하는 '상식의 경계선'입니다.

어떤 파격은 유리창 깨듯 산산이 부서뜨리고, 어떤 파격은 단지 머그컵에 가느다란 실금 하나 남깁니다. 하지만 그 작은 실금 때문에 '새 머그컵을 사야 하나?'라는 생각이 듭니다. 균열은 의심을 낳고, 의심은 해체를 부르고, 해체된 자리에 새로운 규칙이 자리 잡습니다. 파격은 그렇게 새로운 시작을 엽니다.

'파격'은 바로 그 격식을 부수는 행위입니다. 격식을 통달한 자만이 쓸 수 있는 고급 기술입니다. 파격은 낡은 판을 갈아엎는 데 쓰입니다.

리셋 버튼

신화는 인류가 만든 가장 오래된 콘텐츠입니다. 그런데 신화의 시작은 대부분 '무언가를 부수는 일'에서 출발합니다. 인도의 파괴의 신 '시바'는 세계를 끝장내는 역할을 담당합니다. 북유럽 신화에선 신들의 파멸 '라그나로크' 이후, 새 세상이 옵니다. 아즈텍 신화에서도 태양은 여러 번 멸망하고 다시 떠오릅니다. '노아의 방주'나 '메소포타미아의 대홍수' 역시 낡은 세계를 완전히 씻어내고 새로운 시대를 여는 이야기입니다. 마치 약속이라도 한 듯, 전 세계의 많은 신화에서 파괴가 비슷한 역할을 합니다.

"끝은 늘 시작의 예고편이다."

알렉산더 대왕은 아무도 풀지 못한 고르디우스의 매듭을 칼로 내리쳤습니다. 그는 말했습니다. "풀 수 없다면, 끊어라." 복잡한 문제를 정공법으로 붙들지 않고, 아예 판 자체를 갈아엎는 결단력으로 알렉산더의 제국은 세상을 정복했습니다. 솔로몬의 "아이를 반으로 갈라라"라는 명판결도 마찬가지입니다. 문제가 너무 얽히고설켜 복잡해졌을 때, 파격은 훌륭한 대안이 됩니다.

사실 파괴는 종말이 아니라, 창조를 위한 '리셋 버튼'입니다. 파격이 있어야 창조도 가능합니다.

창작자들이 파격을 꿈꾸는 이유는 단지 주목받고 싶어서만은 아닙니다. 그들의 내면 깊숙이 '이대로는 도저히 못 참겠다'는 갈증이 있기 때문입니다. 시대가 뭔가 다른 것을 요구할 때, 사람들의 인식이 고여서 탁해졌다고 느낄 때, 창작자는 본능적으로 틀을 깨고 싶어 합니다.

이 흐름은 사람들의 기대와 딱 맞아떨어집니다. 사람들은 새로운 자극을 원합니다. 평범한 드라마는 금세 지루하고, 전형적인 소설은 몇 줄만 읽어도 눈이 감깁니다. 모두가 같은 방향으로 걷고 있을 때, 혼자 반대 방향으로 뛰어가는 사람의 뒷모습은 당연히 신경 쓰입니다. 파격이 주목받는 이유입니다.

세상은 너무 정교해졌습니다. 기술은 완성형에 가까워졌고, 콘텐츠는 하루에도 수만 개가 쏟아집니다. 성공한 공식을 따라 만들고 안전한 답만 찾다 보니 결국 비슷한 것들이 넘쳐납니다. 차별화가 아니라 '정체화'의 시대가 된 것입니다. 이럴 때 파격은 반드시 나타납니다. 마치 태풍이 고요한 하늘을 갑자기 휘젓듯이, 격식이 꽉 차 굳기 시작하면 파격이 시대의 반작용처럼 등장합니다.

파격의 등장은 우연이 아닙니다. 격식의 피로가 누적되고, 대중의 기대치가 높아질 대로 높아졌을 때 파격은 마치 '구세주'처럼 등장합니다. 갑자기 나타난 것 같지만, 사실은 예고된 등장입니다. 격식이 완성되는 그 순간, 그것을 깨뜨릴 파격도 이미 태어난 것이나 다름없습니다.

지금 이 순간에도 어딘가에서는 누군가가 말도 안 되는 아이디어를 고민하고 있습니다. 실패의 파편에서 가능성을 줍고 있습니다. 어쩌면 격식이란 부서지기 위해 존재하는 것인지도 모릅니다. 그리고 파격은 늘 그 주변을 기웃거리다, 결국 새로운 시대의 문을 걷어차며 두둥 등장합니다.

돌연변이

파격은 전임자가 물러나고 후임자가 올라서는 선수교체가 아닙니다. 그것은 질서 자체의 재구성입니다. 격식이 부서질 때, 하나의 정답이 아닌 여러 갈래의 새로운 가능성이 발생합니다.

진화생물학에서 생명의 진화는 돌연변이라는 작은 특이점에서 시작됩니다. 그런데 돌연변이는 단 하나만 만들어지지 않습니다. 여러 돌연변이 중 극소수만이 환경과 운명적으로 맞아떨어져 살아남습니다.

콘텐츠에도 돌연변이가 나타납니다. 장르의 틀을 깨거나, 플롯을 뒤집고, 문법을 낯설게 만드는 연출이 등장합니다. 이런 돌연변이에서 새로운 하위 장르가 만들어지고, 요소들이 재해석되고, 밈이 되고, 2차 창작으로 확산됩니다. 하나가 무너지면 동시에 열 개가 시작되는 겁니다.

이러한 원리는 다양한 분야에서도 동일하게 나타납니다. 수학에서 하나의 함수가 분기하면, 해답은 여러 갈래로 퍼져나갑니다. 물리학에서도 에너지가 응축된 상태에서 폭발하면 기존과 전혀 다른 질서가 탄생합니다. 금융 분야에서는 2008년 글로벌 금융위기 같은 충격이 핀테크, 블록체인 같은 완전히 새로운 금융 생태계를 만들어냈습니다.

격식이 깨지면, 수많은 질문과 가능성이 흩뿌려집니다. 대부분은 사라지거나, 다음을 위한 씨앗으로 잠듭니다. 하지만 파편 중 일부는 살아남아 파격이 됩니다.

경계선 찾기

파격을 만들기 위해서는 우선 과연 어디까지가 격식이고, 어디서부터 파격인지 '경계선'을 찾아야 합니다. 상식의 선을 넘어버리는 '몰(沒)상식'이 파격의 시작이기 때문입니다.

경계선에 대한 개념을 쉽게 이해하기 위해서는 '유머 감각'이 어떻게 작동하는지 들여다보면 좋습니다. 평범한 일상의 언어는 '격식'의 경계선 안쪽에 있습니다. 그런데 유머는 그 경계선을 일부러 넘어섭니다. 평범하지 않은 표현을 듣고 이해하는 순간 웃음이 터집니다. 유머 감각이 좋은 사람은 자신이 하는 말이 경계선을 넘는다는 것을 감각적으로 알고 있습니다. 그래서 이 감각에 따라 같은 유머라도 누군가는 빵 터뜨리고, 누군가는 분위기만 싸늘하게 만듭니다. '이 말을 하면 웃겠지'라고 확신한다는 것은, 화자가 경계선을 완벽히 알고 있다는 뜻입니다. 매우 고차원의 감각입니다.

유머 감각은 반복된 실패와 시도를 통해서만 체득됩니다. "이건 진짜 웃길 거야"라고 던진 드립이 싸늘하게 외면당하거나, 아무 생각 없이 한 말이 빵 터진 경험이 누구에게나 있습니다. 그때마다 우리는 '보이지 않는 경계선'을 하나씩 발견합니다.

간혹 '4차원'이라 불리는 사람들은 이 경계선을 아주 쉽게 넘나듭니다. 그들의 머릿속은 일반적인 상식선이 다르게 그어져 있습니다. 그래서 평범하지 않은 말과 행동이 나옵니다. 기안84라는 캐릭터에 사람들이 흥미를 느끼는 이유도 여기에 있습니다. 그는 예측 불가능한 행동과 엉뚱한 발언으로 우리를 놀라게 합니다. 때로는 고정관념을 깨는 답변에 '천재인가?' 싶기도 합니다.

창작자나 브랜드도 마찬가지입니다. 파격적이라 생각했던 창작물을 세상에 내보냈는데, 아무도 관심을 가지지 않을 때 경계선이 생각보다 더 멀리 있었음을 깨닫습니다. '대박'이라고 생각했던 내 창작물보다 더 심한 파격을 만났을 때도 마찬가지입니다. 이런 경험들이 경계선에 대한 감각을 날카롭게 만듭니다.

특이점 만들기

파격의 하위 호환 단어로 '특이점'이 있습니다. 이 책에서는 파격만큼 충격적이지는 않지만 '주목할 만한 독특함'을 뜻하는 말로 사용합니다. 격식의 경계선을 벗어난 행동이나 메시지는 '특이점'이 됩니다. 파격이 경계선을 훌쩍 뛰어넘음으로써 격식을 부순다면, 특이점은 경계선을 살짝 넘음으로써 격식에 작은 균열을 만듭니다.

'다르다'를 구분하는 인간의 능력은 경계선을 넘는 것에 대해 민감하게 반응합니다. 이 다름이 나에게 이득인가? 혹은 불리한가를 판단하는 능력은 생존을 위해 필수적이었습니다. 위험한 변화는 빠르게 피하고, 새로운 기회는 놓치지 않고 포착할 수 있게 했습니다. 인류가 자연환경의 작은 변화를 놓치지 않고 도구, 공동체, 언어를 고안하며 생존한 것도 이 '특이점 감지 능력' 덕분입니다.

군계일학(群鷄一鶴)은 특이점을 가장 명확하게 보여주는 사자성어입니다. 한 마리의 학이 특별해 보이려면 반드시 주변에 수많은 닭이 필요합니다. 특이점은 대비가 뚜렷할수록 효과적입니다. 주인공 외의 다른 요소들이 비슷한 하나의 덩어리로 보여야 합니다. 그래야만 특이한 주인공이 확실히 주목받습니다.

지금 내가 서 있는 곳이 닭 무리인지 학 무리인지 정확히 아는 것이 바로 격식을 아는 것입니다. 주변이 닭이라면 학의 탈을 쓰고, 주변이 학이라면 닭의 탈을 쓰기 위해서입니다.

"할 일이 쌓였을 땐 훌쩍 여행을 떠나고, 아파트 옥상에서 번지점프를 하고, 신도림역 한복판에서 스트립쇼를" 한다는 자우림의 노래 가사(〈일탈〉 중)가 있습니다. 이 가사 속 행동들이 특별하게 들리는 이유는 실제로 아무도 그렇게 하지 않기 때문입니다. 특이점은 반드시 익숙하고 평범하며, 대부분이 따르는 격식 한가운데에서 나타납니다.

따라서 절대다수의 비교대상이 필요합니다. 만약 비교 대상이 하나뿐이라면 무엇이 특이하고, 무엇이 평범한지 구분할 수 없습니다. 그저 두 가지 서로 다른 것이 있을 뿐입니다. 하지만 비교 대상이 많아지면 기준이 생깁니다. 그때부터 평범함과 특이함이

뚜렷하게 대비됩니다. 평범한 것이 바로 격식이며, 격식을 벗어난 것이 특이점입니다. 격식이 존재하지 않으면 특이점도, 파격도 존재할 수 없습니다. 따라서 파격을 만들기 위해선 반드시 격식의 경계선을 알아야 합니다.

특이점은 격식의 경계선을 정확히 아는 사람만 만들 수 있습니다. 경계선이 어디인지 알아야 그것을 넘어설 수 있습니다.

말로하여 피어난 꽃들이 이 눈동자의 피는 꽃처럼
밤의 어둠에 이 피어나기를,
우리, 어둠의 깊이에 다다르기를
말로하여 피어난 꽃들이 영원하기를.

푸른 옷을 벗기어 너의 눈동자에 밤으로 물들이기를,
'그리고 찬란하게 빛나렴, 작은 별이여'
온 세상에 별빛이 되어 지지 않고 영원히
우리 마음에서 피어났던 꽃들의 몸짓처럼 영원하기를.

우리는 모든, 밤과 낮을 채우고 싶어하였으며
차라리 이 밤새울 찬란히 빛나는 별이 되어서
그대로 이 어둠이 달빛이 되어, 그림자 드리우는
그림자 이 없어, '늘 어두이 늘 어두이' 드리우는

일반적으로 글자로 빼곡히 채워진 책의 격식이
이 페이지를 특이하게 만들어줍니다.

일적으반로 단들어은 글들자의 순서가 정해져 있니습다. 하지만 글들자의 순서를 바어꾸도 내용을 이해할 수 있니습다. 조금 불하편지만 읽지 못하는 것은 아니닙다. 이 현상을 '타이포글리세미아typoglycemia'라고 불니립다. 사람의 뇌는 단어를 구하성는 개별 글보다자는 단어 전체의 형태를 인하식여 의미를 파합악니다. 이로 인해 단어의 첫 글자와 마지막 글자만 올바른 위치에 있다면, 중간 글자들이 섞여였도 읽을 수 있니습다. 예컨대 'salt'와 'slat'처럼 글들자의 구요성소는 동하일지만 순서만 다른 단들어은 혼동을 일으킬 수 있습니다. 이럴 는때, 단어의 의미를 정확히 파하악기 위해 문이맥나 추적가인 정보가 필합요니다.

특이점을 만들기 위해 반드시 어려운 기술이나 복잡한 설계가 필요한 것은 아닙니다. 아주 단순한 변화일지라도, 사람들의 머릿속에 있는 격식의 경계선을 넘어서기만 하면 됩니다. 우리가 당연하게 여기는 글자의 배열, 띄어쓰기 같은 '작은 격식'만 뒤틀어도 충분한 불편과 충격을 줄 수 있습니다. 늘 같은 리듬으로 흘러가는 영상 속에서 컷을 단 0.5초만 빠르게 바꾸거나, 시끄러운 소리 사이에 아주 짧은 정적을 넣는 편집 기법도 같은 원리입니다.

흥미로운 사실은 그 불편함이 오히려 뇌를 자극한다는 점입니다. 뇌는 특이점을 해석하기 위해 필사적으로 노력하고, 이 과정에서 수용자의 몰입도와 기억력은 오히려 증가합니다. 특이점의 힘은 바로 여기에 있습니다. 사람들의 마음을 붙잡고, 머릿속에 각인되게 하는 강력한 '주목Attention'을 만듭니다.

뇌는 파격에 저항할 수 없다

심장이 쿵 내려앉고, 두 눈이 번쩍 뜨이는 경험. 누구나 한 번쯤은 "헉!" 소리 나는 그런 상황을 겪어봤을 겁니다. 이건 단순히 놀란 게 아니라 뇌가 '예측 불가능한 자극'을 맞닥뜨렸을 때 벌어지는 일종의 붕괴입니다.

사실 우리의 뇌는 굉장히 게으릅니다. 하루 종일 주변을 스캔하면서 '음, 이렇게 되겠군', '역시 이럴 줄 알았지' 하며 예상 가능한 일들만 계산하고 있습니다. 예상이 딱 들어맞으면 뇌는 어깨를 으쓱하며 편안하게 쉽니다. 하지만 갑자기 예상 밖의 상황이 나타나면 뇌는 정신을 바짝 차리며 '비상 사이렌'을 울립니다.

'노르에피네프린'이라는 신경물질이 쫙 뿌려지며 뇌에게 "전투 준비!"라고 명령을 내립니다. 눈동자는 커지고, 몸은 팽팽하게 긴장하고, 모든 감각은 날카롭게 곤두섭니다. 바로 이 타이밍에 파격적인 자극은 뇌 깊숙이 저장됩니다. 한마디로 잊을래야 잊을 수 없는 상황이 되는 것이죠. 파격은 "놀랐어? 그럼 기억해"라고 말하는 치명적인 매력을 갖고 있습니다.

뇌는 '모른다'는 상태를 참지 못합니다. '뭔데? 어떻게 된 건데?'라며 안달복달합니다. 파격은 이 심리의 허점을 귀신같이 파고듭니다. 실제로 광고 효과 실험에 따르면, 충격적인 장면이 등장할 경우 시청자들의 집중력이 치솟고, 기억력 역시 유의미하게 상승했습니다. 광고에서 '임팩트'가 중요하다고 하는 이유는 이 때문입니다. 메시지든, 브랜드 이름이든 일단 '각인'을 시켜야 합니다.

파격이 지나치게 강력하면 '스탕달 신드롬Stendhal Syndrome'이라는 근사한 이름까지 얻습니다. 미술관에서 너무 압도적인 작품을 만난 관람객은 아름다움의 폭격에 두 눈을 동그랗게 뜬 채 심장 박동이 빨라지고, 심한 경우 다리가 풀려 주저앉기까지 합니다. 작품이 너무 좋아서 몸이 버티지 못하는 현상입니다. 스탕달 신드롬까진 아니어도, 멋진 장면을 보면 '소름'이 돋습니다. 이건 다른 사람의 작품이든, 자기 작품이든 상관없이 나타납니다. 소름 돋은 내 작품은 다른 사람에게 보여줘도 대게 반응이 좋습니다.

우리 뇌는 지루한 반복과 일상이라는 틀을 깨뜨리는 파격에 쉽게 굴복합니다. 그 짜릿한 순간, 파격은 감정을 접착제로 써서 메시지를 뇌 속에 단단히 붙입니다. '오로나민C' CM송이나, 〈링딩동〉 같은 수능 금지곡을 떠올려 봅시다. 강력한 파격은 당신을 평생 벗어나지 못하게 만들 수도 있습니다. 뇌는 애초에 파격에 저항할 능력이 없습니다. 아니, 어쩌면 처음부터 그렇게 설계되었을 수도 있습니다.

경계선
넘기

격식의 힘

격식은 낡은 관습이 아니라, 인류가 오랜 시간에 걸쳐 발전시켜온 '전천후 솔루션'입니다. 파격의 목적이 격식의 파괴 그 자체가 아니라면, 대부분의 상황에서는 격식을 따르는 것이 합리적이고 유리합니다.

　장례식장에 검정 옷을 입고 가고 결혼식장에 하얀 옷이 금기시되는 것도 격식입니다. 이처럼 격식은 오랫동안 사람들의 동의하에 유지되어 온 사회적 '드레스코드'입니다. 반대로, 장례식장에 빨간 옷을, 결혼식장에 하얀 옷을 입고 가는 것은 '금기'입니다. 격식을 벗어나지만, '나쁜 파격'입니다. 빨간색은 귀신(고인)을 쫓아내는 색이라 피해야 하고, 결혼식장에서 하얀 옷은 신부에게 양보해야 한다는 드레스코드가 있기 때문입니다. 이처럼 격식은 눈에 보이지 않는 '상식의 경계선'입니다.

　격식이 없다면 모든 것이 매번 새롭게 결정되어야 합니다. 하지만 격식이 존재하면 '이 상황에서 어떻게 행동해야 하는가'에 대한 고민 없이 자연스럽게 움직일 수 있습니다. 여기에 '격식의 강력함'이 있습니다. 따라서 파격을 잘 다루기 위해서는 격식의 장점도 알고 있어야 합니다. 격식의 장점은 크게 세 가지입니다.

1. 격식은 효율적입니다.

격식은 반복되는 상황에서 질서를 만들어 불필요한 행동을 줄입니다. 잘 짜여진 시스템은 한정된 자원을 효율적으로 활용해 최대 다수를 만족하게 합니다. 이렇게 절약한 자원을 다른 곳에 투입할 수 있게 합니다.

주민센터 민원 양식 덕분에 빠르게 원하는 것을 얻을 수 있습니다. 교통법규가 정해져 있는 것도 같은 맥락입니다. 법은 여기부터 범죄라는 경계선을 긋습니다. 이 경계선이 명확할수록 법을 지키는 것과 어기는 것에 대한 판단이 효율적이게 됩니다.

모두가 따르는 격식은 설득력을 갖습니다. 일일이 안 되는 것들을 설명할 필요가 없어집니다. 이 특성 덕분에 커뮤니케이션이 효율적으로 간단해집니다. 아이들이 사회규범을 학습하거나 회사에서 업무 프로세스를 교육받는 과정에서도 요긴하게 활용됩니다.

2. 격식은 '예측 가능성'을 만듭니다.

뇌는 예상 가능한 상황을 더 좋아합니다. '안전의 욕구'는 인간의 기본 욕구[1]입니다. 반복되는 격식은 안정성과 예측 가능성으로 '안전'을 보증합니다. 어떻게 될지 알 수 없는 상황, 즉, '리스크'를 줄여줍니다.

예컨대, 장례식장이나 결혼식장에 '이런 옷을 입고 가면 민폐일까?'라는 고민을 할 필요가 없습니다. '어떻게 저런 옷을 입고

---

1   매슬로의 5단계 욕구 이론 가운데 두 번째 단계입니다.

왔지?' 같은 당황스러움도 없어집니다.

영화 장르의 문법과 클리셰, 광고에서의 폴리시 등은 시청자가 쉽게 내용을 이해할 수 있게 돕습니다. 이미 학습된 규칙이 소비자의 긴장도를 낮춥니다. 이는 만드는 사람에게도 유용합니다. 어떤 결과물, 어떤 소비자 반응이 나올지 예상할 수 있습니다. 너무 실험적이거나 새로운 방식으로 이야기를 풀어낼 경우 소비자는 '뭔 소린데?' 하면서 떠납니다. 컨셉이나 스토리는커녕 작품명도 기억하지 못합니다.

대부분의 파격은 예측이 불가능하다는 이유로 거절당합니다. 예측 가능성은 격식의 강력한 방패입니다.

3. 격식은 '신뢰'와 '권위'를 만듭니다.

'효율성'과 '예측 가능'이라는 장점이 합쳐지면, 안정성이 확보됩니다. 신뢰는 안정성이란 기반 위에 생겨납니다. 예컨대, 소비자는 KC나 HACCP 같은 인증마크로 제품의 품질이나 안전성 등을 신뢰하고, '전체 관람가' 같은 심의 기준으로 콘텐츠의 안전성을 신뢰하게 됩니다. 특히 국가공무, 금융 같은 분야에선 이 신뢰가 핵심입니다. 이러한 분야가 격식이 두텁고 보수적인 이유는 '신뢰'를 지키기 위해서입니다.

만약 신뢰가 10년, 20년, 100년 이상 쌓이면 그것은 '권위'가 됩니다. 전문직의 복장, 법정에서의 의례 등은 권위를 강화합니다. 고급 레스토랑이 받은 '3개의 별'이란 권위는, 높은 가치의 제공을 보증하고 그만큼 높은 비용을 정당화합니다. 또한 적절한 권위는 선망의 대상이 되어 사람들을 끌어당기는 힘이 있습니다. 명품이나 100년 기업이라 불리는 브랜드들은 이것을 아주 잘 활용합니다.

격식은 기본기

우리가 파격이라고 여기는 아이디어들도 대부분 기존 격식을 기반으로 만들어집니다. 이는 마치 인간과 침팬지의 DNA가 약 99%나 유사한 것과 같습니다. 겉으로는 전혀 달라 보이지만, 생명의 설계도의 대부분이 유사한 것입니다. 심지어 인간과 초파리도 단백질을 만드는 유전자 기준으로 약 60% 유사합니다. 창작자는 선배들이 오랜 세월 다듬어 놓은 격식을 본능적으로 받아들여 작품의 뼈대로 삼습니다. 격식은 창작의 DNA이자, 기본기입니다.

유전 정보가 세대를 거쳐 전달되듯 모든 분야에는 오랜 시간에 걸쳐 전승된 격식이 있습니다. 학생이나 초년차 때는 선배나 교수, 상사의 경험과 노하우를 '압축 파일'로 전수받습니다. 이 압축 파일엔 지금의 선배나 상사 이전의 지혜까지 모두 담겨 있습니다.

같은 분야에서는 비슷한 목표와 문제를 갖고 있기 때문에, 자연스럽게 많은 사람들이 자주 선택하는 방식이 있습니다. 격식을 벗어나면 더 많은 노력과 시간이 들거나 목표를 이루기 어려워집니다. 그래서 격식은 역사가 오래된 분야일수록 더욱 탄탄히 쌓여 있습니다. 사람들은 이런 격식을 문법, 공식, 불문율, 표준, 법칙,

초식 등 다양한 이름으로 부릅니다.

가끔 한 천재가 나타나 모든 것을 한순간에 바꾸어 버리기 때문에, 격식이 필요 없다고 오해하기 쉽습니다. 그러나 그런 천재조차 격식을 철저히 이해하고 기본기를 다진 후에야 파격을 만들어냅니다. 단지 그 과정을 일반인보다 빠르고 쉽게 지나왔거나 드러나지 않았을 뿐입니다.

기본기가 창의성을 방해한다는 사람도 있습니다. 가장 좋은 반례는 2002년 월드컵입니다. 당시 히딩크 감독은 부임 후, 우선 기본기부터 다졌습니다. 선진 축구기술을 기대했던 선수들과 협회는 강도 높은 체력 훈련에 당황했습니다. 그러나 기본기가 튼튼해지자 유럽 선수들과 맞상대가 가능해졌고, 섬세한 전술을 소화함은 물론, 선수 개개인의 테크닉까지 빛나기 시작했습니다.

기본기가 왜 '기본'이겠습니까? 기본기는 창의성을 발휘할 수 있는 토대입니다. 만약 창의성과 충돌한다면, 그것은 기본기가 아닌 '중급기'를 기본기로 잘못 알고 있는 것입니다. 기본기 습득이 재미없어서 회피하는 것인지, 정말 그 격식이 기본기가 맞는지를 냉정하게 따져봐야 합니다.

콘텐츠 제작에서도 대부분의 장면은 기본적인 격식을 유지하며, 파격적인 장면은 극히 일부입니다. 영화 예고편에서 보이는 강렬한 장면들은 전체 영화에서 아주 일부일 뿐입니다. 그러나 그 일부가 영화의 인상과 파격의 정도를 결정합니다. 격식을 제대로 익히지 않은 창작자는 기본적인 장면을 만드느라 모든 힘을 소진하게 되고, 그 결과 정작 파격적인 시도를 할 여력이 남지 않게 됩니다.

세상을 변화시킨 파격도 대부분 격식 위에 세워집니다. 영화가 처음 등장했을 때, 영화는 연극과 99% 유사했습니다. 단지 '카메라로 기록한다'는 1% 남짓의 작은 차이가 영화라는 새로운 장르를 만들었습니다. 에디슨의 유명한 명언 "천재는 1%의 영감과 99%의 노력으로 만들어진다"를 조금 다르게 바라봅시다. 바꿔 말하면 99%의 격식이 동일할 때, 1%의 차이점이 놀라운 파격을 만든다는 뜻이기도 합니다.

결론적으로, 파격은 얼마나 많이 부수었는지가 아니라, 어떤 1%를 부수었느냐에 따라 달라집니다. 격식을 진심으로 이해하고 온전히 흡수하는 것은 창작자에게 가장 필수적인 기본기입니다.

창작자가 격식을 습득

사람들의 머릿속엔 광고란 이런 것, 만화란 이런 것, 영화란 이런 것 등의 기준이 있습니다. 창작자는 우선, 자신이 뿌리내릴 분야의 격식을 파악해야 합니다. 문서로 정리되어 있거나, 구전되는 것이 아닌데 어떻게 격식을 알 수 있을까요?

격식을 파악하려면 일단 많이 소비해야 합니다. 만화가는 옆에 산처럼 만화책을 쌓아두고, 뮤지션은 이어폰을 귀에 꽂고 살아야 합니다. 영화감독이 꿈이라면 닥치는 대로 영화를 봐야 하고, 작가라면 책을 읽어야 합니다.

다음은 제가 2000년대 초, 웹툰이란 개념도 없던 시절, 인터넷 만화 커뮤니티에서 활동하며 격식을 흡수했던 과정을 각색한 내용입니다.

시작은 『드래곤볼』이었습니다. 옆자리 친구가 학교에 몰래 가져온 만화책을 교과서 뒤에 숨겨 읽었습니다. 파격은 머릿속에 각인되고, 새로운 세계에 눈을 뜨게 됩니다. 『드래곤볼』을 여러 번 정주행한 뒤 슬슬 지루해지자, 다른 작품을 찾기 시작합니다. 일정 수준 경험치가 쌓이면 '취향과 기준'이 생깁니다. '이건 재미있다', '이건 지루해', '이건 신박한데?'처럼 말입니다. 그 취향을 깊게 파고들어 갑니다. 만화책에서 애니메이션이나 영화화된 작품, 게임화된 작품을 찾아봅니다. 굿즈도 모으고, 좋아하는 만화가의 전시회나 사인회도 찾아갑니다. 좋아하는 작가의 그림을 기름종이에 대고 수없이 따라 그립니다. 자신만의 낙서를 끄적거리거나 짧은 글을 써서 주변에 보여주기도 합니다. 좋아하는 『베르세르크』 작가의 데뷔 초기작을 찾아보고, 인터넷을 뒤져 정보를 모읍니다. 내 장르가 어떻게 탄생했는지 기원에 대해서도 알게 됩니다. '생각보다 지루한데 왜 전설적이라는 거지?'라며 갸우뚱하기도 합니다. 커뮤니티에서 활동하며 오프라인 모임에도 나가보고, 토론장에서 키보드 배틀도 합니다. 해외 유명 오타쿠의 컬렉션을 보며 감탄해 몇 달간 모은 돈으로 『바람계곡의 나우시카』 한정판, 초판본 등을 수집하기도 합니다. 일본 여행코스에 가마쿠라와 에노시마를 넣어 『슬램덩크』의 실제 배경도 찾아가 보고, 『20세기 소년』에 나오는 오사카 만국 박람회, '태양의 탑'을 디자인한 화가의 박물관에도 굳이 찾아가 봅니다. 이제 이 작품이 왜 좋은지, 왜 나쁜지, 어디서 영향을 받았는지에 대해 이야기할 수 있습니다.

신박하다고 느끼는 작품의 수는 점점 줄어들어서, 특이점이 있는 작품을 만나면 무척 반갑습니다. 도입부만 봐도 대략 퀄리티를 짐작할 수 있습니다. 낙서는 꽤 그럴듯한 취미로 발전했습니다.

내 만화를 커뮤니티에 업로드해봅니다. 반응이 좋진 않습니다. 노력한 만큼의 관심을 받지 못했습니다. 신랄한 비평가의 비판을 받습니다. 전부 맞는 말이라 받아칠 말이 없습니다. 다시 만듭니다. 직접 만든다는 건 생각보다 어렵습니다. 어느 정도 격식을 알아버렸기 때문에, 내 작품이 왜 형편없는지도 바로 알 수 있습니다. 몇 번을 갈아엎습니다. 수정하고 지우고 다시 시작하기를 반복합니다. 그러다 괜찮은 게 나옵니다. 업로드를 하고 반응을 봅니다. 지난 번 보다는 낫습니다. 좋아하는 사람, 계속 하라는 사람, 여전히 비판하는 사람들이 섞여 있습니다. 전부 받아들일 순 없습니다. 납득이 되는 것은 받아들이고, 그렇지 않은 건 걸러 듣습니다. 인터넷에 올라온 다른 사람의 작품과 그 작품에 달린 댓글을 봅니다. 자신과 일치하는 생각, '이렇게 생각한다고?'라고 느끼는 다른 생각들도 만납니다. '해외 커뮤니티는 한국과 이렇게 다르구나', '이런 건 비슷하네'를 느끼기도 합니다.

다시 만듭니다. 점점 긍정의 비율이 높아집니다. 이제 어떤 댓글이나 반응이 올지 어렴풋이 예측할 수 있습니다. 작품을 만드는 과정에서 지금 쓰는 이 대사, 이 장면에서 사람들이 반응할지 아닐지 조금씩 감이 옵니다. 심혈을 기울인 연출이 먹힙니다. 반응 폭발. 수많은 댓글. 계속해서 울리는 알람. 드디어 뭔가 깨달은 것 같습니다.

격식을 배우고 흡수하는 과정에서 자신감은 특유의 곡선을 그립니다. 이를 설명하는 개념이 바로 더닝크루거 효과Dunning-Kruger Effect입니다. 초보 창작자는 지식과 경험이 부족하지만 오히려 자신감은 넘칩니다. 초심자의 행운으로 파격이라도 만들어내기라도 하면, 자신감은 하늘을 뚫고 흘러넘칩니다. 하지만 경험이 쌓일수록, 창작자는 자신이 얻었던 성과가 그저 우연이었음을 깨닫고 현타에 빠집니다. 이때 자신감이 곤두박질칩니다. 경험이 쌓인 만큼 격식을 제대로 체득하고 성장하려면 많은 연습이 필요하다는 게 어렴풋이 보입니다. 더 이상 '딸깍'으로는 안 되는구나를 깨달은 겁니다. 대부분의 사람들이 이 구간에서 흔들리거나 포기해 버립니다.

그러나 이 구간의 자신감 하락은 자연스러운 현상입니다. 오히려 그만큼 성장했다는 증거이기도 하고요. 계속해서 경험과 지

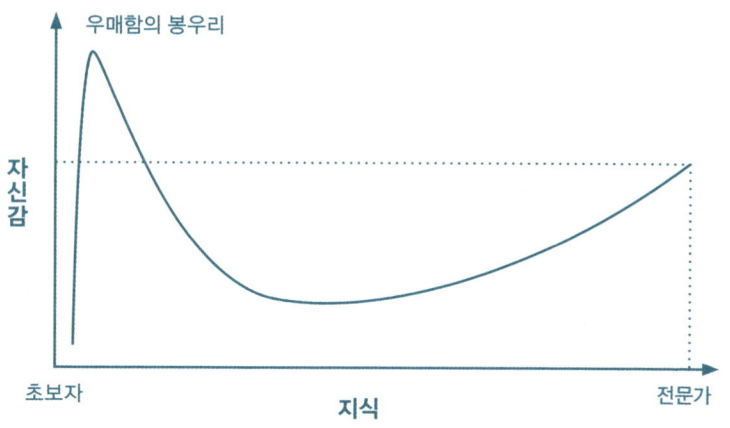

더닝크루거 효과 그래프

식을 쌓으면, 마침내 격식이 몸에 배어 창작자의 태도가 달라집니다. 무엇을 부수고 무엇을 유지해야 할지 알게 되고, 파격과 격식을 조율할 여유를 얻게 됩니다. 여기부터 자신감은 완만하게 상승합니다. 비록 초심자 시절만큼 넘치진 않더라도, 어깨에 꽤 힘이 들어갑니다.

이즈음이 '의도된 파격'을 만들기 좋은 시점입니다. 격식을 흡수한 창작자는 파격을 의도적으로 만들 수 있습니다. 창작자가 격식을 얼마나 깊이 이해하고 있느냐에 따라 파격의 완성도가 달라집니다. '모방은 창조의 어머니'라는 말은, 격식을 흡수하는 '모방'의 과정이 밑거름이 되어 '파격'을 만든다는 뜻입니다.

그러나 파격은 창작자라면 누구나 갈망하는 목표지만, 실제로 만들어내기는 어렵습니다. 기회는 자주 찾아오지 않습니다. 대부분의 창작물은 누가 격식을 더 정교하게 다듬었는가 하는 미묘한 특이점의 차이로 승부가 납니다. 정말 한 끗 차이입니다.

진짜 파격은 그 정교화를 끝낸 창작자가 특이점을 만들기 위해, 격식에서 벗어나려는 노력에서 시작됩니다. 모방한 것을 단순히 반복하는 게 아니라, 이를 과감히 뒤집고 재해석함으로써 완전히 새로운 가치를 만들어내는 '탈피'입니다. '기회는 준비된 자에게 온다'는 격언은, 격식을 정교하게 다듬어놓은 창작자만이 '파격'을 만들 수 있다는 이야기입니다.

제각각의 경계선

태국이나 일본의 이른 바 '병맛 광고'를 보면 뭐 이런 걸 다 만드나 싶습니다. 그러나 한국에서는 파격인 광고들이 그곳에서는 지극히 자연스럽고 효과적인 방식일 수 있습니다. 두 국가 모두 광고 산업이 발달했고, 경쟁이 치열하기 때문에 어지간한 특이점으로는 소비자의 눈길을 사로잡기 어렵습니다. 반대로 한국 광고도 그들이 보면 독특해 보입니다. 문화적 배경이 격식과 파격의 경계선을 다르게 만듭니다.

'인간이라면 마땅히', '의사라면 당연히' 같은 보편적이거나 큰 단위의 격식이 있습니다. 한국인이라면 빨리빨리 해야 하고, 음식엔 마늘이 꼭 들어가야 하며, 외국인이 '매일 김치를 먹는다'라고 놀려도 타격을 입지 않는 것처럼, '민족 정서'나 '종특'으로 분류되는 '한국인의 격식'도 있습니다.

또한 취향과 욕구에 따라 경계선이 달라집니다. 하이패션을 깊이 이해하는 얼리어답터들에겐 매혹적이고 강렬한 파격이, 유니클로나 에잇세컨즈를 선호하는 대중에게는 난해함일 뿐입니다. 파인다이닝을 찾는 소비자는 독특한 미식 경험을 원하지만, 동네 맛집을 찾는 이들은 소소하지만 확실한 즐거움을 추구합니다.

경계선은 정말 다양합니다. 국가별, 지역별, 세대별, 성별, 나이별로 '천차만별'입니다. 기성세대는 "속옷을 왜 겉에 입고 다니냐"라고 말하지만, 젊은 세대에겐 그건 패션입니다. 부모 세대와 자식 세대의 격식이 다르고, 같은 반 친구라도 격식이 다를 수 있습니다.

최근 흥미로운 현상 중 하나는 소셜 미디어를 통해 지리적, 문화적 경계선이 뒤섞이고 있다는 점입니다. 한국과 미국의 Z세대가 사용하는 언어, 유머, 밈, 패션이 점차 비슷해지는 현상입니다. 이들은 온라인에서 서로 영향을 주고받으며 새로운 격식을 만들어갑니다. 집단의 격식은 파편화되면서 동시에 다른 차원의 격식과 결합되기도 합니다.

이러한 환경에서 창작자는 파격을 계산하기가 더 어려워집니다. 비슷한 것을 보면서 그나마 비슷한 생각을 했던 과거와 달리, 저마다의 작고 다양한 취향으로 나뉩니다. 한 드라마의 시청률이 50%에 육박하던 시대는 끝났습니다. 4개였던 TV 채널은 셀 수 없을 만큼 많아졌습니다. 결국 창작자들은 다양한 '대중'의 격식을 이해하고, 각각의 특성에 맞게 접근하는 것이 중요해졌습니다.

못 부수는 격식

월터 헌트가 발명한 옷핀은 1849년부터 지금까지 디자인이 바뀌지 않았습니다. 페이퍼클립도 1800년대 후반쯤 디자인된 이후로 지금까지 그 원형을 유지하고 있습니다. 아무리 세월이 지나도 그 본질인 '옷감에 다른 것을 고정시킨다', '여러 장의 문서를 흩어지지 않도록 고정시킨다'는 목적을 충실히 수행합니다. 더 이상 격식을 정교화할 수 있는 여지도 없습니다. 아마 인류가 천 재질의 옷감을 사용하거나, 종이 문서를 사용하는 한 이 격식은 계속 유지될 것입니다.

이렇게 본질과 단단히 연결된 '완성형' 격식은 다양한 분야에 존재합니다. 이런 격식들은 부술 수 없습니다. 환경이 바뀌면서 이 격식이 쓸모 없어지면 스스로 '은퇴'할 뿐입니다. 예컨대, 모든 문서들이 전자화되어 종이가 필요 없어지거나, 나노기술로 만들어진 옷감이 스스로 형태를 바꾸게 되면 옷핀과 페이퍼클립은 박물관에서나 볼 수 있게 됩니다. 완성형 격식을 부수고 싶다면, 환경을 바꿔 스스로 물러나게 해야 합니다.

경계선의 두께: 파격의 난이도

쉬운 파격과 어려운 파격이 있습니다. 모든 창작 분야는 두껍기도 하고, 얇기도 한 '격식의 벽'으로 둘러싸여 있습니다. 어떤 벽은 울타리처럼 낮아 가볍게 넘을 수 있지만, 어떤 벽은 성벽처럼 두꺼워 조금의 흠집을 내기도 어렵습니다.

따라서 파격을 기획할 때, 우선 자신이 어떤 격식의 벽에 부딪칠지부터 알아야 합니다. 똑같은 아이디어라도 어떤 분야, 어떤 채널에서 실행하느냐에 따라 난이도는 완전히 달라집니다. 격식의 벽은 얇은 격식, 중간 격식, 두꺼운 격식으로 나눠볼 수 있습니다. 각 단계는 칼같이 나눠진다기보다는 스펙트럼처럼 연결되어 있습니다.

1. 얇은 격식 영역

이 영역은 격식이 없다 싶을 만큼 얇고, 표현의 자유도가 높아 실험적인 아이디어를 쉽게 테스트할 수 있습니다. 예컨대 밈이나 인디 음악, 틱톡 숏폼, 도전만화가 같은 아마추어 채널입니다. 다소

황당하거나 불편한 컨셉, 독특한 시도도 괜찮습니다. 관심 없으면 그냥 지나쳐 버리기 때문에 실패해도 잃는 것이 적습니다. 그러나 모두가 파격을 추구하기 때문에 오히려 주목받기가 쉽지는 않습니다. 격식 없음에 가깝기 때문에 부술 수 있는 것도 적으며, 그저 흥미로운 시도 중 하나쯤으로 치부될 수 있습니다. 파격의 시도가 쉽다고 했지, 성공이 쉽다는 뜻은 아닙니다. 이 영역에서 성공한 파격은 세 번째 영역에 영향을 미치기도 합니다.

2. 두꺼운 격식 영역
이 영역은 상황이 정반대입니다. 여기에는 수십 년, 길게는 수백 년간 누적된 사회적 기대, 전통, 엄격한 규제란 두꺼운 벽으로 둘러싸여 있습니다. 예컨대 국립극장, 유·무형문화재, 콩쿠르, 국전 같은 영역입니다. 오랜 기간 지속되었기에 웬만한 파격들을 이미 경험하고 지나왔습니다. 부술 것이 남아 있나 싶을 정도로 적습니다. 그래서 격식의 정교화가 좋은 평가를 받습니다. 퀄리티의 파격은 받아들일 수 있지만, 형식 그 자체를 무너뜨리는 파격에는 거부 반응을 일으킵니다. 이 영역의 소비자는 격식이 부서지는 상황 자체를 불편해하기도 합니다.

그러나 이곳에서도 파격은 가끔씩 일어납니다. 단, 얇은 격식 영역의 파격과는 결이 완전히 다릅니다. 격식을 통달한 상태에서, 명분을 갖춘 극소수의 파격만이 허락됩니다. 두꺼운 격식에서의 파격은 제도권이 뒤집히는 대사건으로 기록되어 시스템 자체를 수정할 수도 있습니다. 격식이 두꺼운 만큼, 파격을 성공시켰을 때 얻는 이득도 큰 편입니다.

3. 중간 격식 영역

이 영역에서는 표현의 자유가 보장되지만, 격식과 파격의 균형을 잘 맞춰야 합니다. 대표적인 예는 상업 영화, 인기 웹툰 같은 '대중예술' 영역입니다. 시장의 크기도 가장 크고, 그만큼 소비자의 모수도 많습니다. 얇은 격식이나 두꺼운 격식이 본진인 소비자도 이 영역에 함께 걸쳐 있습니다. 그만큼 대중의 격식도 완전 제각각이며, 가장 예측할 수 없는 영역입니다. 트렌드에 가장 크게 영향을 받으며, 그에 따라 격식의 변화도 빠른 편입니다.

중간 격식은 '이종격투기' 같은 곳입니다. 이곳에서는 두꺼운 격식의 음악가와 얇은 격식의 만화가가 소비자의 관심을 두고 크로스 오버로 경쟁합니다.

창작자는 자신의 스타일이 얇은 격식에 유리한지, 두꺼운 격식에 유리한지를 먼저 깨닫고 시작 지점을 골라야 합니다. 동일한 창작자, 콘텐츠라도 어떤 영역에서 활동하느냐에 따라 난이도가 달라지기 때문입니다. 만약 당신이 어려서부터 소위 말하는 엘리트 코스, 예컨대 예중, 예고를 거쳐 대학 전공까지 예술을 선택한 창작자라면 '두꺼운 격식'에서 시작하는 것이 유리합니다. 반대로, 뒤늦게 전공을 선택했거나, 잘 다니던 회사를 그만두고 전업 창작자로 전향한 경우라면 '얇은 격식'에서 시작하는 것이 유리합니다.

또한 창작자의 취향이나 스타일에 따라서도 유리한 지점을 고를 수 있습니다. 격식의 정교화를 좋아하는 성향이라면 '두꺼운 격식', 매번 달라지는 스타일과 실험적인 아이디어를 주체할 수 없다면 '얇은 격식', 그 사이에서 균형을 잡을 수 있다면 '중간 격식'에서 시작하는 것입니다.

대중의 경계선

한 사람에게 편지를 쓰는 일과 수백 만 명이 볼 영화의 시나리오를 쓰는 일은 완전히 다릅니다. 한 사람을 깊이 관찰하면 그가 무엇을 좋아하고 싫어하는지 알 수 있습니다. 메시지를 더 정교하게 다듬거나, 상대가 원하는 것을 정확히 충족시킬 수도 있습니다. 하지만 그 사람이 내 메시지를 거부하면, 그 콘텐츠는 실패로 끝나버립니다.

반면, '대중'을 대상으로 메시지를 전달하는 매스커뮤니케이션Mass Communication은 전혀 다른 방식으로 접근해야 합니다. TV 방송, 영화, 광고, 유튜브 콘텐츠는 모르는 여러 사람, 즉 불특정

다수에게 전달됩니다. 사람들의 취향이나 격식이 다양하기 때문에, 모든 사람을 한 번에 만족시킬 수 없습니다. 어제까지 완벽히 이해했다고 생각한 대중의 격식이 갑자기 변하기도 합니다. 심지어 유명한 창작자나 브랜드도 격식을 잘못 판단해 '한물갔다'는 평가를 받기도 합니다.

따라서 매스커뮤니케이션을 다룰 때는 그동안 다뤄왔던 격식의 '경계선'에 대한 이미지를 업데이트해야 합니다. 이때의 경계선은 선명한 '한 줄'이 아니라 수백만 개, 수천만 개의 서로 다른 가느다란 경계선이 겹쳐진 상태입니다. 마치 흐릿한 그러데이션과 같은 '영역'이 만들어집니다. 사람마다 생각하는 기준과 격식이 모두 다르기 때문입니다.

창작자가 파격이나 특이점을 만들었을 때, 어떤 사람들은 그것을 매우 신선하고 좋게 받아들이지만, 어떤 사람들은 이해할 수 없는 무리수라고 느낍니다. 취향이 까다로운 누군가에겐 수준 미달로 느껴질 수도 있습니다. 이 혼란스러움이 매스커뮤니케이션의 어려운 점입니다.

반면 오히려 쉬운 지점도 있습니다. 창작자의 특이점은 절대 실패하지 않습니다. 왜냐하면 타깃의 전체 숫자(모수)가 많으면 반드시 긍정적인 반응이 생기기 때문입니다. 만약 특정 메시지를 1명에게 보여주면 '성공 또는 실패'가 되지만, 100만 명 1,000만 명에게 보여주면, 17.5% 성공, 42.97% 성공처럼 성공률에 차이가 있을 뿐입니다. 아무리 조악한 창작물도 타깃의 숫자만 많으면 반드시 1명 이상의 팬이 생깁니다. 예컨대, '강남역에선 돌멩이도 팔린다'는 말처럼요.

매스커뮤니케이션에서의 성공은 기대치보다 성공률이 높을 때입니다. 같은 조건에서 만들어도 창작자에 따라 결과는 확연하게 차이 납니다. 소셜 플랫폼의 발전으로 이러한 결과는 숫자로 환산됩니다. 팔로워, 조회수, 좋아요 같은 숫자와 비율이 매스커뮤니케이션의 성과와 파급력을 명확하게 보여줍니다.

알고리즘의 은총

모든 플랫폼[2]은 유저들이 플랫폼에서 많은 시간을 쓰길 바랍니다. 그래야 더 많은 광고에 노출되고, 플랫폼에 더 많은 수익을 안겨줍니다. 그래서 플랫폼은 새롭게 올라온 창작물에 사람들이 얼마나 반응하나 지켜봅니다. 팔로워들의 반응(좋아요 수, 댓글 달기, 공유하기, 시청시간 등)이 좋으면 '이것은 좋은 콘텐츠다'라고 판단합니다. 그럼 그 콘텐츠를 팔로워가 아닌 사람에게 슬쩍 보여줍니다. 팔로잉을 하지 않던 사람에게도 유사한 반응이 나온다면, 이 콘텐츠는 정말 좋은 콘텐츠입니다. 이렇게 검증된 콘텐츠는 더 많은 불특정 다수에게 뿌려집니다. 여기서 한 번 더 좋은 결과가 나오면, 이제는 지역이나 국가를 넘어 다른 문화권으로까지 전파됩니다.

이 과정은 알고리즘의 은총이 어떻게 창작물에 내리는지를 설명합니다. 이런 식으로 수백 개의 숏폼 콘텐츠들이 알고리즘의 은총을 받아 내 피드에 올라옵니다. '뭐 이런 게 다 올라왔나?' 싶지만, 그것들은 모두 치열한 토너먼트에서 경쟁자를 제치고 올라

---

[2] 유튜브, 틱톡, 인스타그램, 페이스북 등

온 승자입니다.

대중이와 친해지기

'대중'이라는 추상적 집단을 좀 더 쉽게 이해하기 위한 팁이 있습니다. '대중이'라는 가상의 캐릭터로 '의인화'하는 방법입니다. 이 대중이는 매우 변덕스럽고, 기분에 따라 경계선이 자주 바뀝니다. 오늘 좋아했던 것도 내일이면 싫어질 수 있습니다. 대중이를 이해하는 일은 결코 쉽지 않습니다. 따라서 창작자는 끊임없이 대중이를 관찰하고, 그 녀석의 경계선을 최신 버전으로 업데이트해야 합니다.

대중이는 하나가 아닙니다. 전 세계 모든 사람을 대상으로 하는 '글로벌 대중이'가 있고, '한국인 대중이'도 있습니다. 한국인 중에서도 2030 세대라는 '젊은 대중이', 특정한 관심사를 가진 '오타쿠 대중이'도 존재합니다. 모든 창작자에게는 자신이 '잘 알고 있는 대중이'와 '잘 모르는 대중이'가 있습니다. 자신이 잘 모르는 대

중이를 타깃으로 작업하면 큰 낭패를 볼 수 있습니다.

결국 매스커뮤니케이션 전략의 핵심은 자신이 잘 알고 있는 대중이를 명확히 정하고, 변덕스럽고 모호한 격식의 경계선을 계속 업데이트하는 것뿐입니다. 정답이 없습니다. 그것이 매스커뮤니케이션에서 활동하는 창작자가 가져야 할 가장 필수적인 태도입니다.

평단과 대중

대중과 정반대 성향의 집단이 있습니다. 바로 평단입니다. 평론가들은 이미 수많은 뛰어난 작품을 소비한 전문가 집단으로, 웬만한 파격에는 반응하지 않습니다. 이들은 작품이 비평할 가치가 있는지, 자신의 취향, 철학과 맞아떨어지는지 꼼꼼히 따져봅니다. 때로는 창작자 본인보다 더 깊게 작품을 분석하며, 작은 특이점까지 예리하게 잡아냅니다. 이들의 기준은 엄격하지만, 한 번 마음을 얻으면 누구보다 강력한 지지자가 됩니다. 자신을 만족시키는 창작자가 희귀하기 때문입니다.

반면 대중은 평단과는 지식 수준이나 관심사가 다릅니다. 취향은 셀 수 없을 만큼 다양하고, 시간 때우기나 단순히 오락 목적으로 소비하는 경우도 많습니다. 때론 창작자가 의도하지 않은 요소에서 긍정적 반응을 보이기도 합니다. 평단에 비해 상대적으로 만족시키기 쉽지만, 그만큼 빠르게 관심을 잃어버릴 위험도 큽니다.

크리스토퍼 놀란은 난해한 소재와 주제를 대중들도 이해할 수 있게 잘 요리하는 감독으로 〈인셉션〉과 〈인터스텔라〉는 아슬아슬하게 경계선을 잘 탔습니다. 반면에 〈테넷〉은 상대적으로 난해했습니다. 그러나 이런 난해함이 평론가나 마니아 사이에서는 더 높은 평가를 받습니다. 평단과 대중은 전혀 다른 기준의 심사위원입니다. 아는 만큼 느낄 수 있기에, 창작자의 의도는 수용자의 이해도에 따라 완전히 다르게 해석됩니다.

평단과 대중의 평가는 서로 긴밀히 영향을 주고받으며 바뀝니다. 심리학에서는 이를 '사회적 증거social proof' 현상으로 설명합니다. 이는 사람들이 자신의 판단에 확신이 없을 때, 타인의 의견이나 행동에 따라 결정하는 경향을 의미합니다.

예컨대, 이동진 평론가의 한 줄 평을 본 대중들은 그것을 기준으로 영화의 첫인상을 갖게 됩니다. 반면, 평단 역시 대중의 반응에 따라 평가를 수정하기도 합니다. 영화 〈스타쉽 트루퍼스〉는 개봉 당시 평단에서 혹평을 받았지만, 인터넷 커뮤니티를 중심으로 작품 속 풍자성이 발견되면서 컬트적 인기를 끌었고, 결국 평단도 작품을 재평가하게 되었습니다. 평단과 대중의 평가는 끊임없이 서로에게 영향을 미칩니다.

아무리 대중적인 창작자라도 평단의 의견을 완전히 무시하고 작업하기는 어렵습니다. 반대로 평단의 극찬을 받는 창작자도 대중의 호응 없이는 활동을 지속할 수 없습니다. 따라서 창작자는 평단과 대중 양쪽 모두가 관심을 가질만한 경계선을 넘어야 합니다. '충분히 낯설어 호기심을 자극하지만, 스스로 해석할 수 있을 만큼은 친숙한' 지점을 찾아야 합니다. 새로움과 이해도의 균형을 찾아야 합니다.

평단과 대중 사이에서 가장 중요한 질문은 "나는 어디에서 더 잘 먹히는 창작자인가?"입니다. 이 질문에 답을 하려면 우선 자신이 작품을 만들 때 가장 즐거운 순간과 주변의 반응을 관찰해야 합니다. 예컨대, SNS나 틱톡 같은 플랫폼에서 빠르게 퍼지며 폭발적인 반응을 얻을 때 짜릿한 쾌감을 느낀다면, 아마도 당신은 대중 친화적인 성향입니다. 반면 누군가 장문의 리뷰나 비평적 코멘트를 통해 내 작품을 심도 있게 탐구해줄 때 더 큰 만족을 느낀다면 평단 친화적 성향입니다.

창작자의 성향에 따라 작품을 성공시키기 위한 전략도 달라집니다. 평단 친화적인 창작자는 완성도와 구조적 실험, 작품에 담긴 깊은 메시지에 집중합니다. 평단은 보통 창작자만의 고유한 스타일과 철학을 드러내는 작품을 선호하며, 심지어 난해함과 복잡성을 즐기기도 합니다. 따라서 평단이 비평과 해석의 여지를 충분히 가질 수 있도록 해석의 여백을 설계하고, 새로운 시도를 통해 격식을 부수는 전략이 필요합니다. 이러한 유형의 창작자는 전위적이고 실험적인 작품을 선보이는데, 영화감독 데이비드 린치가 대표적입니다. 이들은 비평적 지지를 통해 창작의 에너지를 얻고 그 지지를 바탕으로 다음 작품을 이어갑니다.

평단 친화형 창작자들에겐 '1,000명의 진짜 팬1,000 True Fans' 법칙처럼 '충성도 높은 소수의 팬'을 확보하는 전략이 효과적입니다. 매니악하고 섬세한 취향을 가진 팬을 우선 공략하는 것입니다. 모수는 적더라도 이들은 정기적인 후원과 지속적인 피드백을 통해 창작 활동을 지원하는 열성팬으로 바뀔 가능성이 높습니다. 따라서 의도적으로 '나만 알고 싶은 아티스트' 같은 희소성 있는 컨셉이 유리합니다. 그리고 확보된 열성팬 층을 기반으로 대중성을 추가해 나갈 수도 있습니다.

반대로 대중 친화적인 창작자는 얼마나 많은 사람들에게, 즉각적으로 반응을 일으키는지를 더 중요하게 생각합니다. 마블 시리즈의 영화들, 테일러 스위프트의 음악, BTS의 퍼포먼스 같은 작품들이 대표적입니다. 이들은 단순한 오락을 넘어 정서적 가치를 제공하고 이를 통해 대중의 폭발적인 지지를 얻습니다.

이를 위해서는 트렌드로 떠오른 관심사를 누구보다 빠르게 공략하고, 보편적인 공감과 특이점의 비율을 적절히 섞어 제작해야 합니다. 대중 친화형 창작자의 성공은 결국 얼마나 '바이럴'을 유도할 수 있는가에 달려 있습니다. 이를 위해서는 다작을 통해 다양한 가능성을 실험하는 것이 유리합니다. 이중 반응이 좋은 소재를 심도 있게 발전시켜 자신만의 스타일을 찾아야 합니다. 이 과정에서 이미 확보된 대중성에 작품성이 더해지며, 이를 통해 평단의 긍정적인 평가를 확보할 수도 있습니다.

그러나 평단과 대중의 평가를 너무 의식할 필요는 없습니다. 두 집단의 시선을 지나치게 신경 쓰다 보면 정작 자신이 걸어야 할 길을 잃기 때문입니다. 창작자는 때로는 대중을, 때로는 평단을 목표로 삼기도 하며, 어떨 땐 창작 과정 중에 그 방향이 달라지기도 합니다. 긴 여정이기에 자신만의 확고한 스타일과 균형 감각을 갖는 것이 더 중요합니다.

중복경계선 넘기

창작자의 스타일은 어떤 경계선을 넘을지, 어떤 경계선은 안 넘을지를 결정하면서 만들어집니다. 하나의 창작물은 여러 종류의 격식에 중복으로 걸쳐 있습니다. 예컨대, 영화 한 편은 스토리의 격식, 영상미의 격식, 음악의 격식, 상업성의 격식 등 다양한 경계선의 교차점 한가운데 놓여져 있습니다.

블리자드는 게임의 배경 스토리를 설명하는 영상을 게임 중간중간 삽입하거나 별도의 광고성 콘텐츠로 제작합니다. 게임 트레일러 영상이라기엔 너무 높은 퀄리티 때문에, '게임도 잘 만드는 애니메이션 회사'와 같은 댓글이 달립니다. 게임 트레일러지만, 영화나 애니메이션 장르의 격식으로도 평가받는 것입니다.

보통 창작자는 자신이 가장 자신 있는 경계선을 넘습니다. 스토리텔링에 능숙한 작가는 내러티브의 격식을 깨고, 시각적 표현에 강한 감독은 영상 표현의 관습을 넘습니다. 이때 중요한 것은, 그 외 다른 영역에서는 기본적인 격식을 유지하는 것입니다. 한 가지 요소에만 지나치게 힘을 쏟다가 다른 요소들이 수준 미달이

되어버리는 것을 경계해야 합니다.

영화 〈성냥팔이 소녀의 재림〉(2002), 〈원더풀데이즈〉(2003), 〈디워〉(2007)는 공통점이 있습니다. 개봉 당시 한국 영화로서는 파격적인 시각효과와 뛰어난 영상미를 선보였습니다. 거대한 자본이 투입됐고 당대 최고의 스태프들이 참여했습니다. 트레일러를 본 대중은 흥분했습니다. 그러나 막상 영화가 개봉한 후, 관객들의 평가는 '영상미는 좋은데…'로 귀결됐습니다. 영상미에 비해 스토리의 완성도가 따라주지 못했기 때문입니다.

하나의 요소가 아무리 뛰어나도 다른 요소들이 뒷받침해주지 않으면 작품의 완성도는 떨어집니다. 아무리 파격적인 스토리라도 영상미나 연출이 수준 미달이면 관객은 등을 돌립니다. 반대로 평범한 스토리라도 뛰어난 영상미나 음악적 완성도가 뒷받침되면 좋은 평가를 받을 수 있습니다. 각 요소는 각자의 격식으로도 평가받지만, 결국 종합점수인 '완성도'나 '작품성'이라는 격식으로 평가됩니다.

파격적인 요소를 지탱해줄 격식이 필요합니다. 글이 파격적이라면 그림이, 그림이 파격적이라면 글이 격식을 지탱해야 합니다. 물론 모든 요소가 동시에 파격적이고 높은 퀄리티로 완성된다면 시대를 초월한 걸작이 탄생합니다.

그러나 대부분의 프로젝트는 시간과 예산이라는 한계에 부딪힙니다. 창작자는 한정된 자원 안에서 최선의 조합을 찾아내야 합니다. 유명한 작가와 뛰어난 감독이 만났다고 반드시 성공을 보장하지는 않습니다. 균형 잡힌 작품도 예상치 못한 외부 변수 때문에 실패합니다.

따라서 창작자는 중복경계선 사이에서 균형을 찾아야 합니다. 좋은 파격이란 모든 경계선을 넘는 것이 아니라, 몇 가지 핵심적인 경계선을 선택적으로 넘는 것입니다. 모든 경계선을 한꺼번에 넘으려는 시도는 다소 위험합니다. 반대로 모든 경계선을 충실히 지키는 데 급급하다가는, 아무런 경계선도 넘지 못할 수도 있습니다. 오케스트라 지휘자가 악기들의 강약을 조율해 아름다운 하모니가 만들어지듯, 창작물 역시 강약을 조절해 어떤 경계선을 넘을지 판단해야 합니다.

창작자는 항상 자신에게 질문해야 합니다.

- ─ 내 작품은 어떤 중복경계선에 걸쳐져 있는가?
- ─ 각 경계선의 격식을 나는 얼마나 깊이 이해하고 있는가?
- ─ 어떤 경계선은 과감히 넘고, 어떤 경계선에선 격식을 지킬 것인가?

이 질문에 대답할 수 있을 때 창작자의 개성이 결정됩니다. 창작자의 스타일은 어떤 경계선을 넘을지, 어떤 경계선은 안 넘을지를 결정하면서 만들어집니다. 이것이 브랜드라면 브랜드의 개성, 브랜드 에센스가 됩니다.

파격은 모든 경계를 깨뜨리는 급진적 행위가 아닙니다. 그렇게 깨뜨릴 수도 없습니다. 좋은 파격은 치밀하게 조율된 선택의 결과입니다. 창작자는 그 균형 감각으로 자신만의 독특한 스타일을 찾아야 합니다.

장인정신과 차력쇼의 경계선

만약 퀄리티의 수준이 인간계를 넘어 천상계로 가버린 정도라면, 그 자체로 파격이 됩니다. '이렇게까지 해야 했나?' 싶을 정도로 감탄과 경이로움을 느끼게 만드는 '퀄리티의 파격'이 탄생합니다.

예컨대, 신카이 마코토 감독의 작품을 들 수 있습니다. 그는 '애니메이션 작화의 한계란 무엇인가'에 도전하는 것처럼 보입니다. 사진보다 더 정교하고 아름다운 화면을 보고 있으면 중2병에 걸릴 것 같은 내레이션들마저 아름다운 하이쿠처럼 들립니다.

퀄리티의 파격을 이뤄낸 창작자는 그 이름 자체가 작품의 신뢰를 보증하는 브랜드가 됩니다. 그래서 소비자들은 '크리스토퍼 놀란 감독 신작', '픽사, 인사이드 아웃 제작진'이라는 문구만 봐도 작품의 가치를 미리 신뢰합니다.

퀄리티의 파격은 모든 창작자가 추구하는 로망입니다. 그러나 무조건 높은 퀄리티만 추구하면 될까요? 창작자들이 흔히 저지르는 실수는 퀄리티에 너무 집착한 나머지, 창작물을 '기술 차력쇼'로 만들어 버린다는 것입니다. 테크닉은 중요한 요소이지만, 그것만으로는 소비자의 마음을 움직일 수 없습니다. 게임은 재미있어야 하고, 영화는 감동을 줘야 하며, 음악은 감성을 울려야 합니다. 창작물은 언제나 장르가 요구하는 본질적 가치를 갖춰야 소비자의 선택을 받습니다. 본질적 가치가 확보되어 있을 때, 기술적 파격도 함께 주목받을 수 있습니다.

신카이 마코토 감독이 단지 아름다운 그림만 나열했다면, 그의 영화는 그렇게까지 사랑받지 못했을 것입니다. 작화력이라는 강력한 특이점을 특유의 스토리텔링과 결합했기 때문에, 퀄리티의 파격도 주목받을 수 있었습니다.

최근 비트박서 '윙'은 퀄리티의 파격을 완성했습니다. 그는 과거 '북치기박치기' 수준이던 대중들의 비트박스에 대한 격식을 깨고, 음악적 완성도를 갖춘 작품을 만들어 냈습니다. 그는 놀라운 기술과 작품성을 균형 있게 완성했습니다. 퀄리티의 파격이 차력쇼가 아니라 '완성도 있는 작품'으로 소비되도록 한 것입니다.

퀄리티의 파격은 장인의 집착에서 시작됩니다. 그러나 완벽한 기술도 소비자의 감동 없이는, 그저 빈껍데기 기술쇼로 남게 됩니다.

격식으로의 매몰: 매너리즘

매너리즘Mannerism은 르네상스 후기에 등장한 미술 사조로, 지나치게 정교한 기술적 표현과 복잡한 구성을 추구했습니다. 마치 잘 만들어진 케이크에 설탕을 더 뿌린 것 같았습니다. 그래서 "모양은 화려한데 무슨 맛인지는 모르겠다"는 반응이 따라왔습니다. 결국 매너리즘은 대중들의 공감을 얻지 못하고 생명력을 잃었습니다. 그 뒤를 이어 등장한 바로크Baroque는 감정과 드라마, 역동적인 생동감을 강조해 대중들의 깊은 감동을 끌어냈습니다.

매너리즘에서 바로크로의 전환처럼 격식이 과부하될 때, 파격은 다양한 장르에서, 시대를 막론하고 유사하게 나타납니다.

(좌) 매너리즘-엘그레코 〈라오콘〉
(우) 바로크-카라바조 〈홀로페르네스의 목을 베는 유디트〉

문학: 고전 정형시가 점점 딱딱해지자, 19세기 말 월트 휘트먼은 운율을 걷어낸 '자유시'를 내놓았습니다. 보들레르도 정형을 깨고 산문에 가까운 시를 실험했습니다. 감정이 형식보다 중요하다는 분위기가 퍼지며, 자유시는 곧 현대시의 주류가 되었습니다.

패션: 19세기 후반 여성복은 허리를 극단적으로 줄이는 '와스프 웨이스트' 경쟁과 과도한 드레이프 장식이 유행하면서 디자이너들은 서로 더 가는 실루엣과 더 많은 레이스를 겨루는 매너리즘에 빠졌습니다. 그러던 중 1920년대 코코 샤넬이 코르셋을 버린 재킷과 '리틀 블랙 드레스'를 선보이면서 실용적 우아함이라는 파격을 만들었습니다.

건축: 19세기 말 유럽 도심은 기둥, 가니쉬, 스테인드글라스로 외관을 과장하는 스타일이 유행하며, 장식물 숫자와 복잡도를 경쟁하는 매너리즘적 과열을 보였습니다. 이후 1920~30년대 바우하우스와 르 코르뷔지에가 "형태는 기능을 따른다"는 모더니즘 건축을 퍼뜨리면서 장식을 걷어낸 직선미가 표준이 되었습니다.

사진: 필름 카메라 시대에는 ISO, 셔터, 조리개 수치를 암기해 '존 시스템' 노출표를 맞추고, 암실에서 밀도계와 현상 레시피의 완성도를 겨루는 살롱 사진 매너리즘이 확산되었습니다. 디지털카메라가 등장하고, 아이폰이 자동 노출과 즉석 공유를 가능케 하면서 사진의 파격이 일어났습니다.

음악: LP와 CD 시절, 아티스트들은 45분짜리 '컨셉 앨범'을 당연하게 만들었고, 히트곡 사이를 메우는 '필러 트랙'도 관행처럼 들어갔습니다. 하지만 2001년 아이튠즈와 2008년 스포티파이의 등장 이후, 음악은 '한 곡만 골라 듣는' 시대에 들어섰습니다. 싱글 중심의 소비가 기준이 되었고, 앨범이라는 격식은 점점 약해졌습니다.

게임: 1990년대 초 가정용 게임 시장은 배경이나 캐릭터의 색상만 바꾸는 〈팔레트 스왑〉 2D 횡스크롤 속편들이 쏟아지며, 스테이지 숫자만 늘리는 매너리즘에 빠졌습니다. 그러던 중 1996년 〈슈퍼 마리오 64〉가 3D 공간과 자유 카메라를 제시해 '어디든 갈 수 있다'는 체험을 확산시켰고 이후 대형 게임 대부분이 입체 세계로 옮겨갔습니다.

요리: 프랑스 전통 코스 요리인 '오트 퀴진'은 버터와 크림이 가득한 중후한 소스와 정교한 장식으로 우아함을 겨뤘지만, 20세기 중반엔 과잉 장식과 소스 두께를 경쟁하는 매너리즘에 빠졌습니다. 그러다

1970년대 초 미셸 게라르와 폴 보퀴즈가 주도한 요리 스타일인 '누벨 퀴진'은 소스를 가볍게 줄이고 제철 재료 맛을 앞세우며 그림 같은 플레이팅을 선보여 "맛이 깔끔하다"는 호평 속에 빠르게 새 표준을 만들었습니다.

무용: 고전 발레는 '32회 푸에테' 같은 고난도 턴을 더 높이, 더 정교하게 수행하는 기술 경쟁으로 치닫는 매너리즘에 빠졌습니다. 1920년대 마사 그레이엄은 토슈즈를 벗고 맨발로 무대에 올라 호흡과 척추의 움직임을 중심으로 감정을 표현하는 '현대무용'을 선보였고, 관객은 인간적인 에너지와 자유로운 몸짓에서 강한 감동을 받았습니다.

영화: 1950년대 할리우드 스튜디오 시스템은 3막 구조와 매끄러운 '컨티뉴이티 편집'을 교본처럼 반복하며 서사 공식을 반복하는 매너리즘에 빠졌습니다. 1959년부터 프랑스 '누벨바그' 감독들은 즉흥 연기, 핸드헬드 카메라, 점프 컷을 사용해 장면을 툭툭 끊어 붙였고, 다큐멘터리처럼 생생한 현실감을 담아 세계 영화계에 신선한 충격을 주었습니다.

당시의 매너리즘 예술가들은 자신들이 파격을 만들고 있다고 믿었습니다. 그러나 후대의 우리가 보기에는 그것은 뒤틀린 방향이었습니다. 지금 우리도 마찬가지입니다. 내가 파격을 만들고 있는지, 아니면 매너리즘에 빠져 있는지 스스로 판단하기란 어려운 일입니다. 따라서 창작자는 끊임없이 자신에게 질문해야 합니다.

"내가 만드는 것이 파격인가, 아니면 뒤틀린 기술 경쟁인가?"

벽
부수기

격식이라는 거대한 벽 앞에서 주눅 들 필요 없습니다. 영원한 격식은 없습니다. 격식은 본래 목적을 달성하는 것에는 최적화되어 있지만, 상황이나 환경이 바뀌게 되면 그 장점이 약점이 됩니다.

오히려 너무 단단하고 큰 몸집 때문에 한 번에 와르르 무너져 버릴 수도 있습니다. 거대한 벽의 약점을 찾아 균열을 내는 것에서 시작해야 합니다. 그 균열을 만드는 첫 망치질이 바로 '특이점'입니다.

특이점이 파격이 되는 과정

스테판 커리는 NBA 최고의 스타이자 현대 농구의 판도를 바꾼 선수입니다. 그의 특이점은 뛰어난 정확도와 긴 사정거리를 가진 '3점 슛'입니다.

    커리 등장 이전의 NBA의 격식은 큰 체격과 힘을 바탕으로 한 '골 밑 플레이 중심'의 농구였습니다. 센터와 포워드들이 힘과 기술을 이용해 골 밑을 장악하는 것이 주요한 전략이었죠. 그런데 커리는 이 격식과 정면으로 맞섰습니다. 그는 3점 라인보다 두세 걸음 더 먼 거리에서도 마치 자유투처럼 쉽게 3점 슛을 성공시켰습니다. 골 밑만 지키던 공룡 센터들은 커리의 슛을 그저 바라볼 수밖에 없었습니다. 소속팀 골든스테이트 워리어스는 커리를 중심으로 한 전략과 전술로 40년 만에 NBA 챔피언이 되었고, 2015~16시즌에는 전설적인 73승 9패를 기록했습니다. 골 밑 위주로 펼쳐지던 기존 NBA의 격식이 무너진 것입니다.

    커리의 특이점이 만든 파격은 NBA에 큰 변화를 일으켰습니다. 골 밑만 지키던 선수들이 외곽까지 나와야 했고, 이제는 센터조차 직접 3점 슛을 던지는 시대가 되었습니다. 코트 전체가 득점

가능 지역으로 바뀌자 활동 범위는 훨씬 넓어졌고, 경기는 더 빠르고 더 다이내믹해졌습니다. 팬들은 새로워진 농구에 열광했고 NBA는 다시금 전성기를 맞이했습니다.

스테판 커리의 사례는 개인이나 팀이 가진 특이점 하나가 기존의 격식을 무너뜨리고 어떻게 파격이 되는지 보여줍니다.

'영웅은 하늘이 내린다'라는 운명론을 파격과 격식의 관계로 보면, 개인의 능력(특이점)이 시대적 배경(격식)과 운명적으로 대비될 때 영웅이 탄생한다는 이야기로 해석할 수 있습니다. 어쩌면 파격은 우연한 기적일 수도 있습니다. 그러나 시대의 격식을 면밀히 관찰하고 전략적으로 특이점을 개발한다면, 어쩌면 기적을 만들고 운명을 개척할 수도 있습니다.

남들과 구별되는 뛰어난 기술, 특별한 자원, 독특한 네트워크 같은 특이점은 '차별점'이라는 무기가 됩니다. 여기에 더해 특이점이 배경의 격식과 궁합이 잘 맞는다면, 즉 '군계일학'이 될 수 있다면, 파격으로 발전합니다. 특이점이 균열을 만들고, 격식은 그 균열에 허둥대다 스스로 무너지고, 결국 파격이 세상을 바꿉니다. 이런 사건들은 역사적으로 장르와 분야를 불문하고 계속 반복되었습니다.

파격의 타이밍과 위치 선정

대중의 격식은 끊임없이 변하고, 그에 따라 같은 작품, 같은 창작자라도 평가가 달라집니다. 타이밍에 따라 파격의 성공과 실패가 결정된다고 해도 과언이 아닙니다.

어긋난 타이밍의 대표적 예시는 '빈센트 반 고흐'입니다. 그는 생전에 거의 작품을 팔지 못했고, 결국 정신적 고통과 가난 속에 생을 마감했습니다. 파격이 시대를 너무 앞섰기 때문입니다. 하지만 시간이 흘러 격식이 변하자 대중과 평단 모두에게 재평가받으며, 그의 작품은 위대한 걸작이 되었습니다.

반면 '피카소'는 파격을 만들고, 그 파격이 어느 시점에, 어떤 채널을 통해, 어떤 방식으로 전달될지를 세심하게 고민했습니다. 〈아비뇽의 여인들〉(1907)처럼 논란을 불러온 작품들을 통해 변화의 최전선에 서면서, 갤러리와 전시회의 타이밍을 조절해 작품의 파급력과 가치를 더 높였습니다.

영화계에서도 타이밍은 중요합니다. 리들리 스콧 감독의 〈블레이드 러너〉(1982)는 개봉 당시 너무나 어두운 미래상과 철학적이고 난해한 주제로 관객과 평단의 외면을 받았습니다. 흥행에 실패한 채 상영관에서 금방 내려갔죠. 하지만 이후 사회가 기술 발전과 인간성 상실이라는 주제에 관심을 가지게 되자, 이 영화는 사이버펑크 장르의 걸작으로 급부상했습니다. 시대가 변하자, 실패작이 걸작으로 재평가된 것입니다.

게임 업계에서도 타이밍을 놓친 파격의 사례가 있습니다. 2024년, 소니의 야심작 슈팅게임 〈콘코드〉는 약 4억 달러 이상(추정치)의 막대한 예산을 쏟았음에도 타이밍이 너무 늦어 실패했습니다. 총 개발기간은 8년이었습니다. 게임 자체의 그래픽과 완성도는 나쁘지 않아 보였지만(안 해봄), 앞서 시장에 진입한 〈오버워치〉와 〈발로란트〉가 이미 시장을 꽉 잡은 상태였습니다. 오히려, 슬슬 피로감이 쌓이고 있는 상태였습니다. 타이밍이 늦은 〈콘코드〉는 파격도 혁신도 없는 '늦게 온 손님'으로 외면받았습니다.

드라마 편성, 영화 개봉, 가수의 데뷔나 컴백 등 모든 분야에서 공개 시점, 즉 '타이밍'이 중요합니다. 잘못된 타이밍은 창작물을 '뒤처진 복제품'처럼 보이게 할 수도 있습니다. 따라서 창작물을 세상에 공개하기 전, '최적의 타이밍'인가를 따져봐야 합니다. 때로는 1, 2년 묵혀뒀다가 공개하는 것이 더 좋을 수도 있습니다.

창작물은 한 번 공개되면 되돌릴 수 없기 때문에 신중해야 합니다. 그렇다고 마냥 쥐고만 있으면 영원히 세상에 나갈 수 없을지도 모릅니다. 창작자에게 타이밍 잡기는 정말 어려운 딜레마입니다.

경계선 감수성이 여기서도 요긴하게 쓰입니다. 작품이 공개되는 타이밍에, 비교 대상들이 '나의 파격을 더 돋보이게 만들어

주는가?'를 아는 것이 핵심입니다. 만약 완성까지 3~5년 걸리는 프로젝트라면, 5년 후엔 격식이 어떻게 바뀌어 있을지를 고민하며 작업해야 합니다.

타이밍으로 레퍼런스 보는 팁
'과거의 성공작'으로부터는 기본적인 격식과 보편적 공감의 원리를 배웁니다. 과거의 성공작을 그대로 모방해도 지금 성공할 확률은 낮습니다. 타이밍이 달라졌기 때문입니다. 따라서 지금 시점에 봐도 유효한 파격을 배우고, 예나 지금이나 사용되는 격식을 배우는 것이 좋습니다.

반면, '과거의 실패작'을 현재의 격식과 대비해보고, 파격을 만들 수 있을지 검토하는 것도 좋습니다. 고흐의 그림처럼 당시엔 아무도 관심을 갖지 않았어도, 지금 시점에는 특이점이나 파격이 될 자질을 갖추고 있을 수 있습니다. 따라서 과거의 실패작이라고 무시하는 게 아니라, 현재의 기준에서 다시 들여다 봐야 합니다.

파격은 타이밍뿐 아니라, 자신이 놓일 위치에 따라서도 효과가 달라집니다. 군계일학의 이미지를 다시 떠올려 봅시다. 자신이 어떤 격식 한가운데 놓일 때 가장 선명한 파격으로 보일 것인지 전략적으로 판단하는 것입니다. 다시 말해, 자신의 차별화된 특장점이 가장 효과적으로 드러나는 위치를 선정하는 것이 바로 파격의 위치 선정, '포지셔닝Positioning'입니다.

포지셔닝이란 제품이나 브랜드를 소비자의 마음속에서 차별화된 위치에 놓이도록 만드는 마케팅 전략을 말합니다. 예컨대, 한국인에게 명절 선물로 인기 많은 홍삼을 떠올려 보겠습니다. 홍삼의 포지셔닝은 '가장 저렴한 한약'처럼 한약과 비교되게 할 수도 있고, '프리미엄 건강기능식품'으로 건강식품과 비교되게 할 수도 있습니다. 같은 제품이라도 어떤 위치, 누구와 비교시킬 것이냐에 따라 완전히 다른 가치를 갖게 됩니다. (명절 선물이란 카테고리에 위치를 선정한 것도 훌륭한 전략입니다.)

브랜드 포지셔닝의 대표적 사례로는 볼보Volvo가 있습니다. 다양한 자동차 브랜드들 사이에서 볼보는 '안전'이라는 위치를 선정했습니다. 볼보가 오랫동안 개발해온 수많은 안전 관련 기술들이 특이점이 되었습니다. 볼보는 디자인, 가격, 속도 같은 격식으로 비교되면 불리할 수 있습니다. 너무나 쟁쟁한 경쟁자들이 많기 때문입니다. '가장 안전한 차'라는 위치에서 볼보의 파격이 가장 빛납니다.

파격의 포지셔닝은 전략적인 위치 선정입니다. 자신의 콘텐츠나 브랜드가 가장 돋보이는 위치로 불편함을 감수하고서라도 이동하는 것입니다. 비슷한 격식을 따르는 경쟁자들 사이에서 'one of them'이 되는 것이 아니라, 'only one'이 될 장소를 찾아 정착하는 것입니다.

예컨대, 자신이 웹소설이나 웹툰 작가인데 자신의 작품이 동일 장르의 경쟁작들과 명확한 차별점을 갖고 있지 못하다면, 다른 플랫폼에서 연재하는 것을 고려해볼 수 있습니다. 같은 장르의 작품이 많을수록 자신의 작품도 닭 무리 중 하나로 섞여 보일 수 있습니다. 반면 모두가 판타지 장르를 연재하는 플랫폼에서 하나의 일상툰은 그 자체로 관심받을 수밖에 없습니다.

자신의 콘텐츠나 브랜드가 격식의 경쟁에서 유리한지 불리한지를 냉정하게 검토해봅시다. 불리하다면 기꺼이 짐을 싸 떠나야 합니다. 파격은 어떤 배경 앞에 놓이느냐에 따라 전혀 다른 파괴력을 발휘합니다.

파격의 비율: 세 가지 전략

첫 번째 전략은 이미 선두에 있는 '1위'가 주로 사용하는 방식입니다. 새로운 것을 시도하기보다는 이미 검증된 방식을 유지합니다. 격식의 비율이 매우 높고, 파격이나 특이점은 극히 적은 비율로 활용해 리스크를 줄이고 안정적으로 관리합니다. 이미 이긴 게임에서는 모험을 할 이유가 없기 때문입니다.

패스트 팔로워Fast Follower 전략은 이미 검증된 선두주자의 방식을 빠르게 따라가는 효율적인 접근입니다. 전체의 99%는 비슷하게 유지하고, 단 1%의 차별화로 새로운 선택지를 제시합니다. 파격적인 혁신은 소비자를 학습시키고 시장을 형성하는 데 많은 자원을 소모합니다. 반면, 패스트 팔로워는 선두가 공들여 해결한 문제를 적은 비용으로 우회합니다. 최초의 각인은 포기하되, 실패 리스크는 최소화하는 데 집중합니다.

두 번째 전략은 '공격적인 추격자'가 활용하는 방식입니다. 이들은 1등을 따라 해선 절대 경쟁에서 승리할 수 없다는 것을 잘 알고 있습니다. 그래서 파격의 비율을 높입니다. 애초에 큰 논란을 노립니다. 단순히 주목받는 것에서 만족하지 않고, 시장 전체의 판을 뒤집는 결과를 기대합니다. 가장 공격적인 전략입니다.

세 번째 전략은 실제로 가장 많은 브랜드가 사용하는 방식입니다. 전체적으로 격식의 비율이 높은 편이지만, 적절한 비율의 특이점을 섞어 '차별화+주목도'를 확보합니다. 리스크를 줄이면서 지나치게 지루해 외면받는 것도 피할 수 있는, 가장 현실적이고 효율적인 방식입니다.

세 번째 전략에서 중요한 개념이 바로 '마야MAYA' 원칙입니다. 마야 원칙은 산업디자인의 거장 '레이몬드 로위'가 제시한 개념으로, 'Most Advanced Yet Acceptable' 즉, '가장 진보적이면서도 여전히 수용 가능한 수준'을 뜻합니다. 쉽게 말해, 익숙한 것 80%에 새로운 것 20%를 섞어서 구성하는 방식입니다. 그는 이 원칙을 따라 수많은 디자인을 성공시켰습니다. 코카콜라 유리병 디자인이나 세계적인 에너지 기업 '쉘'의 조개껍데기 모양의 로고가 대표적인 예입니다. 이 디자인들은 당시에도 충분히 파격적이었지만, 대중들의 미적 기준, 사용 습관의 범위를 벗어나진 않았습니다. 마야 원칙은 지금도 다양한 분야에서 격식과 파격의 밸런스를 조절하는 데 사용됩니다.

영화, 음악, 디자인 같은 분야에서 대중적으로 사랑받는 작품들은 대부분 이 법칙을 잘 따릅니다. 인기 있는 영화들은 클리셰와 새로움을 적절히 배합합니다. 관객들이 예측할 수 있는 스토리 구조나 친숙한 표현으로 대부분을 채우고, 핵심 장면에서만 파격을 넣어 관객들을 놀라게 합니다. 음악에서도 귀에 익숙한 코드나 리듬을 유지하면서 부분적으로 새로운 스타일을 첨가해 청취자의 호기심을 자극합니다.

결국 파격과 격식의 '비율'이 핵심입니다. 격식은 대중이 작품에 쉽게 다가올 수 있도록 도와주는 '안정성의 기반'입니다. 이 기반 위에서 창작자는 계산된 파격을 가미해 작품의 매력과 신선함을 끌어올릴 수 있습니다. 대중적으로 성공한 창작물들은 대부분 가장 앞서 있지만 동시에 모두가 수용할 수 있는 지점에서 탄생합니다.

잔잔한 파격

격식이 두터운 영역일수록 첫 번째 전략이 자주 사용됩니다. 섬세한 한 끗 차이를 구분할 수 있는 평단과 대중이 있기에 가능합니다. 예컨대, 폰트 디자인은 '읽히는 것'에 그 목적이 있기 때문에 가독성, 판독성 같은 기준들이 격식을 두껍게 만듭니다. 과감한 실험도 있지만, 대부분은 '파격인가?' 싶을 만큼 조용하게 경계선을 넘습니다.

'미원체'는 조미료 미원을 위해 만들어진 폰트입니다. 보통 하나의 한글 폰트는 2,350자 또는 2,780자로 구성됩니다. 현대 한국어에서 쓰이는 단어들을 문제없이 출력하기 위한 표준적인 숫자입니다. 미원체는 여기에 '+2자'를 추가하여 총 2,782자로 만들

어졌습니다. 조미료 브랜드의 폰트라는 특성에 맞춰 태국 요리인 '허이헷쏫'의 '쏫'과 '카오나뺃'의 '뺃'이라는 글자를 추가한 것입니다. 이로써 모든 요리 이름을 쓸 수 있다는 컨셉으로 완성됐습니다. 폰트 업계의 격식에서 보면 아주 사소한 변화지만, 이 작은 차이가 미원체의 특이점이 되었고, 잔잔한 파격을 만들었습니다. 이 폰트는 2023년 IF 디자인 어워드 커뮤니케이션 디자인 부문에서 수상했습니다. 현재 무료로 배포되어 간판부터 영상용 서체 등에 활발히 사용되고 있습니다.

일반적으로 파격을 크고 충격적인 변화로 생각합니다. 그러나 파격의 본질은 '격식을 깨뜨리는 것'이기에, 변화의 크기가 작더라도 파격입니다. 충격이 과하면 사람을 다치게 하지만, 적절한 강도로 정확한 부위를 자극하면 마사지가 됩니다. 이처럼 창작자는 자신이 의도한 목적과 상황에 맞게, 파격의 강도를 세밀하게 조정해야 합니다.

무지성 파격: 초심자의 행운

때로는 우연히 파격이 탄생합니다. 소위 '초심자의 행운'이란 말처럼, 처음 도전한 창작자가 자신도 모르게 격식의 경계선을 훌쩍 넘어버리고 그것이 예상외로 큰 인기를 끌며 대중의 주목을 받기도 합니다.

조직에서 막내 사원의 의견을 주의 깊게 들어야 하는 이유도 바로 이 '초심자의 행운' 때문입니다. 막내는 격식 자체를 모르기 때문에 문제를 전혀 다른 각도로 바라봅니다. 새로운 관점이 벽 뒤에 숨어 있던 해결의 실마리를 드러냅니다. 팀장이나 선배는 그 아이디어가 현실의 조건과 부합하는지, 또 진짜 파격인지 판단할 수 있는 경험이 있습니다. 초심자의 파격적 아이디어는 대부분 그대로 적용하긴 어렵고, 현실적으로 조정이 필요합니다.

위대한 화가 '피카소'는 "어린아이처럼 그리는 것이 가장 어렵다"라고 말했습니다. 아이들의 순수한 생각과 거침없는 표현은 종종 어른들의 고정관념을 무너뜨립니다. 아무것도 모르는 백지상태는 때론 가장 강력한 파격의 원천입니다.

이 때문에 일정 수준 이상에 오른 고레벨의 창작자는 주기적으로 초심자를 찾아다닙니다. 대학생 졸업 전시회나 아마추어 무대, 도전만화가 게시판을 탐색하면서 신인들이 지닌 자유로운 시각을 탐구합니다. 이런 과정을 통해 자신의 고정관념을 점검하고, 경계선을 최신화합니다.

나이가 어리거나 경험이 적음에도 성인이나 전문가 못지않은 통찰력과 실력을 보이는 사람을 흔히 '신동', '천재'라 부릅니다. 신동이 특별해 보이는 이유는 또래와의 뚜렷한 격차 때문입니다. 그 나이대의 수준을 훌쩍 뛰어넘는 실력 때문입니다. 그러나 시간이 지나 경쟁자들이 성장하면서 격차가 좁혀지면, 신동이라는 말은 자연히 사라집니다.

초심자의 행운은 영원하지 않습니다. 우연히 한 번 성공한 파격은 지속적으로 재현하기 어렵습니다. 본인조차 어떻게 성공했는지 정확히 모릅니다. '소포모어 징크스[3]'라는 말처럼 이후에는 평범한 수준으로 돌아가는 경우가 대다수입니다. 처음의 성공이 실력이나 전략이 아니라, 그냥 우연히 격식의 경계선을 넘어버린 결과였던 것입니다.

따라서 초심자가 진짜 천재인지, 단순히 우연인지 판가름하는 기준은 '지속성'입니다. 연속은 아니더라도, 두 번 이상 파격을 만들어내는지가 핵심입니다.

뜻밖의 파격: 수준 미달

우연히 만들어지는 파격이 또 있습니다. 수준의 격식에 한참 못 미치는 '수준 미달'의 파격입니다. 창작물에서 '수준'은 격을 판단하는 가장 기본적이고도 중요한 요소입니다. 이미지의 퀄리티, 시나리오의 완성도, 배우의 연기력 등이 작품의 수준을 결정짓습니다. 대중들은 최소한의 수준을 충족해야만 비로소 소비할 마음을 갖게 됩니다. 반대로 기대 이하의 수준에는 냉정하게 돌아섭니다. 특히 돈이나 시간을 지불한 뒤에 마주하는 수준 미달에는 분노합니다. 혼자 욕하고 끝나는 것이 아니라 주변에 적극적으로 알리기도 합니다. 영화 〈클레멘타인〉의 게시판에 "이 명작을 나만 볼 수 없지!"라는 뒤틀린 칭찬이 가득한 이유입니다.

그러나 흥미롭게도 수준 미달이 단순히 경계선 안쪽에 못 들어온 게 아니라, 반대 방향으로, 예상보다 훨씬 '멀어져'버렸다면

---

3   소포모어는 2학년이라는 뜻으로, 소포모어 징크스는 성공적인 첫 작품이나 활동 이후, 이어지는 두 번째 작품이나 활동에서 기대에 못 미치는 부진한 성적을 보이는 현상을 의미합니다.

그 자체로 파격이 되기도 합니다.

대표적인 사례는, 2024년 파리 올림픽 브레이킹댄스 종목에 출전한 호주 국가대표 레이첼 건입니다. 그녀는 올림픽이란 무대에 어울리지 않는 수준 미달 퍼포먼스로 놀림을 받았지만, 그 우스꽝스러운 모습은 오히려 인터넷 밈이 되어 바이럴됐습니다. 지미 팰런이 자신이 진행하는 인기 쇼에서 그녀의 댄스를 패러디하기도 했고, 그녀는 각종 브랜드의 광고모델 제의를 받을 만큼 큰 관심을 얻었습니다.

올림픽처럼 최고들이 모인 무대에서는, 오히려 수준 미달이 가장 큰 파격이 되기도 합니다. 모두가 잘하는 환경에선 가장 못하는 사람이 더 눈에 띕니다. '탈룰라'로 유명한 영화 〈쿨러닝〉은 눈도 오지 않는 자메이카 국가대표 팀의 봅슬레이 도전을 다룬 작품으로, 저예산에도 큰 흥행을 거뒀습니다. 수준 미달에서 비롯된 이 흥미로운 설정이 소비자를 영화관과 비디오 대여점으로 이끌었습니다.

〈프로듀스101〉 시즌 1의 출연자 김소혜는 다른 연습생들에 비해 실력이 부족했지만, 그 부족함이 오히려 시청자들의 관심을 끌었습니다. "소혜야 가수가 하고 싶어?"라는 질타를 받던 그녀가 피나는 연습 이후 '그럴듯하게' 무대를 소화하는 모습에 시청자들은 환호했습니다. 그녀는 아이돌 연습생이라는 기준에서는 수준 미달이었지만, 방송 소재나 시청자 공감이라는 기준에서는 파격적이었습니다. 서바이벌 프로그램은 의도적으로 실력이 부족한 참가자에게 시간을 할애해 편집하곤 합니다. 이들은 격식 안에 애매하게 자리 잡은 참가자들보다 훨씬 더 주목받습니다.

일본의 고교야구 대회 '고시엔(甲子園)'이나 '지하아이돌' 역시 '프로'에 비해 수준이 떨어집니다. 하지만 그 어설프고 풋풋함이 오히려 팬들에겐 매력적입니다. 순수함, 예측 불가능한 실수, 그 속에서 빛나는 숨은 재능을 발견하는 재미가 있기 때문입니다. 미래의 스타를 미리 찾아내는 즐거움은 이 수준 미달의 환경이 제공하는 특이점입니다.

'예상보다 더 수준 미달'은 격식 바깥에 존재한다는 점에서 특이합니다. 파격의 묘미 중 하나는 수준 높음이 아닌, 수준 낮음으로 관심과 흥미를 유발하는 데 있습니다. 수준 미달 상태에 놓인 창작자나 팀은 이러한 관심을 활용해야 합니다. 부족하다는 것은 단지 현 상태를 말할 뿐, 영원히 고정된 한계가 아닙니다. 오히려 격식 안에서 애매한 위치는 주목받지 못하고, 폭발적인 성장을 이루기 어려울 수 있습니다. 수준 미달은 오히려 희망적입니다. 수준 미달에서 시작한 스토리는 결국 남들이 가질 수 없는 나만의 성장형 서사로 완성될 수 있기 때문입니다.

수준 미달이라는 전략

수준 미달을 컨셉으로 활용하는 방법도 있습니다. 일반적으로 광고는 멋진 모델이 세련된 환경에서 제품을 매력적으로 사용하는 '격식'을 따릅니다. 그러나 일부러 어설프고 엉뚱한 병맛 또는 B급 감성으로 격식의 경계선 아래쪽을 뚫고 내려가 주목을 끌기도 합니다. 이른바 '크린지Cringe 마케팅'입니다.

일본의 아카기 유업은 2013년 아이스크림 '블랙BLACK' 제품 출시 35주년을 기념해 광고를 만들었습니다. 연필로 대충 그린

아카기 유업의 아이스크림 '블랙' 광고

것 같은 캐릭터가 등장해 "신제품이 아니지만 광고 만들어봤어"라고 말하며 요상한 춤을 선보입니다. 전통적인 광고 격식에서 보면 이 광고는 확실히 '수준 미달'입니다. 하지만 바로 그 '의도된 허접함' 덕분에 소비자들은 호기심과 재미를 느낍니다.

인터넷 커뮤니티에선 '페페 더 프로그Pepe the Frog'가 비슷한 이유로 성공했습니다. 예쁘거나 귀여운 격식을 갖춘 캐릭터가 아닌, 어색하고 우스꽝스러운 외모를 의도적으로 활용한 페페는 전 세계 젊은이들의 사랑을 받는 인터넷 밈으로 자리 잡았습니다. 누구나 쉽게 사용할 수 있고, 바꿔쓸 수 있는 접근성이 핵심이었습니다.

이처럼 일부러 수준을 낮추고 과감히 세련된 격식을 버려서 오히려 브랜드의 주목도를 높이고 차별점을 만들 수도 있습니다. 이런 마케팅은 가격이 저렴한 식품이나 공산품 소비재 카테고리에서 특히 효과적입니다. 가끔은 명품 패션 브랜드에서도 의도적

페페 더 프로그

으로 키치함을 컨셉으로 활용하기도 합니다.

소비자들은 모두가 완벽하고 깔끔한 격식을 추구할 때 지루함을 느낍니다. 그럴 때 오히려 어설프고 민망할 정도로 수준 미달인 콘텐츠가 신선한 충격과 재미를 주며 기억에 오래 남습니다.

당신이 지금 속한 환경이 치열한 격식의 전쟁터라면, 오히려 정반대 방향으로 과감히 경계선을 넘어보는 것도 효과적인 전략입니다. 모두가 완벽을 향해 달려갈 때 의도적으로 낮춘 수준은 오히려 강력한 파격의 재료가 됩니다. 단, 이것이 제품의 성능을 의심받게 하거나 권위가 필요한 브랜드라면 주의해야 합니다. '키치'해야지 '싸구려'가 되면 안 됩니다.

파격의 대환장 파티

어떤 분야는 파격이 아예 기본값인 곳도 있습니다. 다른 분야에선 무리수나 뇌절도 여기선 평균값입니다.

대표적인 예시는 오뜨꾸뛰르Haute Couture 패션쇼입니다. 여기는 '파격의 대환장 파티'입니다. 소비자가 실제로 구매해 입기 좋은 옷이 아니라, '이것이 파격이다! 이것이 패션의 진보다!'를 온몸으로 외치는 공작새들의 혈투장입니다. 판매 목적보다는 브랜드의 지향점과 아이덴티티를 극단적으로 보여주고 관심을 끌어 트렌드를 선도하는 이미지를 구축하는 것이 목적입니다. 쇼를 감상하러 오는 관객들 역시 자신의 예상을 뛰어넘는 파격을 기대합니다. 파격이 평균값인 이 전쟁터에서 관심을 끌고 싶다면 남들보다 훨씬 강렬한 파격을 선보여야만 합니다.

슈퍼볼Super Bowl 광고처럼 전 세계의 주목을 받는 이벤트에서는 광고 문법을 지키는 광고가 거의 없습니다. 극단적으로 규모를 키우거나, 전례 없던 컨셉으로 시청자의 관심을 집중시키고, 상상을 뛰어넘는 유머나 충격을 줘야 겨우 기억에 남습니다. 광고주들은 파격이 없으면 광고비를 낭비한다고 생각합니다. 광고인들은 '어떻게 하면 더 충격적이고 더 창의적일 수 있을까?'를 고민하며 시즌을 보냅니다.

광고의 하위 장르인 '바이럴 광고'도 마찬가지입니다. 사람들의 입소문을 목적으로 하기에, '무난함'은 실패 공식입니다. 논란이 될 만한 요소를 일부러 집어넣어 화제성을 만드는 '노이즈 마케팅'도 빈번하게 사용됩니다.

더 큰 파격을 요구하는 특별한 소비자층이 있습니다. 바로 얼리어답터Early adopter입니다. 이들의 입맛은 대단히 까다롭습니다. IT 얼리어답터는 최신 제품을 일단 사고 봅니다. 평범한 기능이나 디자인에 만족하지 않고, 극도로 새로운 기능이나 디자인이 나와도 '이 정도는 예상했다'고 쿨한 척하기도 합니다. 창작자는 자신보다 훨씬 멀리 나가 있는 얼리어답터의 경계선을 넘어야 합니다.

얼리어답터를 상대하는 법은 간단하지만 어렵습니다. 그들이 가지고 있는 '파격의 격식'을 부숴야 합니다. 대환장 파티의 주최자들이 그 역할을 담당합니다. 예컨대, 레이디 가가, 마크 제이콥스, 캬리 파뮤파뮤처럼 말이죠. 그들은 얼리어답터마저 '와, 이건 예상 못했다' 싶은 파격으로 주목받습니다.

파격의 피로감

아무리 강한 자극도 반복되면 무뎌집니다. 처음엔 눈을 휘둥그레 뜨게 만들던 장면도 어느 순간 익숙해지고, 나중에는 지루해집니다. 바로 이 현상이 충격 피로Shock Fatigue입니다. 인지심리학에선 이를 '감각순응'으로 설명합니다. 뇌는 자극이 반복될수록 무뎌지게 설계됐습니다. 뇌가 파격을 예측 가능한 패턴으로 인식하는 순간부터 관심은 급격히 줄어듭니다. 콘텐츠, 패션, 디자인 산업 등에서 이 현상은 특히 빠르게 나타납니다. 한때 파격이었던 스타일은 유행이 되고, 유행은 격식이 됩니다. 모두가 따라 하기 시작하면, 파격은 곧바로 힘을 잃습니다.

대한민국 MMORPG 시장이 대표적입니다. 한동안 〈리니지〉를 기점으로 그와 비슷한 게임들이 고퀄리티 그래픽, 다양한 직업군의 육성 시스템, 공성전 등을 내세우며 소비자의 시선을 끌었습니다. 그러나 이 스타일이 반복되자 장르 자체가 하나의 격식으로 굳어졌고, 유저들은 아무리 블록버스터급 신작이 나와도, 새로운 자극으로 느끼지 못하게 됐습니다. 수많은 신작들이 '새로운 시대를 맞이하라!'며 등장했지만, 유저들은 외면했고, 시장은 점점 식어 갔습니다.

'오픈월드' 장르 역시 한때 파격이었지만, 이제는 고일대로 고인 장르 중 하나입니다. 유비소프트식 양산형 오픈월드(대표적으로 〈어쌔신 크리드〉 시리즈)가 보여준 '지도에 아이콘만 수십 개, 반복되는 수집 퀘스트, 전형적인 지역 언락 구조'는 유저들의 피로감을 가중시켰습니다. 유비식-오픈월드라는 말이 '사골국'을 뜻하는 비아냥이 되었습니다.

반면에 락스타 게임즈의 〈GTA〉 시리즈는 전혀 다른 방식으로 오픈월드의 피로감을 극복해 나갑니다. 2025년 출시 예정인 〈GTA 6〉는 약 20억 달러(약 2조 7천억 원), 역대 최대 규모의 개발비가 투입되었을 것으로 예상됩니다. '제작비의 파격'으로 '퀄리티의 파격'을 만들 기세입니다. 하지만 이 정도의 규모는 누구나 흉내 낼 수 있는 방식은 아닙니다.

파격 피로는 보통 퀄리티 경쟁이 정점일 때 나타납니다. 그리고 이 경쟁에 발을 담그는 순간, '디테일의 지옥'과 '제작비의 지옥'에 빠지게 됩니다. 대부분의 소비자들은, 큰 제작비와 노력이 들어간 미묘한 한 끗 차이를 잘 구분하지 못할 수도 있습니다. 창작자들도 한 끗을 위해 갈려 나갑니다.

자극이 무뎌지면 관심이란 약발이 떨어집니다. 소비자가 격식에 무뎌지기 전에 파격은 '새로운 결'로 갈아타야 합니다. 아니면 … 돈이 정말 많던가요.

파격과 격식의 순환

격식의 경계선 앞에 선 숙련된 창작자는 두 방향의 갈림길 앞에 섭니다. 첫 번째 길은, 격식을 더욱 정교하게 다듬어 기술적 완성도를 추구하는 것이고, 두 번째 길은, 파격으로 새로운 돌파구를 찾는 것입니다.

첫 번째 길을 택한 창작자들은 격식을 한 단계 한 단계 정교화하며 성장합니다. 그러나 이 완성도 지상주의는 결국 한계에 부딪힙니다. 기술 발전은 점점 가속도가 떨어지고, 업계의 전반적인 상향 평준화로 한 끗 차이를 만들기 힘들어집니다. 결국 '격식 과잉'의 시대가 도래합니다. 창작물은 화려해졌지만 대중은 지루해하며 새로운 자극을 갈망합니다.

두 번째 길을 택한 창작자들은, 기존의 틀 안에서는 혁신이 불가능하다는 걸 직관적으로 깨닫습니다. 그러나 격식의 벽은 생각보다 단단합니다. 대부분의 시도는 실패로 돌아갑니다. 그러나 그들은 포기하지 않습니다. 마침내 '격식 과잉'의 시대가 도래하자, 그동안 감춰왔던 파격을 꺼내 들고 무대 위로 올라갑니다.

하지만 파격의 시대 역시 영원하지 않습니다. 창작자들이 앞

다퉈 파격적 시도를 쏟아내다 보면, 대중에게 피로감이 쌓이며 결국 '파격 과잉' 시대가 옵니다. 이때 혼란스러운 세상으로부터 몸을 피해 숨어 있던 격식의 정통파 계승자들이 다시 돌아옵니다.

현대에도 격식 과잉과 파격 과잉이 교대로 나타나며 시대의 창작을 순환시킵니다. 예컨대, 2000년대 초 '세기말 감성'으로 대표되는 파격 과잉의 시기가 지나자 애플의 미니멀리즘과 유니클로, 무인양품의 심플함이 큰 인기를 얻었습니다.

창작자는 지금이 격식 과잉 상태라면 과감한 파격을 던져야 하고, 파격 과잉 시대라면 오히려 본질적 가치로 돌아가야 합니다. 시대와 환경의 변화를 이용해 군계일학이 되는 것입니다.

부수고
난 후

파격의 의도

2022년 여름, 비 내리는 서울 강남구 한복판에서 비키니를 입은 여성이 상의를 탈의한 근육질 남성과 할리데이비슨 오토바이를 타고 도로를 질주하는 사진이 인터넷 커뮤니티를 뒤덮었습니다. 실시간 검색어에는 '강남 비키니녀'가 올랐고, '관종'이라는 비난과 '멋지다'라는 반응이 동시에 터져 나왔습니다. 과다 노출로 경범죄 혐의가 적용되어 경찰 소환을 받자, 그녀는 샛노란 스포츠카에서 웨딩드레스 차림으로 내려 강남경찰서에 출두했습니다. 사진과 영상은 다시 한 번 바이럴되었습니다.

감히 이 사건을 2022년 최고의 옥외 광고 캠페인이라 평가합니다. 광고주는 임그린 그녀 본인이며, 목표(KPI)는 인지도 상승이었습니다. 초저예산으로 소비자들의 자발적 확산을 이끌었습니다. 그녀의 SNS 팔로워는 폭발적으로 증가했고, 그녀는 남성잡지 《맥심》의 표지 모델로 섭외되기까지 했습니다.

그녀는 어느 정도 파격을 만들어야 사람들의 관심을 끌 수 있는지 예상하고 움직였습니다. 단순히 비키니 라이딩만 했다면 단발성 해프닝에 그쳤겠지만, 웨딩드레스를 입고 경찰 출두라는 2차 퍼포먼스를 통해 모든 상황을 '의도한 것'으로 보이게 만들었습니다. 경찰서 앞 인터뷰에서 윤복희의 미니스커트를 언급하며, 자신이 던진 파격의 맥락과 의도를 설명했습니다. 그녀의 컨셉은 더욱 명확해졌습니다.

물론 법의 경계선을 넘었다는 점에서 논란의 여지가 있습니다. 그러나 인터넷에서도 '비키니가 과연 경범죄인가'에 대해 찬반 논쟁이 있었던 것을 보면, 그녀는 정말 아슬아슬하게 경계선을 탄 것으로 보입니다.

파격은 반드시 호기심을 유발합니다. 사람들은 일반적이지 않은 행동에 관심을 가집니다. 잘 굴러가는 격식을 부술 이유가 없기 때문입니다. 따가운 눈총을 받을걸 알면서도 비상식적인 행동을 한 이유를 궁금해합니다.

파격은 애초에 이해하기 어렵습니다. 그래서 경계선을 많이 벗어날수록 반드시 '의도'를 설명해야 합니다. 사람들이 의도를 납득하지 못하면 '뭐야, 미친놈이네' 하면서 돌아서고, 단순한 해프닝으로 끝나 버립니다.

파격 이후, 다양한 퍼포먼스들이 길거리로 쏟아져 나왔지만, 누구도 그녀만큼의 충격을 주지 못했습니다. 그녀의 퍼포먼스가 없었다면, 같은 해 핼러윈에 한복을 입고 말을 탄 채 대로변을 활보했던 퍼포먼스는 더 큰 관심을 끌었을 것입니다. 그들에게도 '의도'가 있었을 수 있습니다. 그러나 같은 장르, 비슷한 상황에서는 큰 파격이 작은 파격을 덮어버립니다. 이전에 강력한 파격을 경험했다면, 그 뒤에 오는 파격은 그 의도를 물어볼 만큼 관심받지 못합니다.

압도적인 파격 이후 쏟아지는 질문 세례 앞에서, '그냥요', '재밌어서요'라고 답변하는 것은 기껏 얻은 관심을 허공에 날려 버리는 짓입니다. 차라리 신비주의로 입을 다물고 은둔해 버리는 편이 낫습니다. 최소한 호기심은 유지되니까요.

많은 창작자들이 의도를 설명하는 순간, 쿨해 보이지 않을 거라 착각합니다. 그러나 파격은 직관으로 태어나고 의도로 살아남습니다. 격식을 깼다는 '자기만족'으로 충분하다면 의도는 필요 없습니다. 그러나 메시지를 전달하거나 기억에 남고 싶다면? 파격의 '의도'까지 준비해 둬야 합니다.

파격의 납득

대한민국에서 가장 파격적인 티저광고[4]였던 '선영아 사랑해' 캠페인(2000)은 소비자가 그 파격의 명분을 납득하지 못했을 때의 결과를 잘 보여줍니다. 이 캠페인은 브랜드 로고나 상품 설명, 모델 없이 오로지 '선영아 사랑해' 광고카피만 보여준 파격적인 구성으로 전국적인 관심을 끌었습니다. 전국 선영이들의 마음을 두근거리게 하며, 대체 누가 얼마나 부자길래 이런 프러포즈를 하느냐며 궁금증이 폭발했습니다. 이후 여성 전문 콘텐츠 플랫폼 '마이클럽'의 광고였다는 사실이 밝혀지자 사람들은 '속았다'며 허탈해했습니다. 이 광고가 어떻게 그 플랫폼과 연결되는지 납득하지 못했기 때문입니다.

티저광고처럼 전략적으로 궁금증을 증폭시키기 위해, 의도 설명을 잠시 뒤로 미룰 수 있습니다. 그러나 가능한 한 빠르게 떡밥을 회수해 궁금증을 "아하! 그래서!"로 바꿔줘야 합니다.

SK텔레콤의 TTL 런칭광고(1999)는 '티저광고'로 호기심을 끌되 단서를 남겨뒀습니다. 광고는 신인모델 임은경의 중성적 이미지에 몽환적인 테마, "스무살의 011[5] TTL"이라는 난해한 카피

---

[4] 상품에 대한 완전한 정보를 제공하지 않고 일부만 공개하여 소비자의 호기심을 자극하는 광고 기법.
[5] 당시 SK텔레콤 핸드폰 번호.

로 마무리됩니다. 대신 곳곳에 전화벨 소리, 부서진 핸드폰, 조개를 귀에 가져다 대는 모델의 행동 등으로 이것이 '통신사' 광고라는 단서를 숨겨뒀습니다. 사람들의 관심은 '그래서 대체 TTL이 뭔데?'로 옮겨갔습니다. (아직도 TTL의 뜻은 공식적으로 밝혀지지 않았습니다.) 이러한 신비주의 컨셉은 이 캠페인의 주 타깃인 20대 소비자들로부터 폭발적인 관심을 끌었습니다. 이후 후속 캠페인에서 이것이 20대를 위한 요금제 브랜드 광고임을 'made in 20' 슬로건으로 납득시켰습니다.

2006년 소니sony의 'Paint' & 'Balls' 캠페인 역시 호기심 유도와 의도 표현을 동시에 챙긴 좋은 사례입니다. 이 캠페인은 철거 예정 주택 단지에 친환경 페인트 7만 리터를 폭발시키는 장면으로 놀라운 시각적 파격을 만들었습니다. 초반에는 브랜드 정보가 없었지만, 광고 말미에 'Colour like no other(유일무이한 색)'

라는 슬로건과 함께 소니 브라비아 TV가 등장합니다. 놀라운 영상미로 시선을 사로잡은 후 제품의 뛰어난 화질이라는 메시지를 전달했습니다. 이 광고의 파격은 이후 다양한 TV 브랜드가 시각적 쾌감을 강조하는 광고 트렌드로 이어졌습니다.

반면에 아무리 설명을 잘했어도 파격이 대중의 기준에서 난해하다면, 의도가 충분히 스며들 수 있는 시간이 필요하기도 합니다.

1989년, 프랑스 파리 루브르 박물관 앞에 파격적인 건물이 등장했습니다. 건축가 이오 밍 페이Ieoh Ming Pei는 고대 이집트의 상징인 피라미드를 현대적으로 재해석하여 루브르의 방대한 유물과의 연결성을 강조했고, 유리라는 재질을 통해 '투명성'을 표현하며 과거 유산을 가리지 않겠다는 의도를 밝혔습니다. 처음에는 루브르와 어울리지 않는다는 비판이 많았습니다. 그러나 연간 300만 명에 육박하는 관람객을 수용하는 리셉션 통로로써의 기

능성과 그 상징성이 인정받으며 유네스코 문화유산으로 등재되었습니다. 결국 '분노에서 아이콘으로Outrage to icon'으로 변모했다는 평가를 받게 되었습니다.

파격은 세상에 공개하고, 의도를 설명했다고 끝이 아닙니다. 수용자들이 온전히 납득할 때까지를 전체 과정으로 보아야 합니다. 파격이 강력할수록 그 이후의 소통까지 염두에 둬야 합니다.

파격의 후폭풍

파격은 강력한 만큼 부작용도 강합니다. 격식의 안정성과 예측 가능성을 포기한 '댓가'를 치러야 합니다.

후폭풍을 간접 경험하기에 광고만큼 좋은 장르는 없습니다. 많은 광고가 각인 효과를 위해 파격을 시도하기 때문입니다. '망한 광고', '최악의 광고'를 검색해보면 국내외 다양한 사례들을 찾아볼 수 있습니다. 그것들은 모두 부수려고 한 격식이 있었지만, 소비자들의 반응까진 미처 계산하지 못했습니다.

    파격을 다루면 필연적으로 불안정하고 예측 불가능한 사건들이 따라올 것입니다. 폭탄을 설치하고 안전거리를 확보하듯, 파격도 그 후폭풍에 대비해야 합니다.

1. 뱅크시의 고충

세계적인 거리 예술가 뱅크시Banksy는 익명으로 활동합니다. 그의 파격적인 작품들은 사회 풍자와 도발적인 메시지를 담고 있기 때문에 익명성은 그의 작품의 핵심적인 요소입니다. 그러나 반대로 그 익명성 때문에 저작권을 보호받지 못하거나, 허락 없이 열린 전시회, 심지어 그의 이름을 도용한 위작 판매 같은 여러 문제가 발생했습니다. 이를 해결하고자 뱅크시는 '페스트 컨트롤 오피스Pest Control Office'라는 인증기관을 직접 만들어 이 기관을 통해서만 작품의 진위 여부를 인증하고 관리하고 있습니다. 놀라운 파격으로 유명해지자 성가신 후속 조치들이 필요해진 것입니다. 물론 뱅크시는 특유의 스타일로 이 잡음마저 작품 활동의 일부로 활용합니다.

2. 아마존의 '저스트 워크 아웃(Just Walk Out)' 무인 매장

계산대가 없는 마트나 편의점. 쇼핑 후 물건을 들고 나가면 자동으로 결제되는 시스템. 말만 들어도 편리한 이 파격은 아마존의 기술력과 자본력을 바탕으로 2018년부터 시작되어, 전 세계로 확대 중입니다. 그러나 일부 기술적 안정성 때문에 결국 사람이 결제를 검토해야 하는 상황, 도난 문제, 프라이버시 침해, 계좌나 신용카드를 만들 수 없는 사람들을 소외시키는 문제점 등이 발생했습니다. 아마존은 계속해서 문제를 해결해나가고 있습니다. 이 파격은 아직 작업 진행 중입니다.

3. 어둠 속의 대화(Dialogue in the Dark) 전시

공간을 완전한 암실로 구성하여 관람객이 빛 없이 약 100분 간 전시를 경험합니다. 시각 대신 청각, 촉각, 후각이 열리는 극한의 경험을 제공하는 것입니다. 시각장애인들을 전시회의 안내자로 고용하고, 관람객의 불편을 고려해 전시물을 배치하고 동선을 설계했습니다. 1988년 프랑크푸르트에서 시작된 이 전시는 전 세계 150여 개국으로 확산되었습니다. 프랜차이즈화되면서 표준 매뉴얼 및 안전 수칙(대피로, 위생수칙 등)도 지속적으로 정교화되었습니다. 파격적인 컨셉에 따라올 수밖에 없는 리스크를 잘 통제한 사례입니다.

파격은 양날의 검이기에 제대로 휘두르면 강력한 무기가 되지만, 감각 없이 휘두르면 자신을 벱니다. 파격은 단순히 '세계 치는 것'이 아니라, 문맥을 읽고 힘을 조절하는 기술입니다. 다음은 파격의 후폭풍을 감당하기 위한 몇 가지 주의사항입니다.

— 브랜드 톤과 맞지 않는 파격은 정체성을 손상시킬 수 있습니다. 예컨대, 60년 된 전통 브랜드가 너무 급진적으로 파격을 시도하면 충성 고객층이 이탈할 수 있습니다.

반면, 급진적이던 브랜드가 기대치보다 무난해지면 감을 잃었다고 평가받을 수도 있습니다.

— 격식이 단단하고 권위가 높은 채널(예: 공공기관 광고, TV 공중파, 보수 언론 등)일수록 '금기 건들기'와 '형식 파괴' 전략은 리스크가 급격히 상승합니다. 이럴 땐 사전 심의, 리스크 컨설팅이 필요합니다.

— 복합형 파격(예: 시청각 충격과 금기 도발을 동시에)을 동시에 사용할 경우, 충격이 중첩되면서 의도보다 파격 자체에만 관심이 집중될 수 있습니다. 반드시 파격의 의도가 자연스럽게 전달될 수 있는 과정을 설계해 두어야 합니다.

— 시리즈 콘텐츠에서는 '점진적 파격 설계'가 효과적입니다. 예컨대, 1화는 상식 파괴 정도로 시작하고, 2화에서 서사 반전을 얹는 식의 '분배'가 안정적으로 시청자의 몰입도를 높입니다.

— 수용자 피로도를 고려해야 합니다. 강한 파격이 반복되면 수용자는 무뎌지거나, '기본값'으로 인식하게 됩니다. 결국 더 강한 자극을 주기 위해 무리수나 자충수를 둘 수도 있습니다. '간헐적'으로 파격을 분배하거나 시각적 충격, 서사구조 전복, 금기 건들기처럼 서로 다른 레이어의 파격을 섞어 배치하는 전략이 필요합니다.

— 만드는 사람이 아닌 수용자 기준에서 파격의 강도를 평가해야 합니다. 창작자에겐 무난한 파격이 수용자에겐 너무 강력할 수도 있고, 그 반대일 수도 있습니다.

그러나 아무리 낯선 파격일지라도, 명확한 의도 설명과 후속 리스크까지 계산해 결과물을 만들면 소비자는 안심하고 스릴을 즐기게 됩니다. 이 위험하지만 짜릿한 경계선 넘기에 만족한 소비자는 마침내 파격의 최종 단계로 나아갑니다.

경외심

벽 안에 갇혀 살던 인류에게 벽 너머에 또 다른 세상이 존재한다는 사실은 충격입니다. 만화 『진격의 거인』에서 벽 밖의 진실을 깨닫고 기존의 세계관이 무너지듯, 파격을 마주한 소비자는 새로운 세계로 나아갑니다. 파격은 소비자의 삶과 정체성을 변화시키는 놀라운 힘이 됩니다.

1988년 나이키의 '저스트 두 잇Just Do It' 캠페인이 세상에 등장하기 전까지, 스포츠sports란 단어는 '즐거움을 위해 추구하는 여가활동' 정도를 뜻했습니다. 나이키는 위대한 운동선수들의 철학과 도전정신을 이야기하며, 파격적 메시지를 던졌습니다. 스포츠를 단순히 여가활동이 아니라, 자신을 극복하고 초월하는 행위, '도전정신'으로 승화시킨 것입니다. 나이키의 파격은 소비자가 스스로를 재발견하는 계기를 만들어 주었습니다. 스포츠에 대한 고정관념의 벽이 부서진 것입니다.

이때, 소비자는 경외감Awe을 느끼게 됩니다. 단순히 '멋진 광고를 봤다'를 넘어, 새로운 가능성에 대한 확신을 얻습니다. 소비자는 시야가 넓어지고, 해상도가 높아지며, 자신의 한계를 뛰어넘는 '자기초월'을 경험합니다.

이런 놀라운 경험은 삶에 새로운 이야기를 쓰게 만듭니다. 사람은 자기 자신을 하나의 이야기로 엮어 이해하는데, '경외감'은 미처 생각하지 못했던 방향으로 스토리를 전개하게 합니다. 파격이 소비자의 인생이라는 스토리에서, 과거의 챕터를 끝내고 새로운 챕터를 시작하게 하는 것입니다. 이때 소비자는 브랜드와 정신적 유대감을 강하게 느낍니다. 자신을 성장시키고 발전시키는 동료, 스승, 조금 과장해서 '구세주' 같은 존재로 인식합니다.

이런 경외감은 파격을 다루는 모든 장르에서 일어납니다. 영화 〈죽은 시인의 사회〉에서 '카르페디엠Carpe Diem'(현재를 즐겨라)에 감동받아 삶의 매 순간을 충실히 살기로 결심하거나, 영화 〈매트릭스〉를 보고 현실을 새롭게 인식하며 진실을 고민하게 되는 것처럼, 뛰어난 파격은 한 인간의 삶과 가치관까지 바꿔놓습니다. 중국 알리바바의 창립자 마윈이 〈포레스트 검프〉에 나오는 '약간 모자라지만 포기하지 않고 끝까지 달리는 주인공'에게서 영감을 얻은 것처럼 말이죠.

창작자에게 가장 의미 있는 성취 중 하나는, 자신이 만든 파격이 누군가의 삶을 실제로 바꾸는 것을 목격하는 것입니다. 창작자가 자기 한계를 초월하며 만들어낸 작품은, 소비자에게 자기초월의 경험으로 '계승'됩니다. 창작자는 그 결과를 '자존감'과 '자기효

능감'으로 보상받습니다.

파격의 궁극적인 목적은 소비자의 격식, 그들의 기존 세계관의 벽을 무너뜨리고 새로운 세상으로 인도하는 데 있습니다. 파격은 한 사람의 인생을 바꿀 수 있는 방법이기도 합니다.

파격의 성공: 세 가지 조건

파격은 세 가지 중요한 조건을 충족해야 합니다.

첫째, '소비자의 호응'입니다.
소비자의 호응 없는 파격은 무의미합니다. 창작자의 자기만족도 중요하지만, 파격으로 무언가 바뀌는 게 있으려면 소비자의 공감은 필수입니다. 소비자가 '그래, 이게 내가 바라던 거지!'라고 느낄 때, 창작자의 능력도 더 높게 평가합니다.

둘째, 정체성에 맞는 '파격의 명분'입니다.
'무엇을 위한 파격인가?'라는 질문에 명확히 답할 수 있어야 합니다. 주목 받음과 동시에, 브랜드의 핵심 메시지를 전달하고, 브랜드 정체성 강화에 도움이 되어야 합니다. 명분 없는 파격은 무리수가 되어 오히려 브랜드 이미지를 해칠 수도 있습니다. 잘 설계된 파격을 만난 소비자는 경외심을 느끼고, 브랜드와 깊은 유대감을 형성합니다.

셋째, 적절한 타이밍과 위치 선정입니다.

죽고 나서의 성공을 목표로 작업하는 창작자는 없습니다. 살아생전의 성공을 위해, 창작자는 작품이 가장 돋보일 수 있는 타이밍을 골라야 합니다. 또한 국가나 지역, 심지어 어떤 매체를 통해 공개되었을 때 파격적일지 '위치 선정'도 고려해야 합니다. 어떤 배경과 비교되게 하느냐에 따라 파격의 임팩트는 달라집니다.

이처럼 파격이 성공하기 위해서는 타이밍, 위치 선정, 소비자의 호응을 관통하는 '골든크로스'를 찾아야 합니다.

야수의 심장으로

모두가 "예"라고 할 때, 홀로 "아니오"를 외치는 이들이 있습니다. 이들은 익숙한 격식이나 관습에 머물기를 거부합니다. 분명한 목표를 가지고 있으며, 목표 달성을 위해 수단과 방법을 가리지 않습니다. 또한 풍부한 경험과 지식으로 격식의 본질을 충분히 이해하고 있으면서도, 세상의 비판과 손가락질을 두려워하지 않는 반골의 용기를 지녔습니다. 우리가 몽상가나 혁명가, 선구자라 부르는 이들의 담대한 용기에서 파격이 나옵니다.

그러나 대부분의 파격은 성공하지 못합니다. 성벽을 지키는 문지기에게 가로막힙니다. "이상하다", "무례하다", "설득되지 않는다"는 비판을 받습니다. 혁명가들은 뜻을 이루지 못한 채, 다시 격식의 벽 안으로 돌아갑니다.

하지만 아주 드물게, 실패 중 하나가 격식에 균열을 냅니다. 아무것도 바꾸지 못했더라도 기준을 흔들어놓고 다음을 위한 씨앗을 남깁니다. 머쓱해진 문지기들은 다음 번 도전에는 이전처럼 완강하게 거부하지 못합니다. 이것이 반복되면 결국 문이 열립니다.

뒤샹의 〈샘〉은 처음에는 전시를 거부당한 작품이었습니다. 봉준호 감독의 데뷔작 〈플란다스의 개〉는 흥행에 실패했었습니다. 다이슨 청소기는 초기에 판매처를 찾을 수 없었습니다.

파격은 실패하지 않기 위해 설계된 것이 아닙니다. 실패할 수밖에 없다는 걸 알면서도 시도하는 것입니다. 실패는 창작자의 성장 서사입니다. '이 방식은 예전에도 통하지 않았지', '그때는 불편하다고 했지.' 하지만 그 굴욕 덕분에 다음의 시도는 더 정교해지고, 더 과감하게 멀리 나아갑니다.

대장장이의 망치질이 쇠를 더 단단하게 하듯이, 파격은 거절당할수록 더욱 견고해집니다. 실패는 최종결과가 아니라 반드시 거쳐야 할 통과의례입니다. 그리고 이 관문을 거치지 않으면, 변화는 결코 시작되지 않습니다.

NEXT LEVEL

창작의 과정에서 파격의 역할은 심플합니다. 불편함을 만들어 '관심을 끄는 것'. 폭발하는 관심에 '의도'를 잘 올려두면, 창작자는 원하는 것을 얻게 됩니다. 불편하게 하려면 격식을 깨야 합니다. 상식의 경계선을 넘고, 격식의 벽을 부숴야 합니다. 일반적인 것들과 '달라야' 합니다.

    이제 우리는 '다름'을 만드는 재료를 살펴봐야 합니다. 파격은 감각과 본능만으로 완성되지 않습니다. 격식이라는 벽을 깨부술 망치를 어떻게 만들어야 하는지 알아봅시다. 이 망치를 구성하는 손잡이와 머리가 바로 '크리에이티브'입니다.

    다음 챕터를 읽고 나면, 아래 질문들의 답을 얻을 수 있을 것입니다.

실패한 아이디어는 가치가 없을까?
의도를 설명하지 않아도 전달되는 크리에이티브는 어떻게 가능한가?
의외성과 설득력은 공존할 수 있는가?
너무 많은 아이디어, 무엇을 버려야 하는가?
크리에이티브를 설명하지 않고 전달하려면 무엇이 필요할까?
크리에이티브에 공식이라는 게 있을까?
기존의 아이디어를 뒤집어 생각하면 늘 성공할까?
창의적인 아이디어는 태어나는 걸까, 만들어지는 걸까?
왜 어떤 아이디어는 처음부터 성공하고, 어떤 아이디어는 잊혀질까?
창의적인 사람과 평범한 사람은 무엇이 다를까?
창의성을 증명하는 가장 좋은 방법은 무엇일까?
왜 어떤 아이디어는 사람들에게 즉각적으로 받아들여질까?
창의성을 평가하는 명확한 기준이 존재할까?
크리에이티브의 효과를 정확히 측정할 수 있을까?
창의적 결과물과 창의적 과정 중 더 중요한 것은 무엇인가?

영감은 어떻게 얻을 수 있을까?
좋은/나쁜 아이디어는 어떻게 구분될까?
그 아이디어는 왜 안 팔렸을까?
모방과 독창성의 경계는 누가 결정할까?
왜 생각했던 것보다 결과물이 별로일까?
살아남는 아이디어가 되기 위한 필수 조건은 무엇일까?

비슷한 아이디어 중 하나만 성공하는 이유는 무엇일까?
한 번 성공한 크리에이티브는 계속 성공할까?
아이디어가 시대를 초월할 수 있는 조건은 무엇일까?
크리에이티브는 사람들의 행동까지 바꿀 수 있을까?
아이디어를 팔기 위한 가장 효과적인 방법은 무엇인가?
창의성은 오직 감각에만 의존해야 할까?
단순한 아이디어가 강력한 이유는 무엇인가?
창의성을 키우는 훈련 방법은? 이미 좋은 아이디어 같은데, 어떻게 디벨롭할 수 있을까?
왜 크리에이티브는 항상 변화를 요구하는가?
창의적 아이디어가 수많은 경쟁자 속에서 살아남으려면 무엇이 필요할까?
크리에이티브는 반드시 시대를 앞서야만 하는가?
크리에이티브가 반드시 새로워야만 하는 이유는 무엇인가?
창의성이 진부해지는 것을 어떻게 방지할 수 있을까?
크리에이티브의 가치는 무엇으로 결정되는가?

파격 설계를 위한 종합 점검 프레임 워크

이 프레임은 창작자에게 파격적인 아이디어가 떠올랐을 때, 파격의 가능성을 빠르게 점검할 수 있도록 만든 체크 리스트입니다.

① 격식 인식: 무엇을 부수는가?

이 아이디어가 깨고자 하는 격식은 구체적으로 무엇이며, 그것이 어떤 구조로 작동하고 있는지 명확히 확인하십시오.

- 이 아이디어가 깨고자 하는 격식은 무엇입니까?
- 그 격식을 모두가 당연하게 여기는 이유는 무엇입니까?
- 그 격식은 왜 생겼고, 지금도 꼭 필요합니까?
- 지금 깨면 더 좋은 이유가 있습니까?
- 지금까지 그걸 아무도 (안 / 못) 깬 이유는 무엇입니까?
- 지금은 파격 과잉 상황입니까, 격식 과잉 상황입니까?

② 차별화의 여부: 보는 사람도 파격이라 느낍니까?

소비자가 파격을 어떻게 받아들일지 경계선을 파악하십시오.

- 타깃의 격식은 얇습니까, 두껍습니까?
- 다른 것과 구별되는 '특이점'이 무엇입니까?
- 그들이 기대하는(예상하는) 표현 방식과 이 아이디어는 어떻게 다릅니까?
- 비슷한 것이 이미 있었다면, 이 아이디어는 무엇이 다릅니까?
- 이 파격이 성공하면 소비자의 경계선은 어떻게 바뀝니까?

③ 파격의 비율 인식: 내 창작물 안에서 파격은 어디에 있습니까?
이 아이디어는 창작물 전체 구조 안에서 어떤 비중과 기능을 담당합니까? 특이점에 힘이 실리도록 구조가 조율되어 있는지 확인하십시오.

- 전체에서 파격의 비율은 몇 %입니까?
- 바로 그 지점에서 파격이 필요한 이유는 무엇입니까?
- 파격이 아닌 나머지 구간은 수준 미달 없이 안정적으로 채워져 있습니까?
- 파격은 흐름을 바꾸는 전환점입니까, 중심 메시지를 전달하는 핵심입니까, 아니면 일시적인 장면 장치입니까?
- 나머지 부분이 파격을 돋보이게 합니까?

④ 명분의 해석 가능성:
왜 이렇게 한 건지, 사람들이 짐작이라도 할 수 있습니까?
수용자가 의도를 해석할 수 있을지 체크하십시오. 창작물 내부의 완성도와 수용자의 인식을 고려해 명분이 자연스럽게 읽히도록

하십시오.

- 파격의 표현과 의도가 설득력 있게 연결되어 있습니까?
- 사람들이 별도의 설명 없이도 곧바로 이해할 수 있습니까?
- 비유, 상징, 서사 흐름 등으로 '작품 내에서' 자연스럽게 의도를 전달할 수 있습니까?
- 납득은 즉각적으로 가능합니까, 혹은 시간이 충분히 필요합니까?
- 의도를 잘못 해석할 만한 부분은 없습니까? 있다면 그것이 잘못된 해석이라고 반박할 증거가 충분합니까?

⑤ **리스크 대비: 어디서 반발이 터질 수 있습니까?**

이 아이디어는 어디서 어떤 후폭풍을 일으킬 수 있습니까? 예상 가능한 문제에는 대응 시나리오를 준비해 두십시오.

- 이 아이디어를 보고 거부감을 느낄 대상은 누구입니까? (개인 또는 단체일 수 있습니다.)
- 그 거부감이 아이디어의 핵심 의도입니까? 만약 아니라면, 거부감을 없애도록 수정할 수 있습니까?
- 거부감을 해소하면 아이디어의 본질이 훼손됩니까?
- 논란이 생길 경우 해명할 수 있는 근거를 갖고 있습니까?
- 이 아이디어가 브랜드 정체성이나 기존 이미지와 충돌하지는 않습니까?

이 프레임을 통해 점검한 내용을 기획서, 보고서, 제안서에 적용해 보십시오. 장르나 컨셉에 따라 형식은 달라질 수 있으나 핵심 내용은 유사합니다. 어떤 격식을 부술지에 대해서는 굳이 설명하지 않을 수도 있습니다. 좋은 파격은 듣는 순간, '쩐다' 소리가 절로 나오기 마련입니다. 중요한 것은 파격의 의도가 명분과 잘 연결되는 것, 그리고 예상되는 리스크를 미리 언급하는 것입니다.

다음은 이해를 돕기 위한 제안서의 예시입니다.

광고 캠페인 기획서

> **기획 의도:** 너무 많은 메시지와 비주얼을 쏟아내는 기존 광고의 격식을 부숩니다. 30초 내내 컬러가 천천히 바뀌는 QR 코드 하나만 화면에 띄워, 시청자의 관심 유도에만 집중합니다. 시청자는 그것이 무엇인지 확인하고 싶어 스스로 행동하게 되며, 브랜드는 어떤 말도 하지 않은 채 강한 인상을 남깁니다.
>
> **리스크 대응:** 피싱이나 방송 사고로 오해받을 수 있으므로, QR 코드 스캔 즉시 브랜드 및 메시지를 노출하고 보안 인증 및 보상 안내를 명확히 구성합니다. 순간적인 트래픽 폭주에 대응하기 위한 서버 분산도 사전 조율합니다.

예술 퍼포먼스 제안서

> **기획 의도:** 작품의 완성은 창작자의 손에서 끝난다는 고정관념을 부숩니다. 작품이 경매에서 낙찰되는 그 순간, 일부가 물리적으로 훼손되도록 설계합니다. 이를 통해 예술의 '완성'이라는 개념

을 반박하며, 관람자와 거래 행위 자체를 예술의 일부로 끌어들입니다.

리스크 대응: 안전성과 작동 신뢰성을 위해 수차례 테스트를 진행합니다. 또한 경매 회사와 사전 계약을 통해 훼손 후의 법적 권리, 보험, 재판매 가치 등을 명확히 협의합니다.

게임 제작 제안서

기획 의도: 플레이어가 극단적인 고통을 반복하며 오직 한 도구만으로 목표에 도달하는 설정입니다. 조작은 단순하지만 의도적으로 불편하게 설계되어 있으며, 조금만 실수해도 처음으로 돌아갑니다. 플레이어는 실패할수록 오히려 몰입하게 됩니다. 그래서 게임 중계 인플루언서들의 방송용 소재로도 유용합니다. 본 게임은 좌절을 통한 성취를 핵심 감정으로 설계한 시뮬레이션입니다.

리스크 대응: 공식 소개 문구부터 본 게임의 극악의 난이도와 성격을 명확히 밝힙니다. 공략법을 커뮤니티에 적극 공유하고, 게임 속 나레이션을 통해 플레이어의 스트레스를 완화합니다.

Chapter 2

크리에이티브

창의성
≠ 창조

'크리에이티브Creative' 혹은 '창의력'을 이미지 검색하면 정말 다양한 이미지들이 나타납니다. 무지갯빛 물감의 폭발, 사람 머릿속 전구, 맞물려 돌아가는 톱니바퀴, 아이들의 천진난만한 낙서 등이 이미지들은 크리에이티브가 얼마나 다양하게 해석되며 동시에 모호한지 보여줍니다.

'크리에이티브 디렉터' 직함을 가진 사람들도 자신이 무슨 일을 하는지 설명하기 난감합니다. 그럴 수밖에 없는 게 이 직업은 예술가이면서 동시에 전략가여야 하고, 계획적이면서 감각적이어야 하는 복합적인 속성을 갖고 있기 때문입니다. 패션, 디자인, 광고 등 업계마다 격식도 달라서, 크리에이티브의 정의도 천차만별입니다. 그래서 '좋은 크리에이티브란 무엇인가?'라는 질문은 크리에이터들 싸움 붙이기 딱 좋은 주제입니다.

사전적으로 크리에이티브, 즉 '창의성'은 '새로운 의견을 생각하여 내는 것'을 의미합니다. 이미 알고 있는 것, 예상 가능한 것, 격식에 어울리는 것을 만드는 건 크리에이티브가 아닙니다. 사람들의 관심을 끌고, 특이점을 만드는 '새롭다'의 감각을 일깨워야만 합니다.

그럼 대체 '새로운 것'을 어떻게 만들까요?

새로운 것

흔히 창의성을 무한하고 자유롭다고 생각합니다. 하지만 창의성은 '전에 없던 것을 처음으로 만드는 것'을 의미하는 창조create와는 전혀 다른 개념입니다. 인간의 상상력과 창의성은 지식과 경험이라는 제한된 영역 안에서만 구성됩니다. 대부분의 새로움은 기

존 지식의 예상치 못한 조합이나 확장입니다.

새로운 원소, 우주에서 발견된 은하, 심해에서의 미지 생명체 등 처음 발견한 것은 당연히 새롭습니다. 하지만 이것들은 원래 존재했던 것으로, 단지 인간의 인식과 지식의 범위 '밖에' 있었을 뿐입니다. 자연에서 '발견'이 새로움을 만드는 한 방법이라면, 인간의 '발명', 즉 창의성은 그것을 인공적으로 만들어내는 다른 방법입니다.

스마트폰, 컴퓨터, 자동차 같은 것들이 처음 등장했을 때를 떠올려 봅시다. 그것들은 분명 '새로운 것'이었습니다. 그러나 자동차는 '말 없는 마차', 컴퓨터는 '자동화된 계산기', 스마트폰은 '휴대용 + 컴퓨터 + 전화기'로 받아들여졌습니다. 기존 인간이 사용하던 지식과 언어만으로 새로운 것을 이해한 것입니다.

인간은 낯설고 새로운 자극을 접했을 때 긴장과 흥미, 두려움을 동시에 느낍니다. 만약 이해할 수 없는 것을 발견하면, 기존의 지식을 활용해 어떻게든 설명하고 이해하려고 노력합니다.[6] 예컨대, '오리너구리'가 처음 발견되었을 때 사람들은 멘붕에 빠져 '박제된 가짜', '신의 설계 실수'라며 부정했습니다. 결국 포유류, 조류, 파충류의 특성을 모두 가진 이 요상한 생명체를 이해하기 위해, 인간은 '오리너구리 속'이라는 새로운 분류를 만들었습니다. '도깨비불'도 마찬가지입니다. 도깨비불은 현대 과학으로 무덤의 '인' 성분이나, 공 모양 번개 등으로 설명 가능합니다. 그러나 옛날

---

6 인지부조화: 두 가지 이상의 모순되는 믿음, 생각, 가치, 또는 행동이 동시에 존재할 때 개인이 느끼는 심리적 불편, 갈등을 의미합니다. 행동변화, 정당화, 새로운 인지 추가, 정보 부정 등으로 해소됩니다.

사람들은 도깨비나 위습wisps같은 초자연적인 존재를 만들어 이를 이해했습니다.

이 원리는 인간이 신화를 통해 세상을 이해하던 방식에서도 확인됩니다. 그리스 로마 신화를 포함하여 전 세계의 거의 모든 신화 속 '신'들의 모습은 '인간'을 닮았거나, 인간과 동물이 결합된 모습이거나 자연물을 '의인화'한 형태입니다. 이건 우연이 아니라, 수천 년 전 인간의 지식으로는 그 정도밖에 상상할 수 없었기 때문입니다. 부족한 지식에 상상력을 더해, 이해할 수 없는 자연현상의 인지부조화를 해소한 것입니다.

그렇다면 인간은 '새로운 것'을 만들 수 없을까요? 아닙니다. 인간도 창조합니다. 다만 그것이 6일 만에 세상을 만들거나, 갈비뼈를 떼네 인간을 만드는 식은 아닙니다. 인간은 자신이 지닌 지식의 범위 안에서 조합하고 변형해 새로운 것들을 창조합니다. 언어를 만들고, 국가, 문학, 사회시스템 등을 만들어냈습니다. 이제는 인공지능을 만들어 신의 영역에 도전합니다. 지금이야 너무나도 당연해진 '새로운 것'들은 모두 기존의 지식을 활용해 만들어진 '창조'였습니다.

인간은 신이 아닙니다. 인간의 창의성은 무(無)에서 유(有)를 창조하는 것이 아니라, 기존의 지식과 경험을 새롭게 결합하고 재구성하는 유(有)에서 유(有)의 창조입니다. 완전히 무(無)에서 생겨난 발명은 극소수에 불과합니다. 창작자는 우선 창의성이 만드는 '새로움'을 '신의 창조'와 구분해야 합니다.

신박한 것

우리는 어떤 것을 보며 '크리에이티브하다'고 느낄까요? 이건 단순히 '다르다', '새롭다'는 아닙니다. 새로움에 놀라움이 더해진 느낌입니다. 새롭지만 인지부조화 없이 받아들여지는 긍정적인 놀라움입니다.

사실 우리가 창의적이라고 느끼는 아이디어 대부분은 전혀 새롭지 않습니다. 이미 알고 있던 요소들을 지금까지와는 다른 방식으로 조합했거나 조금 다르게 변형했을 뿐입니다.

예컨대, 높이뛰기 종목에서 '포스베리 플롭 Fosbury Flop' 기술이 대표적입니다. 기존 높이뛰기는 앞으로 뛰어넘거나 옆으로 뛰는 방식이었는데 딕 포스베리 선수는 처음으로 등쪽으로 누운 채 뛰었습니다. 포스베리는 이 아이디어로 올림픽 금메달을 차지했고, 이후 이 방식은 높이뛰기의 표준이 되었습니다. 사실 포스베리가 시

딕 포스베리 선수가 선보인 포스베리 플롭 기술

도한 건 특별한 기술이 아닌, '뛰어넘는 방향'의 변화일 뿐이었습니다.

닌텐도의 '닌텐도 라보Nintendo Labo'는 창의적 사례로 자주 언급됩니다. 닌텐도 게임기 대부분은 '조작 방법'에서 창의성을 추구하는데, 그중 창의성만으로는 '라보'가 원탑입니다. 라보는 골판지 구조에 조이스틱을 결합해 게임 조작방법을 획기적으로 바꿉니다. 사실 골판지도, 게임기 주변 장치도 전혀 새롭지 않았습니다. 다만 이 둘의 결합 방식이 전혀 예상하지 못했던 것이었을 뿐입니다.

버거킹의 '와퍼 디투어Whopper Detour'(2018) 캠페인 역시 창의성이 돋보입니다. 버거킹은 소비자가 버거킹 앱을 켜고 경쟁사인 맥도날드 매장 근처(200m 내)에 있으면, '와퍼'를 단돈 1센트에 살 수 있도록 했습니다. 보통 자기 매장에서 진행하는 할인 행사를 경쟁사 매장으로 바꾸자, 소비자 반응은 폭발했습니다.[7]

---

[7] 해당 캠페인으로 48시간 만에 버거킹 앱 다운로드 순위가 686위에서 1위로 급상승했고, 디지털 쿠폰 약 50만 건이 사용되어, 이전 기록 대비 40배 이상의 참여율을 보였습니다. (출처: Burger King 캠페인 보도자료)

버거킹의 '와퍼 디투어'(2018)

버거킹은 새로운 기술이나 제품을 만든 게 아닙니다. 기존의 익숙한 요소를 역발상으로 뒤집었을 뿐입니다.

우리가 이런 사례에 "신박하다", "어떻게 이런 생각을 했지?"라는 반응을 보이는 이유는 무엇일까요? 사실 새로운 건 하나도 없는데 말입니다.

인간의 뇌는 새로운 정보를 접했을 때 보상 메커니즘이 활성화됩니다. 뇌가 좋아하는 유익한 정보에는 쾌감을 느끼는 도파민을 방출하고, 반대로 새롭긴 한데 낯설고 불편한 정보에는 긴장, 각성, 불안을 유발하는 물질을 방출합니다. 결국 크리에이티브하다는 평가는 수용자에게 '유용하다'는 긍정적인 반응을 이끌어내야 얻을 수 있습니다.

이것은 '최적 자극 수준Optimal Stimulation Level, OSL'과 관련이 있습니다. 인간은 기존 지식 범위에서 '약간 벗어난' 정보를 가장 흥미롭게 느끼고, 이를 가장 효과적으로 학습합니다. (마야 원칙을 떠올려봅시다.) 너무 익숙하면 지루하고, 너무 낯설면 두렵기 때문에 딱 중간이 우리 뇌에 강력한 자극을 줍니다. 앞서 말한, '특이점'이 딱 이 지점에서 발생합니다. 그 '약간의 다름'이 우리의 뇌가 선호하는 '최적의 새로움'을 충족시키며 창의적이라고 인식된 것입니다.

완전히 새로운 것이 아니라 익숙한 것에 작은 차이를 주어 긍정적 놀라움을 만든 것. 이것이 크리에이티브의 역할입니다. 그렇다면 사람들에게 새롭고도 받아들일 만한 '아이디어'는 어떻게 만들어질까요? 다음 장에서는 크리에이티브의 기본 공식에 대해 정리해 봅시다.

크리에이티브의
기본 공식

여기에서는 아이디어의 '발상법'을 다룹니다. 기존 개념과 지식이라는 '재료를 손질'하는 방법입니다. 재료 손질을 얼마나 잘하느냐에 따라 크리에이티브라는 요리의 맛이 달라집니다. 다음은 자주 활용되는 대표적인 여섯 가지 기본 공식입니다.

1. A → A'로 다르게 활용한다: 비틀기(Twist)

가장 기본적인 공식입니다. A를 기존과 다른 방식(A')으로 활용합니다.

예컨대, 바닥에 떨어진 뾰족한 돌멩이는 밟으면 발만 아픈 물건이지만 사냥을 할 때나 재료를 다듬을 때 사용하면 돌도끼가 됩니다. 용도를 달리 하면 단순한 돌 이상의 가치를 갖는 것입니다. 인류의 초기 발명품들은 대부분 이 방식으로 만들어졌습니다. 위험한 것이었던 '불'을 활용해 추위를 피하거나 요리를 하는 것, 진흙을 굳혀 물건을 담을 수 있는 그릇으로 만든 것처럼요.

가끔 릴스나 숏츠에 생활 꿀팁 영상이 뜹니다. 일상에서 쉽게 찾을 수 있는 도구나 쓰레기로 여겨지던 물건들을 다르게 활용하는 방식입니다. 예컨대, 쓰레받기를 이용해 세면대 아래로 물을 떨어뜨려 양동이에 받거나, 집게를 분해해 지저분한 케이블을 깔끔하게 정리하는 식입니다. 작지만 훌륭한 크리에이티브라 할 수 있습니다.

'칼질'이라는 행위는 너무 단순해서, '자른다' 외에 다르게 쓸 수 있을까 싶습니다. 하지만 일식에서는 생선회를 만들 때 칼을 비스듬히 눕혀 얇고 길게 썰어 회의 부드러운 식감과 풍미를 극대화합니다. 중국 요리 '베이징덕' 역시 오리의 껍질만 얇고 섬세하게 칼질로 떠내어 고소한 기름기와 바삭함을 동시에 즐길 수 있게 만듭니다. 이처럼 칼질이라는 단순한 행동조차도 방법을 바꾸는 순간 무수한 가능성이 열립니다.

본래 만들어진 목적과 다르게 도구, 스킬, 개념을 사용하면 좋은 아이디어가 됩니다.

2. A+B를 섞는다: 섞기(Mix)

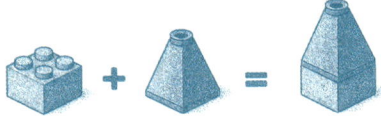

서로 상관없어 보이는 두 가지 개념이나 요소를 섞을 때 좋은 아이디어가 탄생하기도 합니다. 익숙한 것들을 남다르게 이어 붙이는 기술입니다.

〈두들갓〉 게임은 원소를 조합하여 새로운 것들을 창조해 나가는 게임입니다. 게임이 시작되면 물, 불, 흙, 공기라는 네 가지 기본 원소만 제공됩니다. 플레이어는 이 중 두 가지를 섞어 새로운 원소를 만들어낼 수 있습니다. 예컨대, '물+흙'은 '진흙'이 되고, '물+불'은 '증기'가 됩니다. 다시 '진흙+불'을 섞어 '그릇'을 만들고, 점점 더 많은 원소를 만들어 나갑니다. 결국 '신'이나 '원자폭탄'처럼 복잡한 개념까지 만들 수 있습니다. 게임 조작 방법은 단순히 두 원소를 조합하는 것뿐이지만, 이 간단한 동사 하나만으로 수많은 원소를 만듭니다.

요리도 마찬가지입니다. 달걀과 밀가루를 섞어 가열하면 빵이 됩니다. '달걀+밀가루'는 '반죽', '반죽+열'은 빵, '빵+과일'은 디저트가 됩니다. '재료+재료' 또는 '재료+가공 방법'을 섞어 계속해서 새로운 것들이 만들어집니다. 이 조합법을 순서대로 엮으면 '레시피'가 됩니다.

의약품 처방도 서로를 보완하는 '조합'으로 완성됩니다. 대표적인 예로 위염 치료제 처방이 있습니다. 위산 억제제(오메프라졸)는 강력하게 위산을 낮추지만, 부작용으로 소화불량을 일으킵니다. 그래서 소화제(돔페리돈)를 함께 처방합니다. 각각의 약은 서로 다른 효과를 일으킬 뿐이지만, 둘을 조합하면 '위염 치료제'가 됩니다.

'애슬레저Athleisure' 패션은 운동복에 일상복의 요소를 더해 기능성과 스타일을 동시에 만족시킵니다. 처음에는 이질적이었던 두 영역이 만나 운동할 때뿐 아니라 일상생활에서도 편한 옷차림을 가능하게 했습니다. 그 결과, 세계적으로 엄청난 인기를 끌며 하나의 독자적인 패션 카테고리가 되었습니다.

이처럼 두 가지 이상의 요소를 섞어 새로운 것을 만들면 좋은 아이디어가 됩니다.

3. B+A를 C+A로 바꾸기: 변주(Variation)

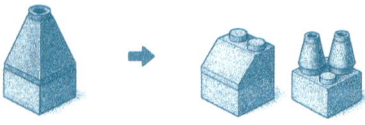

'B+A'라는 성공한 조합을 발견했다면, 그중 한 요소를 바꿔 'C+A'로 만들 수 있습니다. 이는 이미 검증된 조합 공식에서 한쪽 요소만 바꿔서 새로운 창작물을 만드는 '변주' 방식입니다.

예컨대, '좀비' 장르가 큰 인기를 끌자, 제작자들은 기존의 '호러+좀비'라는 공식을 '코미디+좀비'로 바꿔 〈새벽의 황당한 저주〉나 〈좀비랜드〉 같은 히트작을 만들었습니다. 〈웜 바디스〉는 한발 더 나아가 '로맨스+좀비'를 시도해 독특한 로맨틱 코미디를 탄생시켰습니다.

원래 변주란 어떤 원본을 다양하게 변화시키는 '작곡 기법'입니다. 대표적인 예로 모차르트의 〈작은별 변주곡〉이 있습니다. 이 곡은 멜로디를 반복하되, 매번 새로운 리듬과 꾸밈음, 화성을 추가하며 다양한 분위기와 질감을 만들어 냅니다. 이처럼 변주는 검증된 요소를 재활용해 안정적이고 효과적인 창작을 가능하게 하는 방법론입니다.

김밥은 이 개념을 설명하기에 아주 훌륭한 예시입니다. 김밥은 앞에 '참치 + 김밥', '소고기 + 김밥', '돈까스 + 김밥' 등 다양한 변주가 일어납니다. 속재료만 바꾸면 특이점이 무한대로 파생됩니다. 이때 마지막 단어가 본질, 앞의 단어가 변주입니다. '피자페페로니', '책만화', '바지청'이 어색한 이유는 본질과 변주의 순서가 뒤바뀌었기 때문입니다.

변주는 때로 본질을 뛰어넘는 '청출어람' 상황을 만들기도 합니다. 예컨대, 본래 사진에서 파생된 '디지털 + 사진'은 기술적 변주였으나, 촬영 즉시 확인 가능한 편의성, 컴퓨터 후보정 기술의 획기적 발전으로 독립적인 장르로 성장했습니다. 이제는 사진을 생각할 때 '디지털 사진'이 기본이며, 오히려 아날로그 사진을 '필름 + 사진'으로 구분해 부릅니다.

애플의 에어팟AirPods 역시 처음에는 '무선 + 이어폰'이란 변주였습니다. 그런데 사람들은 '무선'이라는 변주에 생각보다 크게 반응했습니다. 이에 애플은 무선을 새로운 본질로 보고, 노이즈 캔슬링 같은 기능들을 강화해 새로운 카테고리를 만들었습니다. 이제 10년쯤 뒤엔 이어폰이 '유선 + 에어팟'으로 불릴 수도 있습니다.

처음엔 단순한 일부 변형에서 시작하지만, 예상하지 못했던 특이점을 발견하는 것이 변주의 묘미입니다. 때론 본질보다 더 큰 가능성을 갖고 있을 수도 있습니다. 변주를 작은 크리에이티브라고 무시하면 안 됩니다.

만약 당신이 소설가라면 주인공의 직업만 살짝 바꿔볼 수 있습니다. 그래픽 디자이너라면 질감을 조금 달리하거나 한 번도 사용해본 적 없는 툴을 의도적으로 시도해볼 수 있습니다. 브랜드 담당자라면 당신의 브랜드 이름 앞에 낯선 형용사를 붙여보고, 요리사라면 정해진 레시피를 살짝 바꿔보는 것도 좋습니다. 작은 변주를 시작해봅시다. 어떤 크리에이티브가 태어날지 아무도 모릅니다.

성공적인 조합법에서 한 요소를 바꿔 변주한 것은 크리에이티브합니다.

4. A를 뒤집어 -A로 만들기: 역발상(Reverse)

대상이나 개념이 가진 속성이나 규칙을 반대 방향(-A)으로 뒤집어 크리에이티브를 만들 수도 있습니다. 인적 드문 숨은 명소 관광 상품처럼 기존의 상식을 뒤집는 아이디어입니다.

과거 동영상 콘텐츠 플랫폼은 더 긴 시간과 풍성한 스토리를 담아 몰입감을 높이는 방향(A)으로 발전했습니다. 그런데 2013년 등장한 소셜 플랫폼 '바인Vine'은 이 상식을 뒤집었습니다. 영상 길이를 단 6초로 제한하는 역발상(-A)으로 성공한 것입니다. 짧은 초수라는 엄격한 제한은 오히려 창의성을 자극했고, 소비자들은 기존의 긴 콘텐츠에서 느끼지 못했던 신선한 매력에 빠져들었습니다. 이후 바인의 철학은 틱톡이나 인스타그램 릴스 같은 숏폼으로 이어지며 글로벌 콘텐츠 플랫폼 시장을 완전히 재편했습니다.

또한 기존 TV 드라마가 매주 정해진 시간에 한 편씩 방송되는 것이 일반적이었다면(A), 넷플릭스는 전체 시즌의 에피소드를 한꺼번에 공개하는 '빈지 워칭Binge Watching' 방식(-A)으로 시청 습관을 바꿨습니다. 이 역발상은 드라마 시청의 개념과 콘텐츠 소비 방식을 재정의했습니다.

이처럼 **익숙한 개념이나 전통적 방식을 뒤집는 역발상은 좋은 아이디어가 됩니다.**

5. A+B에서 'B'를 덜어내기: 빼기(Subtract)

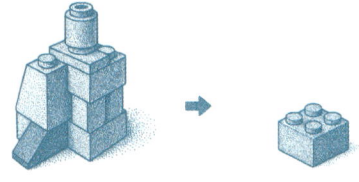

어떤 대상이 가지고 있는 수많은 요소 중 불필요한 부분을 덜어내, 핵심적인 본질만 추출하고 이 본질을 현대적 관점으로 재해석합니다.

하나의 크리에이티브 안에는 여러 요소들이 융합되어 있습니다. 특히 믹스나 변주를 통해 만들어진 크리에이티브는 시간이 흐를수록 부가적인 요소들이 추가되며 복잡해집니다. 그 부가적 요소들이 환경과 트렌드가 바뀌며 더 이상 의미가 없어질 수 있습니다. 때로는 본질보다 중요해지며 매너리즘 같은 뒤틀린 크리에이티브가 되기도 합니다. 이럴 때, 빼기 전략이 유용하게 작동합니다.

20세기 초 미니멀리즘은 빼기 방식으로 탄생했습니다. 당시 디자인의 격식이었던 과도한 장식을 덜어내고 디자인의 본질인 '기능+심미적 균형'만 남겼습니다. 디터 람스의 'Less is more' 철학, 무인양품의 '빼는' 디자인 원칙처럼, 라이프 스타일과 브랜드 철학으로 확대되었습니다.

다이슨의 창립자 제임스 다이슨은 기존 진공청소기의 부가적인 요소(먼지필터 카트리지, 심미적 디자인 등)들을 제거하고, '흡입력'이라는 본질만 추출했습니다. 다이슨 청소기의 디자인은 흡입력이라는 기능적 본질을 시각적으로 명확히 강조한 것입니다.

너무 익숙해진 대상이나 과거의 위대한 창작물에서 숨겨진 본질을 찾아봅시다. **불필요한 요소를 빼고 본질만 추출하면 좋은 아이디어가 됩니다.**

6. B(A)B → C(A)C: 재맥락화(Reframe)

대상(A)의 본질과 형태는 전혀 바꾸지 않고 그것이 놓인 맥락

Context만 바꿔주는 방식입니다. 즉, '배경'만 바꿔 원래 대상이 가지고 있던 의미와 가치를 극적으로 전환시키는 방식입니다.

예컨대, 칼을 든 사람이 병원 수술대 앞에 서면 의사처럼 보이고, 음침한 뒷골목에 있으면 강도처럼 보입니다. 동일한 아이디어라도 맥락이 바뀌면 완전히 다른 경험, 새로운 기능을 만듭니다. '레트로'는 '시간'이란 맥락을 바꾸는 대표적인 재맥락화 예시입니다.

이러한 '재맥락화'는 특히 광고에서 자주 사용됩니다. 제품의 본질과 형태는 바꿀 수 없지만 (그것은 광고주, 제품 개발의 영역이므로) 컨셉으로 맥락을 바꾸는 것은 가능하기 때문입니다. 이때 제품의 매력은 완전히 달라집니다.

재맥락화의 대표적 예시는 '현대미술' 작품입니다. 마르셀 뒤샹은 평범한 변기를 화장실이 아닌 미술관이라는 배경에 놓음으로써 파격적인 작품을 만들었습니다. 이 아이디어는 '예술이란 무엇인가?'라는 근본적 질문을 던지며 새로운 장르를 개척했습니다.

재맥락화는 다양한 분야에서 활용됩니다. 워크웨어(작업복)는 원래 건설 현장이나 공장에서 입는 실용적인 옷이었습니다. 그러나 패션쇼 무대라는 새로운 맥락에 옮겨놓자, 실용적인 패션 아이템으로 바뀌었습니다.

건축과 공간 디자인에서도 재맥락화는 유용합니다. 오래된 공장이나 창고 건물 등이 미술관, 공연장, 카페 같은 공간으로 재활용되면, 문화적 명소로서 새로운 가치를 갖게 됩니다. 런던의 테이트 모던 미술관, 서울의 선유도 공원, 성수동 카페 거리 등은 공간 재맥락화의 좋은 사례입니다.

비아그라는 원래 심혈관 질환 치료용이었습니다. 그러나 부작용 덕에 완전히 새로운 용도를 찾게 됩니다. '포스트잇' 역시 접착력이 부족한 접착제를 다르게 활용한 결과입니다. 이처럼 재맥락화는 '우연한 발견'에서 시작되기도합니다.

대상의 본질은 그대로 유지한 채, 맥락만 바꾼 아이디어는 크리에이티브합니다. 익숙하고 평범한 대상을 새로운 맥락에 배치해 보십시오. **예상치 못한 맥락으로 옮겨질수록 재맥락화는 좋은 아이디어가 됩니다.**

이 외에도 다양한 공식들이 존재합니다. 창작자는 새로운 공식을 찾아내고, 그것으로 신선한 아이디어를 만들 수 있습니다. 하지만 아이디어만으로 크리에이티브는 완성되지 않습니다.

크리에이티브의 여섯 가지 조건

아이디어가 크리에이티브가 되려면 다음과 같은 조건들을 충족해야 합니다.

1. 다양한 선택지

선택지가 많아야 합니다. 여러 선택지가 있어야 그중에서 상대적으로 뛰어난 선택지를 고르는 창의성이 발휘됩니다.

2. 그중 전형적이지 않은 선택지

'신선하다', '새롭다'는 반응은 일반적이지 않은 선택지에서만 나옵니다. 기존의 방식을 따르면 크리에이티브하지 않습니다. 격식에서 벗어난 선택지여야 합니다.

3. 더 우월한 성과

비전형적 선택지가 일반적인 선택지보다 더 뛰어난 결과를 제공해야 합니다. 크리에이티브는 남다르기만 한 게 아니라 더 유용해야만 가치가 있습니다.

4. 실현 가능성

아무리 좋은 아이디어일지라도, 현실에서 실행할 수 있어야 합니다. 창의성은 결국 실행되어 세상에 등장해야만 성과를 낼 수 있습니다.

5. 사회적 인정

사회적으로 인정받을 수 있어야 합니다. 아무리 독창적인 아이디어라도 법이나 윤리를 위반한다면 크리에이티브로 인정받을 수 없습니다.

6. 지속 가능성

브랜드 운영, 콘텐츠 연재라는 측면에서 아이디어를 계속 이어 나갈 수 있는지도 중요합니다.

첫 번째 조건 :
선택지가 두 개 이상

크리에이티브가 '육감'이나 '신내림'처럼 오해받는 것은 수많은 선택지 중에서 하나의 정답을 골라냈다는 경이로움 때문입니다. 마치 닥터 스트레인지가 4천만 개의 미래 중 단 하나를 고른 것처럼요. 크리에이티브의 제1조건은 바로 '선택지의 숫자'입니다. 최소 두 개 이상, 많으면 많을수록 좋습니다. 선택지가 많을수록 창의적 가능성도 커집니다. 경우의 수가 폭발적으로 늘어납니다. 그중 한 갈래에서 기발한 특이점이 탄생합니다. 선택지가 딱 하나뿐이라면 어떨까요? 그건 숙련도 싸움입니다. 누가 더 정교하게, 빨리 찍어내는지의 기술 경쟁입니다. 크리에이티브와는 상관이 없습니다.

레고가 가장 크리에이티브한 장난감인 이유도 선택지 때문입니다. 레고 브릭 한 조각은 무의미하지만, 조립하면 우주선도, 마을도 만듭니다. 조합의 선택지는 무한대입니다. 우리는 무한대의 레고 조립법 중 하나, 즉 상자에 그려진 디자인을 구매할 뿐입니다. 설명서를 따라 만들어도 좋지만 꼭 그래야 하는 법은 없습니다. '정답 조립법'이 없다는 점 때문에 레고는 크리에이티브합니다. 반면 버튼을 누르면 작동하는 장난감이나 변신로봇 같은 것에는 정답 선택지가 한두 개뿐입니다. 아이들은 창의적인 생명체라 이런 '정답 장난감'을 가지고도 이야기를 만들며 놉니다. 그러나 그것은 아이들이 창의적인 것이지 장난감이 창의적인 것은 아닙니다. 반면에 레고는 애초에 무한한 선택지를 의도하고 만들어졌기 때문에 가장 창의적인 장난감이라 할 수 있습니다.

영감을 받았다

레퍼런스를 찾거나, 다양한 작품을 감상하다 보면 문득 깨달음을 얻습니다. 같은 도구를 쓰는데도 '이렇게도 활용할 수 있구나', '문제를 이런 방식으로 풀 수도 있구나', '이렇게 다른 성과를 내는구나'와 같은 새로운 선택지를 발견합니다. 그 순간, 생각의 틀이 깨지는(out of box) 파격을 경험합니다. 흔히 이 순간을 '영감을 받았다'라고 표현합니다. 선택지가 늘어나는 순간이 바로 영감입니다. 영감이 짜릿한 이유는, 그 선택지가 충분히 활용 가능하며, 기대 효과가 명백하기 때문입니다. 이는 단순한 '관심'과 다릅니다. '쓸 수 있겠다'는 가능성과 관심이 합쳐져야 영감이 됩니다.

직군별 선택지 늘리기

그렇다면 어떻게 선택지를 늘릴 수 있을까요? 직군별로 선택지를 늘리는 방법은 세 가지로 설명할 수 있습니다.

1. 자신의 능력 또는 도구를 활용하는 직군

배우나 댄서, 가수 같은 직군은 자신의 신체를 다양한 방법으로 활용하기 위해 연습합니다. 디자이너나 공예가는 사용 가능한 툴의 종류를 늘립니다. 예컨대 가수가 두성, 흉성, 가성의 새로운 창법을 연습하거나 디자이너가 최신 소프트웨어를 익히는 것입니다.

2. 타인, 외부 자원을 활용하는 직군

프로듀서, 경영자 등 다른 사람의 능력을 활용하고 조합하는 직군은 다양한 인맥 확보가 선택지 확장의 핵심입니다. 예컨대, 프로듀서는 견적별, 퀄리티별, 스타일별로 다양한 특성의 스태프를 조합해 결과물을 만듭니다. 이런 직군은 사람을 만나는 것도 선택지를 늘리는 작업입니다.

3. 개인 능력과 외부 자원을 동시에 활용하는 복합형 직군

대부분의 직군은 3번에 해당합니다. 개인 역량을 높이는 동시에 외부 네트워크도 늘려야 합니다. 예컨대, 마케터는 직접 상품개발과 전략기획을 하면서 광고 제작은 외부에 맡깁니다. 분야를 막론하고 팀의 리더는 개인 역량도 중요하지만, 동시에 다양한 능력의 팀원들을 데리고 있는 것이 선택지를 늘리는 방법입니다.

트레이닝 1. 초심자를 위한 기본 선택지 늘리기

동종업계 레퍼런스를 탐구하는 것은 기본 선택지 늘리기의 시작입니다. 디자이너가 핀터레스트 보기, 공연예술 종사자가 다양한 공연 관람하기, 작가나 카피라이터가 책을 읽는 것 등이 이에 해당합니다. 학교나 회사 선배의 어깨너머로 일을 배우는 것도 마찬가지입니다. 네 맞습니다. 첫 번째 기본 선택지는 '격식의 습득'입니다.

기본 선택지는 자기 스타일과 맞지 않아도 일단 숙련될 때까지 익히는 게 좋습니다. 모국어를 익힌 뒤에 외국어를 배우는 것과 같습니다. 무턱대고 선택지만 늘리려다간 결국 '0개 국어' 상황이 될 수도 있습니다. 기본 선택지의 숙련도만 잘 올려도 '1인분' 역할을 충분히 합니다.

다양한 일을 하다 보면, 기본 선택지만으론 해결하기 어려운 상황을 만납니다. 이때 기존 방법을 조금 바꿔 변형된 선택지(A')를 만들거나, 새로운 방법(B)을 배우게 됩니다. 이 과정은 '선배의 어깨너머로 배우는 것 + 레퍼런스를 통한 간접 경험 + 직접 도전하고 실패하는 경험의 방식'으로 이루어집니다.

보통 회사 생활이 3년 이상 지나면 업무에 익숙해집니다. 몇 가지 선택지를 가지고 있고, 대부분의 일을 처리할 수 있습니다. 그러나 그즈음부터 난도가 더 높은 업무들을 배정받기 시작합니다. 승진을 하거나, 더 큰 책임을 맡게 됩니다. 막내로 사랑받던 시절은 지나가고, 1인분을 해내야 한다는 압박감을 느낍니다. 선택지와 노하우가 갑자기 없어져 버린 것 같습니다. 이때 현타가 옵니다. 특히 입사 후 3년, 6년, 9년 차 즈음에 이런 현타들을 강하게 느낍니다.

이런 변화는 모두가 겪는 자연스러운 과정입니다. 저 역시 그랬고, 선배들도 모두 그랬답니다. 그게 다 커진 책임에 비해 선택지가 낡아서 그렇습니다. 직급이나 상황에 맞춰 선택지를 다시 업데이트해야 합니다. 저레벨 던전에서 쓰던 아이템을 고레벨 던전에서도 쓰긴 어려우니까요. 이 3, 6, 9년 차 시기마다 얼마나 빠르게 선택지를 늘리고, 숙달해 나가는지가 커리어에 큰 영향을 미칩니다.

어떻게 하는지 배웠다고 선택지가 되는 것은 아닙니다. 스스로 능숙하게 쓸 수 있어야 비로소 선택지가 됩니다. 숙련도는 직접 경험을 통해서만 올라갑니다. 따라서 간접 경험을 통해 얻은 아이디어도 결국 직접 경험을 통해 내 것으로 만들어야 합니다. 최대한 다양한 간접 경험을 하고, 그중 본인의 상황에 맞춰 고른 선택지를 직접 다뤄보며 숙련도를 높이는 방식이 가장 효율적입니다.

트레이닝 2. 레퍼런스 인수분해법

하나의 레퍼런스에서 여러 선택지를 뽑아낼 수 있습니다. 다양한 요소들이 섞여 있는 레퍼런스에서 불필요한 부분을 발라냅니다. 단순히 '느낌 좋다'라고 저장하는 게 아니라 구조를 해체해 '부품'처럼 쓰는 것입니다.

마치 수학의 인수분해처럼 하나의 레퍼런스에서 본질적 요소를 작은 단위로 나눕니다. 이렇게 '추출된 영감'은 아이디어의 '부품'이 됩니다. 레고 블록처럼 자유롭게 조립할 수 있습니다. A 레퍼런스의 부품과 B 레퍼런스의 부품을 섞을 수도 있습니다.

인수분해는 가능한 한 짧고 명료한 키워드, 한 장의 대표 이미지로 해야 합니다. 너무 긴 문장이나 모호한 이미지로 기억하면, 나중에 변형하거나 다른 부품과 결합하기가 어렵습니다.

예컨대, 쿠엔틴 타란티노 감독의 영화를 '비선형적+스토리텔링', 'B급 감성', '장르 혼합', '팝컬처+오마주', '상황 반전+BGM' 등으로 인수분해할 수 있습니다. 마블 〈가디언즈 오브 갤럭시〉는 타란티노 영화에서 많은 부품을 가져왔기 때문에 비슷한 요소가 많습니다. 타란티노 역시 '홍콩 누아르+일본 애니메이션+중국 무협 영화'의 부품들을 섞어 자신만의 스타일을 만들었습니다.

레퍼런스 인수분해는 창작자의 선택지를 늘려주는 유용한 기술입니다. 수많은 부품들이 창작자의 머릿속에 축적되고 예상하지 못한 방식으로 결합됩니다. 전혀 어울리지 않는 요소들이 융합돼 '크로스-오버'가 태어납니다.

레퍼런스 인수분해법을 요약하면 다음과 같습니다.

─ 레퍼런스에서 핵심 키워드 추출
─ 키워드를 태그나 파일이름으로 저장

— 필요 시 조합하여 활용

레퍼런스 관리 팁
레퍼런스를 저장할 때, 파일 이름이나 검색 태그를 인수분해한 키워드를 사용해 보십시오. 최대한 길고 자세하게, 키워드가 중복되어도 상관없습니다. 저장 해두면서 레퍼런스의 본질을 더 확실히 기억하게 되고, 나중에 "그거 뭐였더라…?" 없이 빠르게 찾아볼 수 있습니다.

노하우: 잘 먹히는 선택지

요리할 때 냄비에 아무거나 넣고 끓인다고 맛있지 않듯이, 레시피에 따라 결과물의 맛은 완전히 달라집니다. 요소들의 궁합이 좋고 잘 어울려 뛰어난 결과를 내는 선택지. 우리는 이것을 '노하우 Know-how'라고 부릅니다.

〈생활의 달인〉에 출연한 '장인'들은 하나의 노하우를 갈고 닦은 분들입니다. 자세히 들여다보면, 도구를 신기하게 쓰거나(A'), 비법 소스에 들어가는 재료가 남다르거나(A+B), 생각지도 못한 역발상, 재맥락화 같은 공식들이 뒤섞여 있습니다. 노하우란 오랜 시간 동안 이리저리 섞어보고 다르게 변주하며 찾아낸 시행착오의 '엑기스'입니다.

이런 노하우는 모든 분야에서 찾을 수 있습니다. 예컨대, 음악 분야에서 '머니 코드 Money chord'는 대표적인 노하우입니다. 소비자의 감동을 끌어내 '돈 벌기 좋은' 코드라는 뜻입니다. 멜로디, 편곡, 가사 때문에 각각 다른 노래로 들리지만 코드 진행의 구조는 똑같습니다. 비틀즈의 〈Let it be〉, 마룬 파이브의 〈She will be loved〉나 제이슨 므라즈의 〈I'm Yours〉, 겨울왕국의 〈Let it go〉 같은 유명한 곡들이 같은 머니 코드로 만들어졌습니다. 같은 코드로 진행된 곡들은 이어 부를 수도 있습니다. 예를 들어 서로 다른 CM 송을 이어 부른 "홈 플러스 플러스 가격이 착해+좋은 기름이니까"처럼 말입니다.

클리셰Cliché란 노하우가 너무 자주 사용되어 진부해진 것입니다. 사실 모든 클리셰는 처음 만들어졌을 땐 크리에이티브였습니다. 너무 반복 사용되어 그 신선함이 사라졌을 뿐입니다. 그럼에도 계속 사용됩니다. 마치 수학의 '근의 공식'처럼 특정 상황이나 감정을 표현할 때 가장 편리하기 때문입니다. 창작자는 클리셰를 파괴할 수도 있고, 변주해 쓸 수도 있고, 숙련도를 높여서 선택지를 늘릴 수도 있습니다.

노하우는 일반적인 다른 선택지보다 영양가가 높습니다. 기회가 있다면 반드시 흡수하는 게 좋습니다. 하지만 선배들이 노하우를 쉽게 알려 주진 않습니다. '어깨 너머로 배운다', '훔쳐 배운다'는 말이 괜히 나오는 게 아닙니다.

우리는 왜 크리에이티브한가?

창작자는 공장의 기계처럼 같은 결과를 반복해 만들지 않습니다.

글을 쓰든, 음악을 만들든, 그림을 그리든 매번 다른 결과가 나옵니다. 똑같은 결과물처럼 보여도 과정은 늘 다릅니다. 그 과정에서 수많은 선택지가 생기고, 어떤 선택이냐에 따라 결과도 달라집니다. 그래서 무한한 선택지 속에서 '딱 하나'만 골라내야 하는 창작의 고통이 뒤따릅니다.

사실 모든 직업은 크리에이티브합니다. 창의성이 발휘되는 방식과 밀도, 영향력이 다를 뿐입니다. 예컨대, 스포츠 종목마다 요구되는 창의성은 다릅니다. 축구나 농구처럼 경쟁 종목은 창의적인 선택이 승부를 가릅니다. 드리블, 패스, 위치 선정 등 모든 움직임이 즉흥적 선택의 연속입니다. 반면 양궁, 사격, 육상, 수영 같은 기록 종목은 한 선택지의 숙련도를 높이는 데 집중합니다. 그러나 높이뛰기에서 '포스베리 플롭'이 나오고 '접영'에서 '평영'이 등장한 것처럼, 더 나은 기록을 위해 선택지를 바꾸는 창의성이 발휘되기도 합니다. 골프나 컬링은 그 중간쯤에 있습니다. 중간중간 전략적인 '선택'을 하고, 숙련된 정교함으로 완성합니다. 작동 방식만 다를 뿐 모든 스포츠 종목에는 창의성이 필요합니다.

우리가 흔히 창의성과 거리가 멀다고 생각하는 직업들에도 창의성이 숨어 있습니다. 예컨대, 변호사는 판례를 해석하고 증거를 다룰 때 창의성이 필요합니다. 드라마 〈이상한 변호사 우영우〉에서 창의적으로 사건을 풀어나가는 모습을 떠올려 보십시오. 의사는 '무균수술법', '하임리히법' 같은 치료법을 창의적으로 만듭니다. 신약 개발은 약에 대한 지식과 창의성이 합쳐져야 가능합니다. 회계에선 숫자를 어떻게 분류하고 해석하느냐에 따라 기업의 가치가 달라집니다. 공무원이 창의적으로 비용을 절감하거나, 어려운 민원을 해결하는 '창의행정' 사례도 많습니다.

이런 분야에선 선택지가 적을 뿐이지 크리에이티브가 없는 건 아닙니다. 오히려 선택지가 적은 분야일수록 크리에이티브의 파급력이 큽니다.

다양한 선택지는 창의성의 전제 조건입니다. 그런데 선택지가 많다는 것은 지식과 경험이 많다는 것이지 창의적이라는 뜻은 아닙니다. 쓸 만한 선택지들이 모였다면 다음 단계로 넘어가야 합니다.

다음 조건은 '전형성에서 벗어나는 것'입니다.

두 번째 조건 :
남다른 선택

크리에이티브는 기존과 '다른 선택'으로 '다른 결과'를 내는 작업입니다. 특이점과 파격은 비(非)전형적 선택지에서만 태어날 수 있습니다.

비전형적 선택지는 기존의 일반적인 선택지들의 '상위 호환'이나 하위 호환'이 아니라 '대안alternative'이 됩니다. 예컨대, 여름휴가 장소를 산으로 고민하는 사람에게 '바다'라는 전혀 다른 카테고리의 대안을 제시하는 것입니다. 설악산과 한라산 중에 고민하면 비용이나 시간을 고민하게 되지만, 부산 해운대를 대안으로 두면 전혀 다른 종류의 비교가 일어납니다.

비전형적 선택지는 군계일학처럼 전형적인 비교 대상이 많을수록 효과적입니다. 남다른 선택지가 그 작품만의 특이점과 차별점을 만듭니다. 익숙한데 예상치 못한 안정적인 재미냐, 예상치 못한 파격이냐의 차이는 있지만 어쨌든 비전형적이어야 '다른 것' 을 만들 수 있습니다. 달라서 생기는 관심에 주제의식, 메시지, 차별화된 서비스 등을 담을 수 있습니다.

소비자에게 비전형적 선택지란?

비전형적 선택지는 소비자에게도 '영감'을 줍니다. 제품이든 콘텐츠든 남다른 창작물은 소비자의 선택지를 늘려줍니다. 결국 새로운 선택지를 고르지 않더라도, 소비자는 선택지가 늘어나는 상황을 유익하다고 느낍니다. 매일 집밥만 먹고 살 수 없어 가끔씩 별미를 찾듯이, 소비자 역시 비전형적 선택지를 원하는 것입니다.

또한 비전형적 선택지는 소비자의 흥미를 유발합니다. 교장 선생님 훈화처럼 똑같은 레퍼토리의 반복이 아니라, "관심 가질 만한 가치가 있어요!"라는 신호를 보냅니다. 이 신호는 인간의 본능, 학습 욕구를 자극합니다. 소비자는 비전형적 선택지를 만나면 무의식적으로 그것이 자신에게 쓸모 있을지, 자신만의 상황에 적용할 수 있을지를 고민합니다. 심지어 실제로 사용할 일이 없어도 일단 호기심을 느낍니다. 예컨대, 범죄 영화에서 기발한 지능범죄나 트릭을 보게 되면, 뇌는 그 정보를 '쓸모 있을지도?'라고 생각하며 흥미롭고 유용한 정보로 받아들입니다. 만약 철학이나 가치관처럼 실제로 받아들여 '쓸 수 있는' 선택지라면 집중력은 더 높아집니다.

트레이닝 1. 전형적인 선택지 학습하기

시험에서 만점을 받으려면, 오답을 전부 알아야 합니다. 반대로 비전형적인 선택지를 잘 고르는 법은 전형적인 선택지를 확실히 아는 것입니다. '이것은 전형적인 선택지가 아니다!'는 자신감이 핵심입니다. 그래서 일단 많이 보고, 듣고, 경험하는 게 중요합니다. 질릴 정도로 많이 소비해본 경험만이 비전형적인 선택지를 구분할 수 있게 합니다.

우리는 무의식적으로 레퍼런스를 '격식'과 '파격'으로 구분합니다. 격식으로 분류된 레퍼런스는 머릿속에서 격식의 경계선을 그리는 데 사용됩니다. 파격적 레퍼런스는 '수준 낮음'과 '수준 높음'으로 2차 분류됩니다. 수준 낮음은 더 이상 참고할 가치가 없으므로 격식의 경계선 아래로 떨어집니다. 이렇게 하면 안 된다는 경계선을 그립니다. 반면 '수준 높음'은 경계선 위쪽에 놓여 지향점과 목표로 활용됩니다. 이러한 분류가 누적될수록 격식의 경계선은 더욱 뚜렷해집니다.

창작자와 소비자는 비전형적 선택지를 각기 다른 기준으로 받아들입니다. 창작자는 주로 자신의 작업에 활용할 수 있는 영감을 찾는 반면, 소비자는 실제 사용 목적에 따른 선택지를 고려합니다. 예컨대 소비자는 '시간 때우기 좋다', '주변에 추천하기 좋다', '기존 것보다 더 낫다' 같은 기준으로 선택지를 평가합니다. 창작자가 이 미묘한 차이를 인지하는 것이 '촉'을 기르는 핵심입니다.

창작자의 촉

촉이 좋다는 것은 소비자와의 '격식'이 '동기화'되어 있다는 뜻입니다. 즉, 소비자가 아이디어를 '전형적이네'라고 느낄지, '독특하다'고 느낄지 미리 알아채는 감각입니다. 소비자의 반응을 예측하는 '시뮬레이션 능력'입니다.

촉이 좋으면 '이러니까 사람들이 웃는구나?', '충분한 거 같은데, 왜 안 놀라지?' 같은 디테일을 잘 기억합니다. 이런 디테일들이 다음 작업에 반영됩니다.

촉이 좋으면 힘 조절이 가능합니다. '조금 약한데 더 강하게 가볼까?', '이건 너무 나갔다, 오해 생기지 않게 바꾸자'처럼 직관적으로 수위 조절을 할 수 있습니다. 작업하는 도중의 힘 조절은 많은 리소스를 절약합니다.

촉이 좋으면 다양한 대중을 상대할 수도 있습니다. 타깃에 딱 맞춘 비전형적 선택지로 관심을 끌고 의도를 표현합니다. 예컨대, 얼리어답터를 타깃으로 실험적인 시도를 하거나, 대중을 타깃으로 아는 맛에 약간의 조미료만 첨가하여 농도를 조절할 수 있습니다.

촉이란 언제 어디서 얼마나 다르게 할지를 판단하는 능력입니다. 촉이 있어야만 비전형적 선택지를 골라낼 수 있습니다.

촉을 날카롭게 업데이트

촉은 타고나는 것도 있지만 '꾸준한 관찰'로 날카로워집니다. 자기 작품은 물론 다른 창작자들의 선택지가 어떻게 받아들여졌는지를 끊임없이 추적합니다. 댓글, 현장 반응, 비평, 조회수와 좋아요 수 등 모든 것이 촉의 재료입니다.

트렌드가 변화할 때마다 창작자는 촉을 업데이트해야 합니다. 아무리 성공한 창작자도 한 번 업데이트를 놓치면, 소비자들은 창작자를 '구버전'으로 인식합니다. 창작자에겐 신선한 선택지를 소비자는 식상하거나 과하다고 느끼는 것입니다. 이 간극이 커질수록 창작자의 비전형적 선택지는 제 기능을 못합니다. 특이점은커녕 시대착오적이란 평가를 받을 수도 있습니다. 이럴 때를 소위 '감을 잃었다'고 표현합니다.

촉 업데이트의 가장 좋은 방법은 타깃 집단 속으로 들어가 '함께 사는' 것입니다. 다른 언어를 배우는 것과 비슷합니다. 유튜버 코미꼬(김병선)는 오랫동안 스페인어를 공부했습니다. 실제로 남미에 거주하며 다양한 무대에서 공연하면서 촉을 업데이트해왔습니다. '스탠드업 코미디'라는 장르 특성상 언어와 문화를 마스터하기 위해 많은 시간을 투자했죠. 콩고왕자 조나단 역시 한국에서 지낸 십수 년의 세월이 격식을 동기화합니다. 코미꼬와 조나단처럼 동기화된 촉 위에, 다른 인종이란 특이점이 더해지면 브랜드는 비전형적 선택지가 됩니다.

만화 『식객』의 작가 허영만 선생은 수십 년간 전국을 직접 돌아다니며 맛의 장인들과 소비자 반응을 취재했습니다. 그리고 그

위에 자신만의 비전형적 선택지를 올렸습니다.

짧게 배운 언어는 티가 납니다. '어쩔티비', '럭키비키' 같은 유행어만 쓴다고 10대가 반응하진 않습니다. 잘해야 전형적인 식상함이 되고, 자칫 '공부해서 쓴' 티가 팍 나버립니다.

커뮤니티나 소셜 플랫폼에서 활동하는 창작자들은 자신의 작업은 물론 다른 작품들의 반응도 추적해야 합니다. 또한 같은 작품도 플랫폼마다 어떻게 다르게 받아들여지는지 체감해야 합니다. 플랫폼별로 격식의 경계선이 다름을 알 수 있습니다. 이를 통해 자신이 어떤 플랫폼에서 더 비전형적인 창작자인지 알 수 있습니다.

트레이닝 2. 다른 분야 기웃거리기

동일 분야의 영감은 노하우일 확률이 높고, 다른 분야의 레퍼런스는 비전형적 선택지일 확률이 높습니다. 다른 분야의 레퍼런스는 자신의 분야에 맞춰 커스터마이징되기 때문입니다. 예컨대, 독수리의 머리 형태에서 공기저항을 줄이는 영감을 받아 전투기를 디자인할 경우, 공학 지식을 활용한 설계 과정에서 커스텀이 이뤄집니다. 이 과정에서 독창적이고 비전형적인 선택지가 만들어집니다.

모션그래픽 디자이너가 발레 공연에서 동작의 아이디어를 얻거나, 반대로 무용수가 모션그래픽의 리듬감에서 아이디어를 얻을 때도 마찬가지입니다. 전혀 다른 장르로 넘어가면서 자연스럽게 커스텀되고, 이것은 해당 분야에만 몰두한 사람은 만들 수 없는 비전형적 선택지가 됩니다.

따라서 다른 분야를 레퍼런스로 삼을 땐 교집합이 많은 분야부터 탐색하는 게 유리합니다. 모션그래픽과 무용은 '시간 + 움직임'이라는 교집합이 있기 때문에 영감을 얻을 확률이 높습니다. 이미 많은 창작자들이 적극적으로 활용하는 방식입니다.

교집합이 전혀 없는 분야를 탐색할 경우 영감을 받을 확률은 낮습니다. 그러나 성공만 한다면 '희귀한' 영감을 받을 수 있습니다. 교집합이 없어 다른 창작자들이 기웃거리지 않기 때문입니다. 이때 '레퍼런스 인수분해' 스킬과 '본질 추출' 능력이 중요합니다. 자신의 분야와 조합하기 좋은 타 분야의 핵심을 잘 발라내면 강력한 파격의 재료를 얻을 수 있습니다.

π자형 인재

많은 대학교가 복수전공 제도를 운영하는 이유는 바로 '융합형 인재'를 육성하기 위해서입니다. '디자인 + 경영', '정치 + 철학', '문화 + 인류학' 같은 융합은 기존에 없던 새로운 선택지를 만듭니다.

예컨대, 얕고 넓은 교양 지식과 두 가지 이상의 전공을 가진 'π자형' 인재. 개발자이면서 디자이너, 개그맨이면서 가수처럼, 두 가지 분야를 깊게 판 사람들은 독특한 결과물을 만들어냅니다. 이들은 한 분야만 팠을 때 나오는 일반적인 선택지 대신 비전형적 선택지를 고릅니다.

'수평적 사고Lateral Thinking[8]'란, 기존의 패턴이나 고정관념에서 벗어나 문제를 전혀 다른 시각에서 바라보는 것을 말합니다. 복수전공이나 분야의 융합은 바로 이 수평적 사고를 위한 재료입니다.

분야를 막론하고, 편입, 이직, 업종 전환을 한 사람이라면 누구나 이런 장점을 갖고 있습니다. 전공과 다른 일을 하고 있다고, 물경력이 되었다고, 헛된 시간이었다고 실망할 필요는 없습니다. 심지어 퇴근 후 릴스를 보거나 커뮤니티 활동에 과몰입하는 것도 시간 낭비가 아닐 수 있습니다. 중요한 것은 그 경험과 지식을 현재의 본업과 창의적으로 융합하는 능력입니다.

크리에이티브 분야를 선택한 창작자가 누릴 수 있는 가장 큰 장점은, 모든 경험이 결국 크리에이티브에 도움이 된다는 점입니다. 두 번째 영역의 숙련도를 높여 'TT자형' 인재가 됩시다. TTT도 좋고 가능하다면 TTTT도 좋습니다. 이질적인 분야를 조합할수록 크리에이티브는 강화됩니다.

비전형적 용기

비전형적 선택지는 리스크로 가득합니다. 기존에 없던 시도이기 때문에 결과를 예측할 수 없고 예상치 못한 문제가 발생할 수 있

---

8   수평적 사고: 에드워드 드 보노(Edward de Bono) 박사가 1967년 처음 제시한 개념으로, 수직적 사고는 논리적이고 순차적인 방식으로 문제에 접근하는 반면, 수평적 사고는 비논리적이거나 무작위적인 요소를 활용하여 다양한 가능성을 탐색합니다.

습니다. 참고할 만한 선례도 없습니다. 이 선택이 잘못되면 프로젝트가 실패할 수도 있습니다. 비전형적 선택은 사람들의 반대에 맞서 싸우겠다는 선언과 같습니다.

만화 『진격의 거인』에서 아르민은 자기도 확신할 수 없는 비전형적인 '트로스트 구 탈환 작전'을 설명합니다. 군인들은 공포에 떨면서 아르민에게 총을 겨누고 있습니다. 아르민의 작전이 속임수인지, 정말 좋은 작전인지 혼란스러워합니다. 아르민은 담대한 용기로 작전의 기대 효과를 연설합니다.

창작자가 리스크를 감수하는 이유는 비전형적 선택지가 만들어낼 기대 효과가 보이기 때문입니다. 당연히 창작자도 자신의 선택이 불안합니다. 그러나 안전한 선택지로는 절대 만들 수 없는 관심과 파급력을 포기할 수 없습니다. 따라서 창작자는 실패하면 욕먹을 각오를 하고 비전형적 선택지를 제안합니다.

클라이언트가 있는 프로젝트에서는 왜 이 비전형적 선택지가 성공의 열쇠인지 설득해야 합니다. 똑똑한 클라이언트는 이것이 창작자 개인의 욕망인지, 브랜드를 위한 전략적 선택인지 귀신같이 압니다. 심지어 속으로는 전략에 동의하더라도, 겉으로는 숨긴 채 그 용기를 시험하기도 합니다. 이런 압박감을 극복하는 방법은 경험에서 나오는 자신감과 담대한 용기뿐입니다.

물론 용기와 근성만으로는 리스크를 해결할 수 없습니다. 리스크를 예측하고 대안을 마련해둬야 합니다. 혹시 문제가 발생해도 반드시 해결하겠다는 책임감, 팀원들을 동참시키는 리더십도 중요합니다.

트레이닝 3. 비전형적 선택지의 검증, 피드백

창작자는 자기 작품에 대한 애정 때문에 객관적인 평가가 어렵습니다. 가장 빠르고 확실한 해결책은 다른 사람들에게 작품을 보여주고 피드백을 받는 것입니다.

피드백은 크게 두 가지로 나눌 수 있습니다.

첫째는 격식에 관한 피드백입니다. 이는 작품의 기본 퀄리티와 완성도에 관한 것입니다. 예컨대, "내용을 이해하기 어려워요", "이미지의 레이아웃이 아쉽네요" 같은 피드백을 통해 부족한 격식을 알 수 있습니다. 반대로 수준 높은 부분은 칭찬을 통해 알게 되는데, 다양한 사람에게 피드백을 받을수록 대중의 경계선을 파악할 수 있습니다.[9]

둘째는 비전형적 선택지, 즉 특이점에 관한 피드백입니다. 창작자의 의도가 제대로 전달되는지를 확인합니다. 아무 설명 없이도 의도를 이해하면 성공, 설명 후에야 납득했다면 반쯤 성공입니다. 의도가 잘 전달되지 않았다면 어떤 부분이 문제인지 피드백을 받아 수정합니다.

가치 있는 피드백은 창작자와 비슷하거나 더 촉이 좋은 사람에게서 받을 수 있습니다. 비전형적 선택지가 작동할지 실패할지 계산하려면 피드백을 주는 사람의 수준이 높아야 하기 때문입니다. 수준 높은 피드백은 왜 이 비전형적 선택지가 작동하지 않을지, 작동하게 하려면 뭘 수정하면 좋을지를 구체적으로 제

---

[9] 피드백을 받다 보면 긍정적인 부분을 생략하는 사람도 있습니다. 이럴 때는 "말하지 않은 건 긍정이구나!" 하고 편하게 받아들이는 것이 좋습니다.

시합니다.

가치 있는 피드백을 받기 위해 창작자는 적극적으로 찾아 나서야 합니다. 사실 피드백은 굉장히 귀찮고 손이 많이 가는 일이기 때문입니다. 먼저 다가와주는 사람은 흔치 않습니다. 촉이 좋은 사람들은 늘 바쁩니다.

반대로 가치 없는 피드백은 다음과 같습니다.

- "별로예요", "다시 해주세요"처럼 이유 없이 개선 사항만 언급하는 피드백.
- 비전형적 선택지와 관계 없는 부수적인 요소만 지적하는 피드백(오타 수정, 1mm 위치 이동 등).
- 작업 프로세스를 고려하지 않고 중간 과정에서 '미완성'을 지적하는 피드백.

이런 피드백을 받으면 반드시 추가 질문을 통해 비전형적 선택지에 대한 평가를 물어봐야 합니다. 좋은 질문은 시행착오와 작업 시간을 획기적으로 줄여줍니다.

대중의 피드백

유튜브 같은 온라인 플랫폼에서 얻는 수많은 댓글과 좋아요도 의미 있는 피드백입니다. 전문성은 떨어져도 양이 많아지면 '빅데이터'가 됩니다. 대통령선거 출구조사처럼 '표본'이 됩니다. 1,000명

중 10명이 좋아요를 눌렀다는 것은, 10,000명에게 보여주면 100명이 좋아요를 누를 확률이 높다는 '증거'가 됩니다.

단순히 "와, 좋다!", "대박이에요!" 같은 칭찬일색 댓글은 초반에는 좋은 동기부여가 됩니다. 그러나 경험이 쌓여 칭찬이 예측 가능한 시점부터는 감흥이 사라집니다. 이 시점부터 칭찬은 의도가 잘 작동한다는 체크 포인트 역할을 합니다.

흔히 말하는 "무플보다 악플이 낫다"는 말은 '피드백과 성장'이란 측면에서 중요합니다. 반응이 아예 없으면 장단점을 파악할 수 없기 때문입니다. 물론 악플을 그대로 받아들일 필요는 없습니다. 왜 그런 반응이 나왔는지를 분석하고 고민하는 과정이 중요합니다. 한두 사람 의견이야 웃어넘길 수 있어도, 그 숫자가 수백, 수천이 넘어가면 그것은 '객관적인 피드백'이 되기 때문입니다.

SNS에서 지속적으로 크고 작은 시안을 공개하고 적극적으로 소통하는 창작자들이 더 빠르게 성장하고 오래가는 데는 이유가 있습니다. 그런 창작자들은 대중의 피드백을 통해 촉을 날카롭게 유지하기 때문입니다.

비전형적 선택지의 비율이 높은 작품, 즉 파격적인 컨셉일수록 대중의 피드백이 중요해집니다. 그래서 방송국은 파일럿 프로그램을 제작하고, 앱이나 게임은 베타 테스트를 진행하며, 광고에서는 FGI[10]를 통해 소비자 반응을 미리 점검합니다. 특히 투자 규모가 큰 프로젝트일수록 이런 검증 과정은 필수입니다.

---

10 포커스 그룹 인터뷰(Focus Group Interview)로 특정 주제나 제품에 대한 소비자의 의견과 반응을 수집하기 위해 소규모 그룹을 대상으로 인터뷰를 진행하는 조사 방법입니다.

피드백 회피 증상

중간 과정의 작업물을 공개하기 싫어하는 창작자가 있습니다. 이런 '피드백 회피 증상'은 주로 세 가지 요인 때문에 나타납니다.

- 창의성을 '천부적 재능'으로 보는 고정관념.
  : "확신이 없는 것처럼 보이기 싫어."
- 창의성보다 '기술적 완성도'를 중요하게 생각하는 매너리즘.
  : "미완성인 상태로는 내 실력을 제대로 보여줄 수 없어."
- 비판 또는 수정 요청을 받기 싫은 방어 기제.
  : "괜히 얘기했다가 일만 늘어나면 어쩌지?"

비전형적 선택지는 그 특성상 마감이 완벽하지 않아도 검토가 가능합니다. 따라서 검토가 가능한 최소한의 완성도로 빠르게 확인을 받는 것이 유리합니다. 모두 완성한 상태에서 비전형적 선택지가 제 기능을 못 한다는 것이 확인되면, 그동안의 작업이 모두 무의미해질 수 있습니다. 이때 창작자에 대한 신뢰가 떨어지게 되는 것이 더 큰 손해입니다. 특히 작업 시간이 오래 걸리는 이미지나 영상 같은 작업은 스케치나 스토리보드, 애니매틱 단계에서 비전형적 선택지의 검증을 완료해야 합니다.

나중에 팀장이나 임원처럼 '책임자'가 되면 오히려 피드백을 요청할 사람이 점점 없어집니다. 그땐 그냥 바로 성적표를 받습니다. 피드백을 받을 수 있는 연차에도 유통기한이 있는 것입니다.

한 번의 칭찬이나 비판보다 중요한 것은 피드백을 통해 촉을 날카롭게 유지하는 것입니다. 막연히 "좋네요, 검토 후 연락드리겠습니다"라며 피드백 없이 마무리되는 것보다(연락 안 옴), 냉정한 평가를 통해 무엇을 보완할지 아는 것이 더 중요합니다.

이 과정이 가장 어렵습니다. 1년 차 때나 15년 차 때나 피드백을 받는 순간은 언제나 두렵습니다. 저 역시 후배들에게 피드백을 피하지 말라고 당부하지만 피드백은 언제나 긴장됩니다. 수정 요청을 받으면 후회되고, 성공하면 안심하는 과정을 반복합니다. 하지만 피드백 없이는 좋은 크리에이티브도 없음을 알고 있습니다. 창작자가 느끼는 신선함과 소비자가 느끼는 신선함 사이에는 늘 간극이 있기 때문입니다. 이 사실을 인정하면 피드백은 창작물의 퀄리티를 높여주는 '리허설'이 됩니다.

트레이닝 4. 잉여 시간 만들기

인간의 몸이 생존에 필요한 영양소만으로는 성장할 수 없듯, 크리에이티브가 자라려면 여유 시간이 필요합니다.

비전형적인 아이디어를 실험하려면 많은 시간과 에너지가 필요합니다. 예상치 못한 문제가 생겼을 때를 대비해 수습할 시간도 필요합니다. 마감에 쫓기며 제대로 검증하지 못한 비전형적 선택지는 오히려 위험을 초래합니다. 따라서 창작자는 가능한 많은 잉여 시간을 확보하는 것이 좋습니다.

잉여 시간을 확보하기 위해선 우선 숙련도를 높여야 합니다. 반복을 통해 숙련도가 높아질수록 동일한 업무를 더 빠르고 효율적으로 처리할 수 있습니다. 그렇게 확보된 잉여 시간을 비전형적 선택지를 고르고 테스트하는 데 사용합니다.

물론 항상 시간과 자원이 넉넉할 수는 없습니다. 이미 검증된 안전한 선택지를 고르기에도 시간이 부족할 수 있습니다. 이럴 때는 우선적으로 프로젝트의 본질적 목표, 즉 '숙제'를 해결하는 데 집중해야 합니다. 격식에 맞춰 우선 창작물의 기본 구조를 만듭니다. 숙제를 성공적으로 끝낸 뒤, 잉여 시간에 비전형적 선택지를 실험합니다. 창작자가 마주할 수 있는 최악의 상황은 비전형적 선택지만 실험하다가 숙제를 못 하는 것입니다. 비전형적 선택지를 고르지 못했어도 괜찮습니다. 다음 프로젝트에서 다시 시도하면 됩니다.

잉여 시간으로 약간의 비효율을 감당할 수 있을 때 크리에이티브는 성장합니다. 비전형적 선택지를 고르는 것은 특이점을 만들기 위한 핵심입니다. 특이점 없이는 차별화도 파격도 없습니다.

세 번째 조건 :
더 우월한 성과

"크리에이티브가 세상을 바꾼다"는 말은 광고계의 유명한 격언입니다. 그런데 사실 이 문장 앞에는 '성과 있는'이라는 단어가 숨어 있습니다. 크리에이티브의 위대함을 강조하기 위해 '성과'라는 껄끄러운 단어를 숨김 처리해뒀던 겁니다.

   크리에이티브는 일반적인 선택지보다 뛰어난 성과를 제공해야 합니다. 더 나쁜 성과 또는 비슷한 성과를 낸다면, 그것은 괜히 자원만 더 소모한 셈입니다.

   성과의 종류는 굉장히 다양합니다. 성과의 뜻은 '이루어낸 결실'로 상황과 목표에 따라 얼마든지 달라질 수 있습니다. 여기에서는 그중 '문제의 해결책', 즉 솔루션으로서의 성과를 먼저 다뤄봅니다.

답이 없을 때의 솔루션

기존 선택지로는 도저히 해결할 수 없는 문제가 있습니다. 혹은 난생처음 겪는 문제라 선택지 자체가 없을 수도 있습니다. 이런 상황을 남들이 생각하지 못한 아이디어로 해결하는 것은 훌륭한 성과가 됩니다.

솔루션 사례 1

아폴로 13호는 우주 비행 중 산소탱크가 폭발해 위기에 빠졌습니다. 가장 시급한 문제는 우주선 내 이산화탄소를 제거하는 공기 필터가 없어졌다는 점이었습니다. 우주 비행사들이 호흡할 수 없는 큰 위기였습니다. 사령선의 필터는 규격이 달라 호환이 되지 않았습니다. 그러자 지상에 있던 나사NASA의 스태프들은 선내에 남아 있는 플라스틱 비닐백, 덕트 테이프, 양말, 플라스틱 호스 같은 물건들을 활용해 필터를 만들어냈고, 그 아이디어로 우주 비행사들은 무사히 귀환할 수 있었습니다.

솔루션 사례 2

로마의 숙적이자 카르타고의 영웅 한니발 장군은 전쟁에서 한쪽 눈을 잃었습니다. 전설에 따르면 한니발은 그런 자신의 외모에 콤플렉스가 있었는데 자신의 초상화에 있는 그대로 애꾸눈을 그리면 화가에게 벌을 내렸다고 합니다. 이에 한 창의적인 화가는 애꾸눈이 보이지 않도록 옆모습을 그렸습니다. 한니발 장군은 기뻐하며 그 화가에게 상을 내렸습니다.

| 솔루션 사례 3

18세기 영국의 샌드위치 백작은 카드게임 중독이었습니다. 그는 카드게임을 하면서 식사를 하기 위해, 빵을 얇게 자르고 그 사이에 고기를 넣은 음식을 고안했습니다. 이 음식은 그의 이름을 따 샌드위치라 불리게 되었습니다.

솔루션의 성과는 문제점이 분명할 때 돋보입니다. 이때 창작자는 기존에 없던 선택지를 새롭게 만들어 문제를 해결합니다. 그 과정에서 창작자의 능력과 센스가 높게 평가됩니다.

답이 있을 때의 솔루션

반면 이미 답이 있는 문제들도 있습니다. 수차례 반복된 상황에서 어떤 선택지가 더 효율적인지에 대한 데이터가 쌓여 있는 경우입니다. 이때는 전형적인 선택지보다 우월한 성과를 만들 수 있느냐, 즉 '예상되는 성과'가 필요합니다. 예컨대, "지난번엔 제작비 50억 원으로 700만 관객을 동원했는데, 이번 크리에이티브는 그보다 흥행할까요?"라는 질문에 답변할 수 있어야 합니다.

자기 돈으로 창작물을 만드는 것이 아니라면, 대부분은 결정권자(투자자, 클라이언트 등)의 승인을 얻어야 합니다. 예상되는 성과는 결정권자가 크리에이티브에 투자할 가치가 있는지를 판단하는 근거가 됩니다.

이때 비전형적 선택지에 따른 위험성보다 기대되는 성과가 크다면 아무리 보수적인 결정권자도 위험성보다 '가능성'을 봅니다. 벌어들일 돈이나 드높아질 명예를 기대하며 "어떻게 되나 봅시다" 하며 승인합니다.

예컨대, TV 광고 대신 유튜브 바이럴 영상 제작을 제안한다고 가정해 봅시다. 제작 비용은 TV 광고보다 적지만, 예상되는 조회수, 소비자 반응이 더 클 것 같다면 크리에이티브는 설득력을 갖습니다. 비용이 비슷하거나 적은데 더 좋은 성과를 거둘 수 있다면 굳이 기존 격식을 따를 이유가 없습니다. 회장님이 "TV 광고를 하라"고 콕 찍어서 주문하지 않으셨다면 말이죠.

두 종류의 예상 성과

'성과'란 크게 정량 성과와 정성 성과 두 가지로 나뉩니다.

- 정량 성과 : 매출, 조회수, 시장점유율처럼 '숫자'로 측정되는 결과.
- 정성 성과 : 화제성, 브랜드 호감도, 영향력 같은 무형 가치.

크리에이티브는 결국 '투자한 돈보다 번 돈이 많아야 한다', '투자한 만큼 이득을 봐야 한다'는 매우 현실적인 원칙에 부딪칩니다. 쓴 광고비만큼 매출이 올라야 하고, 투자금보다 수익이 많아야 합니다.

따라서 성과를 제안할 때 정량 성과와 정성 성과 두 가지를 함께 제안해야 합니다. 흥미로운 점은, 반드시 어느 한쪽을 포기해야 하는 것이 아니라는 사실입니다. 두 마리 토끼를 모두 잡는 선택지가 분명 존재합니다. 찾기 어려울 뿐이죠. 작품 활동을 꾸준히 이어가며 존경받는 창작자들은 매우 훌륭한 사냥꾼입니다. 두 마리는 기본으로 잡고, 세 마리, 네 마리 토끼를 잡기도 합니다.

그러나 그것은 매우 어려운 일입니다. 일반적으로 정량 성과와 정성 성과 중 한쪽에 좀 더 비중을 두거나, 중간 즈음에서 균형을 찾습니다.

'창의성으로 만들 성과'와 '창의성 자체의 성과'를 혼동하지 않아야 합니다. 많은 창작자들이 창의성 자체의 성과에 더 주목합니다. 예컨대 작품성, 어워드 수상, 평단의 호평 등을 1순위로 삼습니다. 하지만 상업 예술에선 창의성으로 만들어야 할 '비즈니스적 성과'가 우선입니다 개인적 욕망만 앞세웠다가는 결국 '남의 돈으로 예술한다'는 비판을 받을 수 있습니다.

트레이닝 1. 정량 성과로 제안하기

많은 창작자들이 숫자는 자신과 무관하다고 생각합니다. 창작자의 일이란 감각적이고 예술적이며 숫자 같은 차가운 도구와는 거리가 멀다고 믿습니다. 그러나 모든 창작물은 결국 숫자로 평가됩니다. 조회수, 팔로워 수, 관객 수, 판매 부수 등처럼 말입니다.

정량 성과는 기본적으로 장담할 수 없는 '예상치'입니다. 그렇다고 창작자들이 "그냥 저를 믿어보십쇼"라고 말할 수는 없습니다. 패기만으로는 돈과 숫자를 주로 다루는 클라이언트와 투자자의 동의를 얻지 못합니다.

대부분의 창작자들은 자신의 크리에이티브를 숫자로 바꾸는 일에 능숙하지 못하고, 반대로 투자자들은 창작자들의 주관적이고 추상적인 표현을 이해하기 어렵습니다. 그래서 이 두 언어를 번역해주는 중간 역할의 직무가 존재합니다.

예컨대 광고의 경우, 크리에이티브 디렉터는 창의적인 아이디어와 파격에 대해 말하지만, AE_{Account Executive}는 그것을 전략과 숫자로 변환해 클라이언트에게 설명합니다. 영화에서도 감독은 주로 창의적이고 예술적인 방향성을 말하지만, 프로듀서는 투자자들에게 예상 관객 수, 예상 수익, 투자회수율 등을 숫자로 제시해 결정을 돕습니다.

AE는 광고의 예상 성과를 숫자와 연결해 설명합니다. 예컨대, "이 카테고리에서 1억 원의 매체비[11]를 쓰시면 최소 100만 회 이상의 노출이 확보됩니다"와 같습니다. 만약 광고 집행 결과가 예상 성과를 초과한다면, 이는 크리에이티브가 탁월했거나 전략이 잘 짜였다는 증거가 됩니다.

영화나 출판, 방송 등 모든 분야에도 단어만 다를 뿐 숫자로 나타내는 예상 성과가 있습니다. 창작자나 출연 배우의 과거 성적을 토대로 투자가 결정됩니다. S급 배우들의 '티켓 파워'가 페이와 직결되고 인플루언서 팔로워 수가 많을수록 돈을 많이 법니다. 크리에이티브가 지니는 결과 예측의 불확실성 때문에 숫자가 최종

---

11 매체비는 TV나 유튜브 같은 '매체'에 광고를 노출하는 데 드는 비용을 의미합니다.

결정에 큰 역할을 합니다. 숫자로 번역된 예상 성과가 없다면 클라이언트는 어떠한 결정도 내릴 수 없습니다.

크리에이티브는 반드시 숫자와 함께 평가됩니다. 창작자는 직접 숫자를 이야기하거나, 숫자를 다루는 사람과 협업해야 합니다. 숫자도 다룰 줄 아는 창작자는 희귀하며, 그것만으로도 경쟁력의 특이점을 만들 수 있습니다.

트레이닝 2. 비용 절감으로 제안하기

숫자를 다뤄본 적 없는 창작자라도 성과를 이야기할 수 있는 영역이 있습니다. 바로 '비용 줄이기'입니다. 더 적은 비용으로 비슷하거나 더 좋은 효과를 내는 방법을 제안하는 것입니다. 인력 투입을 줄이는 것, 돈을 덜 쓰는 것, 작업 기간을 단축하는 것, 재료나 자원의 낭비를 막는 것 등이 포함됩니다. 아래는 실제 사례와 함께 비용 절감을 제안하는 문장을 가상으로 구성해놓은 것입니다.

> **사례1:**
> 경상남도 양산시 시설관리공단에 근무하는 정경호 대리는 종합운동장 관람석의 색이 바랜 것을 해결하기 위해 관람석 설비 교체 대신 '열을 가하면 플라스틱의 색이 복원된다'는 원리를 이용했습니다. 정 대리는 가정용 토치를 가져와 직접 실험해보았고, 실제로 색상이 잘 복원되는 것을 확인했습니다. 결과적으로 관람석 전체 교체에 들 예정이었던 14억 원 비용을 단 200만 원으로

해결하여 예산을 획기적으로 절감했습니다.

제안 문장:
기존에는 관람석 색이 바래면 전체 교체를 하는 것이 일반적이었습니다(기존 방식). 하지만 플라스틱이 열에 의해 색상이 복원된다는 원리를 활용하면, 토치로 열을 가해 색을 복원할 수 있습니다(비전형적 선택지, 테스트 결과). 이를 통해 약 14억 원의 교체 비용을 200만 원으로 줄이고(절감 비용), 관람석의 원래 색상을 복원할 수 있습니다(동일한 결과).

사례 2:
아웃도어 브랜드 '파타고니아'는 인쇄물을 제작할 때 일반 석유 기반 잉크 대신 자연에서 분해되는 친환경 콩기름 잉크Soy Ink를 사용하여, 제작 비용은 비슷하게 유지하면서 환경친화적인 브랜드 이미지를 높이는 데 성공했습니다.

제안 문장:
기존 석유계 잉크는 환경오염과 폐기물 문제를 발생시킵니다(기존 격식, 문제점). 하지만 콩기름을 활용한 친환경 잉크로 변경하면(비전형적 선택지) 인쇄비는 비슷한 수준으로 유지하면서도(비용 동일) 환경친화적인 브랜드 이미지를 구축해 소비자의 호감을 얻고 브랜드 가치도 높일 수 있습니다(예상 성과).

비용 절감이라는 주제는 직무를 막론하고 창의성을 발휘하기 좋은 영역입니다. 꼭 창작과 관련되어 있거나 예술적인 직무가 아니어도 가능합니다.

> **제안 문장:**
>
> 이번에 고려 중이신 법인차량 구매나 장기렌트 대신(기존 방식), 차량 공유 서비스인 '쏘카'를 활용하면 어떨까요?(대안, 비전형적 선택지) 작년도 법인차량 운행일지를 기준으로 공유서비스 연간 이용료가 N만 원 예상되는데, 10년 사용 기한을 잡고 차량 구입비, 유지관리비, 보험료 등에서 N만 원 이상 절감될 수 있습니다 (비용 절감). 또한 우리 회사 옆과 주요 협력사들 주변에 차량 픽업과 반납이 가능한 장소가 있어, 법인 차량 대비 업무 효율성도 큰 차이가 없습니다(동일 효율성).

비용 절감 크리에이티브는 '이 방법밖에 없을까?'라는 작은 의문에서 시작합니다. 생각보다 많은 선택지들이 '하던 대로' 별 생각 없이 채택됩니다. 시간이 흘렀다면, 새롭게 등장한 더 저렴한 대안이 반드시 존재합니다. 핵심은 그 대안을 '발견'하는 것입니다. 비용 절감의 크리에이티브는 숫자를 다뤄본 적 없는 창작자도 직관적으로 성과를 높일 수 있는 좋은 방법입니다.

트레이닝 3. 정성 성과(의도)로 제안하기

숫자 얘기가 너무 답답하신가요? 창작자가 잘할 수 있고 창작자만이 가능한 일도 있습니다. 바로 '차별화의 의도'를 설명하는 것입니다. 숫자만으론 이 컨셉이 얼마나 힙한지, 얼마나 아름다울지, 얼마나 각인될지 등을 설명할 수 없기 때문입니다. 왜 이런 비전형적 선택지를 골랐고 이 선택지가 소비자에게 얼마나 잘 먹힐지를 설명할 수 있는 사람은 그 작품의 창작자뿐입니다. 이건 창작자만이 할 수 있는, 창작자가 해야만 하는 '쇼타임'입니다.

브랜딩, 마케팅, 디자인 같은 분야에서는 오로지 숫자만으로 성과를 측정하지 않습니다. '정성 성과'가 더 중요한 프로젝트도 있습니다. 패션 브랜드나 정치 캠페인, 인플루언서 콘텐츠 영역 등에서는 사람들의 관심을 얼마나 끌어낼 수 있는가? 즉, '화제성'이 중요한 것처럼요.

예컨대, 게임 〈리그 오브 레전드〉의 세계관을 활용한 애니메이션 시리즈 〈아케인〉은 제작비 3,500억 원 이상을 투입했지만, 절반 정도만 회수했습니다. 그러나 모회사인 '라이엇 게임즈'는 이것을 손해라고 생각하지 않습니다. 어차피 돈은 게임으로 충분히 벌기 때문에, 〈아케인〉 시리즈는 팬들의 브랜드 충성도를 높이고, '화제성'만으로도 충분한 성과를 냈다고 판단합니다.

또한 명확한 의도의 설명은 팀 내부적으로도 퍼포먼스를 높입니다. 팀원들이 의도를 파악하면 의도에 맞춰 스스로 옳고 그름을 판단할 수 있기 때문입니다. 만약 의도라는 기준이 없으면, '하던 대로 하지 뭐', '일단 해보지 뭐'로 리소스를 낭비할 수도 있습니다. 의도를 파악한 팀원들은 목표 달성을 위해 더 좋은 대안을 제시하기도 합니다.

이 의도를 설명할 때는 언어적 요소와 비언어적 요소를 잘 섞어서 사용해야 합니다. 이 둘은 서로 상호 보완적인 관계입니다.

언어적 요소의 활용법

언어적 요소는 논리나 개념적 의도를 전달할 때 탁월한 도구입니다. 가장 저렴하고 작업 속도가 빠르기 때문에 자주 사용할 수밖에 없습니다.

언어적 요소는 문서와 발표에서 각각 활용법이 다릅니다. 문서는 순수한 필력으로 승부가 나는 반면에, 발표는 발표자의 목소리 톤이나 연기력, 기세도 중요합니다. 같은 내용이어도 발표에서 사람을 더 홀리는 창작자가 있고, 문서에 더 강한 창작자가 있습니다.

> **예시 문장 1:**
> 빙그레우스라는 가상의 브랜드 캐릭터를 빙그레 인스타그램 계정의 화자로 설정합니다. 캐릭터를 빙그레의 IP로 자산화할 수 있으며, 담당자가 교체되더라도 일관된 캐릭터성과 커뮤니케이션 방식을 유지할 수 있습니다. 또한 캐릭터만 할 수 있는 활동이 가능하고, 브랜디드 콘텐츠를 유연하게 확장할 수 있는 전략적 장점도 있습니다.

> **예시 문장 2:**
> 이 시나리오는 관객들이 영화를 보는 내내 주인공이 살아 있는 인간임을 의심하지 않도록 설계했습니다. 이를 위해 주인공이 소년 외의 인물과는 직접 대화하거나 접촉하지 않으며 컷 전환으로

자연스럽게 흐름을 끊습니다. 이런 장치들 덕분에 마지막 장면의 반전이 관객들에게 강렬한 충격을 주며, 영화의 모든 장면과 그 의미를 되돌아보게 만들 것입니다.

비언어적 요소의 활용법

제품의 질감, 화면의 색감, 영상의 편집감 등은 시각적 레퍼런스나 재질 샘플을 활용해야 이해도가 높아집니다. 사실상 글이나 말로 설명하는 게 오히려 더 어려운 모든 부분을 뜻합니다. '백문이 불여일견'입니다.

> **예시 문장 1:**
>
> 이번 캠페인의 전체적인 톤앤매너는 '이 영상처럼' 부드럽고 따뜻한 분위기로, 이는 소비자의 향수를 자극할 것입니다. 특히 '이 정도로' 미려한 색감 변화, '이 정도로' 풍성한 그러데이션, '이 정도로' 부드러운 배경 음악을 섞어 브랜드의 우아하고 고급스러운 이미지를 강조할 예정입니다.
>
> **예시 문장 2:**
>
> 이번 F/W 컬렉션에서는 첨단 신소재를 활용하여 기존 소재로는 구현할 수 없었던 미래적이고 세련된 이미지를 표현하고자 합니다. '직접 샘플을 만져보시면' 소재의 독특한 질감과 은은한 광택, 그리고 움직일 때의 반사 효과를 느끼실 수 있습니다. 이를 통해 브랜드가 추구하는 혁신적인 이미지를 표현할 예정입니다.

예시 문장 3:

소비자들에게 유명한 롯데리아 튀김기 소리를 오케스트라 버전으로 편곡할 예정입니다. 시안을 '들어보시면' 메인 멜로디가 튀김기 소리와 똑같지만 더 웅장하게 바뀌었습니다. 이것은 영상 후반부의 하찮은 사운드와 '이렇게' 대비됩니다. 이를 통해 떼리앙 캐릭터들의 작고 하찮은 귀여움을 부각시킬 예정입니다.

만약 크리에이티브의 느낌을 표현할 적절한 레퍼런스가 없다면, 키워드를 '조합'하고 추가 레퍼런스를 섞어 묘사합니다. 예컨대, 영화 〈에이리언〉의 컨셉을 설명하기 위해, '우주선 내부에서 벌어지는 + 죠스'라는 키워드에 H.R. 기거의 그로테스크한 일러스트를 첨부하는 식입니다. 〈라이온킹〉을 '동물의 왕국 + 햄릿'으로 표현하거나, 〈오징어게임〉을 '골목놀이 + 배틀로얄'로 표현하고 알록달록한 톤앤매너 이미지를 첨부할 수도 있습니다.

딱 맞는 레퍼런스가 없는 컨셉은 오히려 비전형적 선택지라는 증거이며, 특이점이 될 가능성이 높습니다. 따라서 창작자는 '의도 표현을 위한' 크리에이티브를 별도로 고민하는 것이 좋습니다.

쨔잔 - 판타지를 버리자

창작자들이 꿈꾸는 가장 이상적인 상황은, 자신의 작품을 아무 설명 없이 툭 던지고 시크하게 앉아 있으면, 찬사와 박수가 쏟아지는 장면입니다. 저는 이걸 '쨔잔 - 판타지'라고 부릅니다. 물론 완성된 '최종 결과물'은 설명 없이도 의도가 전달되어야 합니다. 그러나 기획서나 시안을 제안하는 초기 과정(스케치, 스토리보드 등)에선 당연히 모든 요소가 구현되어 있지 않습니다. 추가 설명 없이는 상대방은 그 가치를 파악하기 어렵습니다. 그렇다고 그 짧은 시간에 완성해 갈 수도 없구요.

창작자가 의도 설명을 회피하게 되는 이유는 세 가지입니다.

- 거절당하는 두려움.
- 의도대로 완성될지 장담할 수 없는 자신감과 경험치 부족.
- 의도를 공개하는 순간, 그것이 족쇄가 되어 이후 자유로운 창의성이 구속받을 것 같은 불안감.

창작자로서 정말 자존심이 상하는 순간은 의도가 전혀 통하지 않아 소비자에게 외면받을 때입니다. 제안 과정에서 클라이언트의 거절은 그에 비하면 순한 맛입니다. 따라서 우선 비전형적 선택지가 잘 먹히는지 검증하고 그들의 마음부터 훔쳐야 합니다. 최종 소비자와 다르게, 클라이언트는 창작자의 이야기를 '들어보려고' 온 사람들입니다. 클라이언트의 마음을 훔치면 소비자의 마음을 훔칠 확률도 높아집니다. 클라이언트도 회의실 밖에서는 일반 소비자라는 점을 기억해야 합니다.

창작자는 크리에이티브와 함께 예상되는 성과를 제시해야 합니다. '예상 성과 제안'은 창의성을 제한하는 '족쇄'가 아니라, '문을 여는 열쇠'입니다. 단순히 "멋지죠?"라는 말보다 "이렇게 하면

이만큼 좋아질 겁니다. 멋지죠?"라고 말해야 합니다. "이걸 하면 뭐가 좋아지나요?"에 대한 답을 미리 준비해 두는 겁니다.

성과를 제안할 때 흔히 범하는 오류는 창작자의 '허풍'입니다. 부풀려진 성과는 냉정한 평가를 받거나 처참히 거절당하기도 합니다. 반면에 허풍 없이 제안하는 창작자는 신뢰받습니다. 최종결과가 예상과 달라도 신뢰는 유효합니다. 클라이언트는 현실적인 제약이나 변수가 발생할 수 있다는 것을 이미 알고 있습니다. 중요한 것은 창작자의 제안이 클라이언트의 이득까지 고려한 크리에이티브라고 느끼게 만드는 것입니다.

타깃이 어떻게 반응할지 예측할 수 있는 창작자의 제안은 더 쉽게 컨펌됩니다. 성과 '있을' 크리에이티브가 세상을 바꿉니다.

네 번째 조건 :
실현 가능성

크리에이티브의 성과가 창작물의 완성 이후의 이야기라면, 실현 가능성은 기획과 실행 사이의 이야기입니다. 실행할 수 없는 아이디어는 공상에 불과합니다. 매년 수만 개의 시나리오가 창고에 처박힙니다. 세상에는 빛을 못 본 아이디어가 대부분입니다. 어쩌면 세상에 나온 크리에이티브는 모두 기적입니다.

모든 크리에이티브는 가치가 있습니다. 세상에 나오기만 할 수 있다면 분명 긍정적인 변화를 이끌어낼 것입니다. 그러나 실현 가능성이 낮은 아이디어는 출발선에도 서지 못합니다.

대부분의 크리에이티브가 일반적인 선택지로 무난하게 만들어지는 이유는 '제약 조건' 때문입니다. 대부분 돈 문제이긴 합니다. 정해진 예산으로 만들 수 없는 아이디어이거나 만들어봤자 기대 성과가 낮은 경우죠. 이때 '실현 가능하게 설계된' 크리에이티브는 창고에 처박힐 아이디어가 실행될 수 있게 만듭니다.

지금부터 제약 조건을 극복하거나 역이용해 크리에이티브를 발전시키는 방법에 대해 알아보겠습니다.

실현 가능하게 크리에이티브 구성하기

아이디어의 변경은 제작보다 저렴합니다. 창작자가 제약 조건을 염두에 두고 아이디어를 내면 실현 가능성은 비약적으로 상승합니다.

일반적으로 아이디어가 먼저 나오고 그것을 구현하기 위한 방법을 찾습니다. 하지만 예산이나 기술력 부족 등으로 아이디어가 실현 불가능하단 사실을 깨달았을 때, 어떻게든 구현 방법을 찾는 것보다 아이디어를 수정하는 게 훨씬 빠르고 효과적입니다.

영화 〈죠스〉는 당시 로봇 기술의 한계를 연출로 극복했습니다. 고무껍데기 상어 인형은 관객들의 몰입감을 해칠 것이 분명했습니다. 이에 스티븐 스필버그 감독은 상어 등장 장면을 줄였습니다. 배경음악, 상어 시점의 수중촬영 컷, 배우가 공포에 떠는 감정 연기 등을 적극 활용해 관객들의 상상력을 자극했습니다. 120분 중 상어가 등장하는 장면은 4분 정도에 불과합니다. 만약 30분 이상 상어가 나와야 했다면 제작비는 치솟고, 조악한 로봇 때문에 관객들은 몰입할 수 없었을 것입니다.

게임 〈슈퍼마리오 브라더스〉(1985)는 용량의 제약을 창의성으로 극복했습니다. 당시 게임팩 용량은 단 80kb. 요즘 웬만한 이미지 파일이 1mb(=1024kb)를 넘는다는 것을 생각하면 매우 작은 용량입니다. 개발자들은 소스코드, 그래픽, 사운드를 말 그대로 '욱여넣어서' 개발했습니다. 예컨대, 풀과 구름의 윗부분은 같은 그래픽소스를 색깔만 바꾸어 적용하고, 버섯을 먹었을 때의 효과음은 스테이지 클리어 BGM을 빠르게 재생해 용량을 절약했습니다. 개발 과정의 선택지들이 용량의 한계를 극복하면서, 동시에 게임의 본질(재미)을 잃지 않도록 선택되었습니다.

안타깝게도 창작자의 욕심보다 풍족한 프로젝트는 세상에 존재하지 않습니다. 〈타이타닉〉의 제임스 카메론 감독도 예산이 부족해 실제 선박 세트의 '절반만' 만들고 나머지는 미니어처와 CG를 활용해 영화를 완성했습니다. 현실적 조건에 맞추는 과정은 초심자부터 거장까지 모두에게 공평하게 일어납니다.

만약 아이디어를 수정해서 작품의 본질적 가치가 떨어질 수밖에 없다면 어떻게든 구현 방법을 찾아야 합니다. 그러나 그것은 매우 어렵습니다. 창고에 잠들어 있는 아이디어의 절반은 구현 방법을 찾지 못한 경우입니다. 최근 생성형 AI가 크리에이티브 업계에 주는 긍정적인 영향은 바로 '구현 가능성'을 높이는 데 있습니다. 적은 제작비나 시공간의 제약을 AI가 극복하면서, 창고에 가야 할 아이디어를 실현 가능하게 만듭니다.

"아이디어는 좋았는데 여건이 따라주지 않아서 실패했다"는 말은 투정 또는 미숙함일 뿐입니다. 좋은 아이디어는 실현 가능성까지 미리 계산되어 있습니다. 창의성으로 한계를 극복했을 때, 창작자의 능력은 더 크게 인정받습니다.

숙련도 고려하기

창작자는 크리에이티브의 작업 과정에서 구현 가능성을 염두에 두어야 합니다. 극작가의 대본은 배우들에 의해서 구현되어야 하고, 작곡가의 음악은 연주자에 의해 구현되어야 하기 때문입니다. 특히, 공연예술이나 음악 같은 분야에서는 퍼포먼스의 숙련도가 중요합니다. 구현할 수 없을 정도로 난이도가 높은 창작물은 실현 가능성이 떨어집니다.

결국 창작물의 최종 퀄리티는 구현자의 실력에 달려 있습니다. 기획자는 구현자의 숙련도를 고려해 아이디어를 내거나 수정해야 하고, 구현자는 크리에이티브를 구현하기 위해 숙련도를 높이고, 이를 위한 창의성을 발휘해야 합니다. 이 둘은 상호보완적인 협력 관계입니다.

그래서 창작자는 자신의 크리에이티브를 온전히 구현해주는 아티스트를 사랑합니다. 감독들이 자주 캐스팅하는 '페르소나' 배우나 패션 디자이너의 '뮤즈'들이 대표적입니다. 창작자는 그들로부터 영감을 얻습니다. 다른 아티스트는 구현할 수 없는 아이디어를 창작자의 선택지로 만들어주기 때문입니다.

반면, 구현이 불가능할 것 같은 크리에이티브로 특이점을 만들기도 합니다. 오페라 〈마술피리〉의 '밤의 여왕', 〈라흐마니노프 피아노 협주곡 3번〉, 속사포 랩 등은 애초에 극악의 난도가 컨셉인 크리에이티브입니다. 소비자들은 음악성과 별개로 구현해낸 기교에 감탄합니다. 이런 퍼포먼스는 구현 가능의 상식선을 가뿐히 넘기 때문에 파격이 됩니다.

협력자의 능력과 조건 고려하기

협업에서 창작물의 구현은 협력자의 능력으로 결정됩니다. 크리에이티브 디렉터CD와 감독, 아트 디렉터AD와 디자이너, 광고주와 광고대행사 등 사람 대 사람, 회사 대 회사라는 모든 관계에 적용됩니다. 따라서 협업을 시작하기 전에 협력자의 전문 분야, 강점, 약점, 예산 조건 등을 명확히 파악해 두는 것이 중요합니다.

- **전문성 파악**: 각 스태프의 전문성을 파악하고, 그에 맞는 역할을 배정합니다.
- **강점과 약점 인식**: 협력자의 강점을 활용하고, 약점은 보완할 수 있는 방안을 모색합니다.
- **예산 조건 확인**: 각 협력자의 예산 조건을 확인하여 전체 예산 계획을 수립합니다.

만약 아이디어를 구현하기에 협력자의 능력이 부족하거나, 조건이 안 맞는다면 아이디어 자체를 수정하거나 협력자를 교체해야 합니다. 이때는 컨셉상 덜 중요한 분야의 협력자부터 바꾸는 것이 좋습니다. 같은 예산 조건에서 더 좋은 예상 성과를 낼 것으로 기대되는 조합을 만드는 창의성이 필요합니다. 만약 협력자(또는 팀원)를 바꿀 수 없다면, 당연히 아이디어를 수정해야 합니다.

오히려 좋은 선택지 소거법

제약 조건은 선택지를 줄이는 데 효과적입니다. 예산이 줄어드는 것, 기간이 줄어드는 것 등은 오히려 정답을 명쾌하게 만듭니다. "이 조건에선 이것이 최선입니다"라는 말이 설득력을 갖기 때문입니다.

제약 조건을 선택지 소거법에 활용해 봅시다. 어차피 결과물을 만들려면 최종 선택은 한 가지뿐입니다. 월드컵 조별리그에서 승점이 똑같은 두 팀의 골 득실을 따지는 것과 비슷합니다. 아이디어의 우열을 가리기 어려울 때 제약 조건은 명쾌한 평가 기준이 됩니다. 선택지가 줄어들수록 더 깊이 있게 본질만 파고들 수 있습니다.

물론 창작자의 욕심은 끝이 없기 때문에, 작품이 완성된 이후에도 '그때 예산과 시간이 좀 더 있었으면…' 하는 미련이 남습니다. 그 미련은 다음 프로젝트에서 해소하면 됩니다. 어차피 제약 조건을 미리 고려하지 못한 건 창작자 탓이고 후회해 봐야 소용없습니다. 깔끔하게 잊어버립시다. 진짜 바보 같은 건 같은 후회를 다음에도 반복하는 것입니다.

트레이닝 1. 리소스를 중요한 곳에 집중하기

크리에이티브는 모든 요소를 완벽히 구현하는 것이 아닙니다. 한정된 자원을 어디에 어떻게 쓸지 결정하는 '선택과 집중'의 예술입니다.

본질에 직접 연결되는 핵심 요소가 있고, 상대적으로 덜 중요한 부가적 요소가 있습니다. 제한된 자원을 핵심적인 부분에 집중적으로 투입하고, 그렇지 않은 부분에서는 과감히 리소스를 절약하는 것이 바람직합니다.

예컨대 애니메이션 장편 시리즈들은 1~2화에 리소스의 대부분을 집중 투자합니다. 초반에 화려한 연출과 역동적인 액션을 통해 시청자의 주목도와 몰입도를 극대화하고, 이후 에피소드에서는 대화 장면을 늘리거나 작화를 재활용해 리소스를 절약합니다. 이를 통해 시리즈 전체의 완주율과 핵심 장면의 완성도를 높입니다.

뮤지컬 〈오페라의 유령〉은 오프닝에서 화려하고 거대한 샹들리에를 객석 위에서 실제 무대로 떨어뜨려 관객을 초반에 집중시킵니다.

호텔 아만 도쿄 Aman Tokyo의 로비는 일본 전통 양식을 현대적으로 재해석한 30미터 높이의 웅장한 천장으로 방문객에게 압도적인 첫인상을 줍니다. 파크 하얏트 부산은 로비를 초고층에 배치하여 고객이 도착과 동시에 해운대의 아름다운 바다와 마린시티 전경을 조망하게 합니다.

드라마 〈왕좌의 게임〉은 시즌 전체 예산을 균등하게 분산하되 '검은 물 전투'와 '서자들의 전투' 같은 핵심 에피소드에 압도적 규모의 제작비와 촬영 기간을 집중 투자했습니다. 게임 〈엘든링〉도 플레이어가 처음으로 진입하는 초반 지역과 보스전의 설계와 연출에 리소스를 집중했습니다. 다른 부분은 에셋이나 연출을 재활용하여 개발 비용을 현실적으로 낮추고 게임의 완성도를 유지했습니다.

웹툰 작가들은 주간 연재라는 촉박한 일정 속에서 모든 컷과 장면을 완벽하게 다듬기보다, 핵심 장면에 시간을 집중 투자합니다. 이런 방식으로 작품의 전반적인 퀄리티와 스토리 몰입도를 유지합니다.

소설가 무라카미 하루키는 매일 새벽 4시에 일어나 하루 중 창의성이 가장 높은 이른 아침 시간대에 집중적으로 글을 씁니다. 이를 통해 창작의 질을 유지하고 꾸준한 동력을 얻습니다.

자원을 집중시키는 이유는 단순한 비용 절감의 문제가 아닙니다. 인간의 인지적 특성을 활용해 작품의 완성도를 높이는 전략적 판단입니다. 이 전략은 인지심리학이 밝힌 기억과 판단의 작동 방식에 따른 것입니다.

후광 효과 (Halo Effect)	뛰어난 한 요소의 빛나는 매력이 작품 전체로 확산
초두 효과 (Primacy Effect)	첫 번째로 제시된 정보나 자극이 강력하게 기억에 남아 이후 정보를 압도
앵커링 효과 (Anchoring Effect)	초반에 강렬한 경험을 제공하면 그것을 기준(앵커) 삼아 나머지 요소를 평가
정점-종점 규칙 (Peak-End Rule)	경험의 모든 순간이 아니라, 가장 강렬한 순간과 마지막 순간으로 전체 경험을 평가

자원이 풍족하든 부족하든 모든 상황에서 선택과 집중은 효과적입니다. 예컨대, 해당 예산으로는 불가능할 것 같은 '파격'을

만들어 버립니다. 1억 원의 예산으로 2억 원, 3억 원의 경쟁자들과 어깨를 나란히 할 수 있는 작품을 만들 수도 있습니다. 또한 예산이 부족해 취소될 수도 있는 프로젝트를 실현 가능하게 만듭니다.

선택과 집중은 작품뿐만 아니라, 창작자가 자신의 시간과 열정이라는 자원을 관리하는 데에도 효과적입니다. 원리는 모두 같습니다. 제한된 자원을 효율적으로 쓰는 것입니다.

트레이닝 2. 제약 조건을 역이용하기

크리에이티브의 묘미는 제약 조건을 역이용해 독창적 아이디어로 승화시키는 데 있습니다. '예산을 줄이기 위해 크리에이티브를 희생'한 것이 아니라, '예산 제약을 크리에이티브 중심으로 설정'하는 것입니다.

흔히 크리에이티브라고 하면, 'SF + 호러 영화'처럼 두 장르를 섞는 방식을 떠올립니다. 하지만 발상을 전환해 '1,700만 원짜리 + 호러 영화'처럼 제약 조건을 크리에이티브의 부품으로 쓰면, 전혀 다른 창의성이 발휘됩니다.

〈파라노말 액티비티〉(2007)는 약 1만 5천 달러(약 1,700만 원)의 초저예산으로 제작되었습니다. 홈 CCTV로 촬영된 날것의 영상은 현실적인 공포감을 극대화했습니다. 만약 높은 예산과 세련된 촬영기술로 제작되었다면 그 맛이 안 났을 것입니다. 결국 이 비전형적 선택지는 전 세계에서 1억 9,335만 달러(약 2,500억 원)라는 기록적인 대성공을 거두었습니다.

〈파라노말 액티비티〉 장면 중

　'1,700만원'이라는 제약 조건이 중심이 되는 순간, 기존 영화의 격식을 따를 수가 없습니다. 촬영 장비, 스태프, 배우는 당연히 저렴하고 단순해질 수밖에 없으며, 장소와 미술 역시 매우 제한됩니다. 예산이 많았다면 절대 시도하지 않았을 비전형적 선택지들이 선택됩니다.

　이처럼 제약 조건을 독창적인 아이디어로 승화시켜, 좋은 성과를 만들어낸 사례는 영화, 게임 분야 전반에서 발견할 수 있습니다.[12]

　〈원스〉(2007)는 15만 달러라는 적은 예산 때문에 실제로 거리에서 연주하고 노래하는 장면을 자연스럽고 즉흥적으로 담아냈습니다. '날 것'같은 연출이 관객들에게 다큐멘터리 같은 현실감을 전달했고, 이 위에 얹혀진 OST는 많은 사람들을 감동시켰습

12　영화: 〈맨 프롬 어스〉, 〈큐브〉, 〈블레어 위치 프로젝트〉, 〈나폴레옹 다이너마이트〉 등
　　게임: 〈페이퍼즈, 플리즈〉, 〈바바 이즈 유〉, 〈뱀파이어 서바이버〉 등

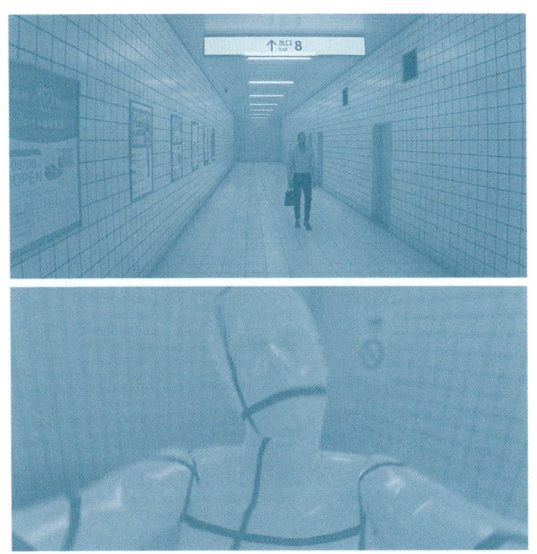

〈8번 출구〉 게임

니다.

    일본 인디게임 〈8번 출구〉는 똑같이 반복되는 복도와 NPC를 활용해 '틀린 그림 찾기' 방식으로 공포와 긴장감을 효과적으로 높였습니다. 비싼 특수 효과나 화려한 그래픽 없이도 플레이어에게 극도의 몰입감을 제공합니다. 1인 제작 게임의 한계를 아이디어로 극복한 사례입니다.

    제약 조건을 활용하는 것은 이미 많은 독립, 실험, 인디 장르의 창작자들이 사용하는 전략입니다. 특히 공포, 스릴러 장르에서는 이미 보편화된 전략입니다. 장르 특성상 적은 예산으로도 본질적인 재미를 만들 수 있기 때문입니다. 또한 졸업 작품을 준비하는 대학생부터 부족한 예산을 다루는 현직 창작자까지 모두에게 유용합니다. 제약이 많을수록 기획에 제약을 넣는 것이 핵심입니다.

'작품의 본질과 제약 조건 충족'. 찾기 어렵지만 두 가지를 동시에 만족하는 선택지는 반드시 있습니다. 물론 자원이 충분하다면 두 가지를 동시에 추구해도 좋습니다.

트레이닝 3. 마감을 도구로 활용하기

창작자에게 시간은 늘 부족합니다. 마감만 없었다면 더 잘했을 거라고 핑계를 대지만, 사실 마감이 없으면 오히려 아무것도 완성하지 못했을지 모릅니다. 마감은 창의성을 가로막는 방해물이 아니라, 멈춰버린 창작을 뒤에서 밀어주는 효과적인 도구입니다.

다음은 마감을 효과적으로 활용하는 세 가지 방법입니다.

첫 번째 활용법: 마감을 '결정의 조력자'로 사용하기
마감이 주는 가장 큰 압박은 '시간 제한'입니다. 그러나 마감을 감시자가 아니라 부담을 덜어주는 조력자로 생각합시다. 모든 아이디어를 끝까지 붙잡고 있으면 아무것도 결정하지 못합니다. 마감을 활용해 빠르게 결정하고 선택한 아이디어의 완성도를 높이는 데 집중합니다.

두 번째 활용법: 마감을 '기대치의 기준선'으로 삼기
〈냉장고를 부탁해〉에서는 셰프들이 15분 내에 요리를 만들어 냅니다. 아무리 미슐랭 셰프라도 15분 내에 만들 수 있는 요리에는

한계가 있습니다. 그렇기에 '15분 내에 어떻게 이런 요리를 만들었지?'라는 반응을 이끌어내는 게 핵심입니다. 동일한 제한 시간 내에 가능한 일반적인 결과물과 비교하면 목표는 생각보다 높지 않습니다.

학교나 회사에서도 마찬가지입니다. 과제가 주어지면 제한 시간 내 기대치 평균만큼, 가능하면 좀 더 잘해내면 됩니다. 스스로 만족스럽지 못하다고 스트레스 받지 않아도 됩니다. 완벽주의 성향의 창작자들도 마감을 활용해 마음의 평안을 얻을 수 있습니다.

세 번째 활용법: 오히려 마감을 더 자주 세팅하기

모든 창작자들은 마감 직전 집중력이 급상승합니다. 설정한 마감의 숫자만큼 초능력을 여러 번 쓸 수 있습니다. 작은 마감을 자주 달성할수록 효율성은 높아집니다.

작은 마감들을 마일스톤Milestone(이정표)이라 부릅니다. 이는 긴 프로젝트에서 진행률을 쉽게 파악하고, 성취감을 반복적으로 느끼게 도와줍니다. 이는 '작은 승리의 효과Small Wins Effect'로 알려져 있으며 자존감과 추진력을 높여줍니다.

빠르게 결정해 얻은 여유 시간을 피드백을 받거나 비전형적 선택지를 테스트하는 데 사용해야 합니다. 마감은 창의력을 날카롭게 갈아주는 숫돌입니다. 갈아낼수록 날카로운 크리에이티브가 탄생합니다.

실현 가능성 결론

많은 창작자들이 마감의 완벽성에 집착합니다. 그것은 소위 때깔, 마감의 퀄리티에 대한 소유욕입니다. 감동받았던 거장의 작품들을 모방하고자 하는 자연스러운 현상입니다. 그러나 저예산 프로젝트와 거장의 '블록버스터'는 체급 자체가 다릅니다.

초보에게 갑자기 수십 억 원의 제작비를 투자하는 키다리 아저씨는 없습니다. 만약 있다고 해도 초보가 그 예산을 효율적으로 활용할 수 있을까요? 저는 물론 대부분의 업계 선배들도 제작비 100만 원부터 1,000만 원, 5,000만 원, 1억 원, 5억 원 이상 등 단계적으로 성장했습니다. 〈반지의 제왕〉의 피터 잭슨 감독 역시 초반에는 저예산으로 특수효과와 연출을 연습하며 성장했습니다. 모든 창작자는 투입된 예산을 효율적으로 활용하며 노하우를 쌓고, 성과를 증명하며 한 단계 한 단계 성장합니다.

'이 아이디어는 실현 가능하겠다'를 판단하는 능력은 단시간에 길러지지 않습니다. 같은 상황을 여러 번 반복해봐야 가능합니다. 숙련도를 높이고, 협력하고, 선택지를 빠르게 결정하는 과정을 반복해 감각을 날카롭게 가다듬어야 합니다.

1억짜리 프로젝트에 5억짜리 아이디어를 내서는 안 됩니다. 이것은 결국 실현될 수 없습니다. 반대로 5억짜리 프로젝트에 1억짜리 아이디어를 내서도 안 됩니다. 더 좋은 것을 만들 수 있는 기회비용을 잃어서는 안 됩니다.

겨울에 푸르른 숲을 촬영할 수 없고, 한여름에 설원을 촬영할 수 없습니다. 아이디어는 자유롭게 펼쳐야 하지만, 반드시 실제 실행하는 과정을 고려해야 합니다. 실현 가능한 창의성은 '얼마나 있느냐'가 아니라 '어떻게 활용하느냐'의 문제입니다.

다섯 번째 조건 :
사회적 인정

축하합니다! 비전형적 선택지, 성과, 실현 가능성이라는 조건을 충족한 당신의 아이디어는 충분히 창의적입니다. 이제 마지막 관문 하나를 더 통과해야 합니다. 바로 '사회적 인정'입니다. 이 조건에서 범죄와 창의성이 구분됩니다.

'사기꾼, 해커, 분식회계범'도 비전형적인 선택을 하고, 그 선택으로 성과를 냅니다. 그들은 창의성이 갖춰야 할 요소들을 대부분 가지고 있지만 사회적으로 인정받지 못합니다.

아무리 파격을 추구하는 종족인 창작자라도 법과 규칙, 도덕이란 경계선은 넘으면 안 됩니다. 크리에이티브는 파격과 윤리, 신선함과 공공성 사이에서 균형을 잡아야 합니다.

최초라는 인정

'최초'의 크리에이티브는 사회적으로 인정받습니다. 아이디어는 가장 먼저 고안하고 실행한 사람에게 귀속됩니다. '콜럼버스의 달걀'이 대표적입니다. 처음 달걀을 깨뜨려 세운 순간, 콜럼버스는 아이디어의 주인이 됩니다. 이후로는 모두의 상식이 되지만 최초의 발상은 그의 이름과 함께 기억됩니다. 예컨대, 육상 높이뛰기의 '포스베리 플롭', 패션에서 '(코코)샤넬 스타일', 인공지능과 컴퓨터 분야의 '튜링 테스트'와 '튜링 머신' 등처럼 말입니다.

꼭 이름이 붙진 않더라고, 모든 창작물은 저작권이나 특허로 보호를 받습니다. 보호막이 있어야 사회의 발전을 위한 크리에이티브가 계속 등장할 수 있기 때문입니다. 창작자는 이 보호막의 경계선을 넘지 않도록 주의해야 합니다.

표절, 오마주, 패러디

인터넷의 발달은 영감을 주는 레퍼런스를 쉽게 찾을 수 있게 합니다. 그러나 반대로 이름도 모르는 창작자의 작업물을 나도 모르게 베낄 수 있다는 위험성을 동시에 줍니다. 서로 다른 시대, 다른 나라의 창작자가 우연히 같은 크리에이티브를 내놓을 수 있습니다. 다만, 나중에 공개한 창작자가 먼저 공개된 작품을 몰랐다고 입증하는 것이 어렵습니다.

창작물이 최초의 것과 충분히 다르다면 문제가 없습니다. 문제는 최초의 것과 유사한데 성과를 내버렸을 때, 심판대에 오른다는 것입니다.

사람들이 표절에 분노하는 이유는, 창작자의 재능이나 노력인줄 알았는데 알고 보니 훔친 것이었다는 배신감 때문입니다. 특히 창작자의 팬이었거나 창작자가 평소 독창성을 강조했을수록 분노는 더욱 커집니다.

> **표절(Plagiarism)**: 타인의 창작물을 무단으로 도용하여 자신의 창작물인 것처럼 속이는 행위입니다. 창작자의 노력 없이 타인의 결과물을 가로채는 것으로, 가장 큰 윤리적 문제가 됩니다.
>
> **오마주(Hommage)**: 특정 작품의 장면이나 스타일을 의도적으로 인용하는 것입니다. 원작에 대한 존경과 헌사가 명확히 드러납니다.
>
> **패러디(Parody)**: 원작의 소재나 스타일을 익살스럽게 모방해 풍자나 해학을 표현합니다. 원작의 특징을 유머로 승화하거나 사회적 현상을 풍자하는 데 목적이 있습니다.

〈SNL〉이나 애니메이션 〈심슨 가족〉(1989~) 같은 프로그램은 패러디나 오마주를 자주 활용하지만 논란이 없습니다. 원작에 대한 존중을 드러내며, 투명한 태도를 보이기 때문입니다. 유명 곡을 패러디하는 콘텐츠를 선보이는 '카피추(추대엽)' 역시 작사에서 아티스트의 노력과 2차 창작의 창의성이 느껴집니다. 모두 '훔쳤다'는 인상을 주지 않습니다.

표절과 오마주를 구분하는 핵심은 '리스펙트'의 유무입니다. 예컨대 게임 분야의 닌텐도 사례가 대표적입니다. 넥슨의 〈카트라이더〉(2004)는 닌텐도의 〈마리오카트〉(1992)와 표절 논란이 있었습니다. 그러나 넥슨 개발진은 마리오카트의 팬이고 영향을 받았음을 명확히 밝혔습니다. 닌텐도는 플랫폼이 달라 직접적인 경쟁 관계가 아니라며 법적 대응을 하지 않았고(봐줬고), 이후 넥슨은 다른 게임에서의 콜라보레이션으로 닌텐도에 존경을 표하며 훈훈하게 마무리되었습니다.

반면, 〈팰월드〉(2024)는 닌텐도의 〈포켓몬스터〉(1992~)와 매우 유사한 몬스터 디자인, 게임 시스템 등으로 출시 전부터 강력한 표절 논란을 겪었습니다. 그러나 팰월드의 개발사 포켓페어는 "대부분의 게임은 어차피 표절에서 시작된다"는 태도를 보여 강력한 비판을 받았습니다. 닌텐도는 특허라는 칼을 빼 들고 법적으로 맞섰습니다.

한국에도 소위 '우라까이[13]'가 묵인되던 시절이 있었습니다.[14] 그러나 인터넷, SNS, AI의 발달로 표절을 쉽게 발견하고 공유할 수 있게 되었습니다. 따라서 과거 그 어느 때보다 창작자의 윤리의식과 투명한 태도가 필요해졌습니다.

크리에이티브가 독창성인지 표절인지 평가받는 것은 창작자의 태도와 진정성에 달려 있습니다.

---

13 타인의 아이디어나 작품을 몰래 가져오는 행위를 뜻하는 일본어 은어.
14 광고계의 전설에 따르면, 1980년대에 한국의 광고인들이 비디오데크를 들고 일본의 호텔에 숙박하며 모든 TV광고를 녹화했다고 합니다. 당시 일본의 선진 광고들을 모방하기 위해서였습니다.

창의성은 책임을 동반한다

크리에이티브는 종종 민감한 영역을 건드립니다. 유머와 조롱, 풍자와 모욕은 종이 한 장 차이입니다. 창작자가 경계선을 잘못 넘는 순간, 그것은 논란 또는 비난의 대상이 됩니다.

2018년, 한 명품 패션브랜드는 중국 시장을 겨냥한 광고에서, 젓가락으로 피자를 먹는 장면을 코믹하게 묘사하고, "마치 이탈리아에 있는 느낌이 들겠지만, 당신은 중국에 있습니다"라는 문구를 삽입했습니다. 중국 소비자들은 이를 문화적 조롱으로 받아들였고 이는 불매 운동으로 이어졌습니다. 이 사건으로 결국 주요 패션쇼가 취소되고, 온라인 쇼핑몰에서 퇴출되는 등 브랜드 이미지와 매출에 큰 손실을 입었습니다.

2013년, KBS 개그콘서트에서 외국 영화 더빙에 대해 "입과 말이 따로 노는 것"이라고 표현하여 논란이 일었습니다. 성우들은 이를 비하라고 받아들였고, 사과를 요구했습니다. 결국 한국방송코미디언협회 회장이 개그맨들을 대표해 공식 사과했습니다.

두 사례 모두 목적에 맞게 성과를 만들었습니다. 광고는 관심을 끌며 메시지를 전달했고, 개그는 현장에서 관객들을 웃기는 데 성공했습니다. 그러나 그 후폭풍까진 예상하지 못했습니다.

크리에이티브가 누군가에게 상처를 준다면 사회적으로 인정받을 수 없습니다. 창의성은 도덕과 법, 사회적 신뢰를 바탕으로 작동해야 합니다. 파격은 강해야 하지만, 동시에 책임질 수 있어야 합니다.

사회적 인정 또한 변화한다

사회적 인정과 도덕적 기준이란 격식도 시대에 따라 끊임없이 변화합니다. 예전에는 아무 문제없었던 소재나 표현이 지금은 큰 문제가 되기도 합니다. 젠더 이슈, 정치적 올바름, 소수인종, 이민자, 빈부 격차, 지역 감정 같은 민감한 주제를 다룰 때는 더 신중해야 합니다.

디즈니플러스에서 몇몇 콘텐츠는 인트로에 (꽤 긴 시간을 할애하여) 사과문이 나옵니다.

> 본 프로그램에는 특정 인물이나 문화에 대한 부정적 묘사 또는 부적절한 대우가 포함되어 있습니다. 이러한 고정관념은 그 당시에도 그리고 지금도 옳지 않습니다. 해당 콘텐츠를 제외하기보다, 그러한 콘텐츠가 사회에 미친 해로운 영향을 인정하고, 그로부터 배우며 건설적 대화를 나눔으로써 보다 포용적인 미래를 함께 만들어 나가고자 합니다. 디즈니는 전 세계 다양한 사람들의 풍부한 경험을 담아, 영감과 희망을 주는 스토리를 만들고자 노력합니다. 이 같은 스토리가 사회에 어떠한 영향을 끼쳤는지에 대해서는 웹사이트에서 확인하실 수 있습니다.

해당 사이트에서는 특정 인종에 대한 비하, 외모나 장애에 대한 올바르지 못한 표현, 남녀 사이의 역할 규정 등 다양한 과거의 사례들이 잘못된 것이었음을 인정합니다. 예컨대, 〈알라딘〉에서 주인공은 서양 백인의 억양을, 빌런은 아랍인의 억양을 부여해 특정 인종을 비하했다는 비판이 있었습니다.

디즈니가 해당 영화들을 제작할 당시 서구(미국)의 백인 문화에서 그 표현들은 전혀 문제될 것이 없었습니다. 오히려 재미 요소였습니다. 그러나 수십 년의 세월이 흐르면서 디즈니가 지향하는 브랜드 가치와 충돌하는 표현이 되었습니다.

이 사과문에 한정해 디즈니의 대응방식은 매우 훌륭합니다. 권위 있는 브랜드가 그동안 유지했던 태도를 바꾸는 것은 무척 어려운 일이기 때문입니다.

격식이 바뀌어서 긍정적인 부분도 있습니다. 반대로 생각하면, 과거에 불가능했던 소재나 표현도 시대가 변하면 가능해진다는 뜻입니다. 바뀐 관점에서 나오는 크리에이티브는 그 자체로 비전형적 선택이며, 이것이 대중의 공감을 살 수만 있다면 강력한 파격이 될 수 있습니다. 창작자가 촉을 업데이트해야 하는 또 다른 이유입니다.

사회적 인정의 촉을 업데이트하기 위해 평소 뉴스를 지속적으로 모니터링하고, 온라인 커뮤니티에서 변화의 흐름을 주의 깊게 살펴봐야 합니다. 이를 기획과 제작에 반영하는 과정을 포함시켜야 합니다.

타깃 집단에게 '인정'받기

사회적 기준이라고 해서 꼭 "이건 안 돼요" 같은 '금기'만 있는 건 아닙니다. 특정 집단만 아는 특별한 표현이나 은어, 행동 방식을

활용해 그들의 '인정'을 받는 방법도 있습니다. 예컨대, 나이키 재팬은 일본 청소년들이 '노래방에서 공부하는' 가라벤(カラ勉)이란 독특한 트렌드를 발견했습니다. 도서관이나 카페보다 자유로운 분위기에서 보다 저렴한 비용으로 공부하고 싶은 니즈를 깨달은 나이키는, 노래방에 자습실을 만들고 무료 간식과 운동 프로그램을 제공하는 팝업 스토어 '나이키 주쿠'를 운영했습니다. 이 캠페인을 통해 '나이키는 학생의 친구'라는 이미지를 얻었습니다.

타깃 집단으로부터 인정받는 크리에이티브의 핵심은 '이 정도로 자연스럽고 능숙하다니, 더 이상 경계할 필요 없겠구나'라는 신뢰를 주는 것입니다. 단순히 10대 타깃으로 '장원영'이 출연하거나, 60대를 타깃으로 '임영웅'이 등장한다고 해서 바로 인정받는 것이 아닙니다.

크리에이티브의 구석구석에 이해가 담긴 진정성이 담겨 있을 때, 타깃 집단은 비로소 브랜드나 콘텐츠를 '우리 편'이라고 받아들이게 됩니다.

고유한 단어가 된 크리에이티브

어떤 크리에이티브가 사회적으로 인정받으면, 복잡하고 긴 설명이 간결하게 압축됩니다. 예컨대, '브랜드가 고유한 캐릭터나 IP를 만들고 스토리텔링을 더해 브랜드와 제품을 알리는 일련의 마케팅 전략'처럼 복잡한 설명을 '세계관 마케팅'이라는 여섯 글자로 압축하는 식입니다. 이런 압축 과정을 통해 모든 창작 분야에서 '장르'가 만들어집니다.

예컨대, '로그라이크Roguelike'라는 장르는 게임 〈로그Rogue〉(1980)에서 만들어졌습니다. 매번 새롭게 생성되는 맵과 '죽으면 처음부터 다시 시작'이라는 특이점을 지닌 이 게임은 기존에 없던 재미를 제공했습니다. 유사한 구조의 게임들이 뒤이어 등장하면서 '로그라이크'는 하나의 장르가 되었습니다. '로그 같은' 게임이 장르가 된 것입니다.

'해커톤Hackathon'은 '해킹+마라톤'의 결합으로, '바이럴Viral'은 '바이러스+의학 용어'가 정보 확산을 설명하는 파생어로, '미니멀+리즘', '차+박', '먹+방' 같은 단어는 낯선 조합에서 시작해 일상 언어로 자리 잡았습니다.

사회적 인정은 크리에이티브의 '졸업장'입니다. 고유한 이름이 붙는 순간, 크리에이티브는 비로소 '정체성'을 얻습니다.

창조가 된 크리에이티브

단어가 된 크리에이티브는 다른 창작의 부품이 되면서 연쇄적으로 확산됩니다. A'가 되기도 하고, A+B가 되기도 합니다. 이것이 '창의적 확산성'의 개념입니다. 예컨대 '세계관[15]'이라는 단어는 〈반지의 제왕〉의 톨킨이 만든 거대한 크리에이티브에서 파생됐습니다. 이후 '세계관'이라는 응축된 단어 덕분에 그 복잡한 개

---

15 '세계관(世界觀)'은 19세기 독일어 'Weltanschauung'을 번역한 철학 용어로 톨킨이 대규모 서사(world-building)를 대중화했지만, 단어 자체를 만든 것은 아닙니다.

념을 간단히 표현할 수 있게 되었고, 이후 '세계관 마케팅', '세계관 설정', '세계관 충돌'처럼 활용됩니다.

창의성이 확산되며 크리에이티브는 '계보'를 형성합니다. 마치 가문의 족보처럼 크리에이티브의 유산이 후대로 이어집니다. 이 과정에서 '음악의 어머니', '근대철학의 아버지' 같은 위인들이 탄생합니다. 문학, 철학, 과학, 예술, 공학 등 인간의 창의성이 필요한 모든 분야에는 반드시 계보의 시작점인 '시조'가 존재합니다.

그들이 추앙받는 이유는 대중의 인정은 물론 동종업계의 동료와 선후배의 인정, 심지어 경쟁자의 인정까지 받았기 때문입니다. 그들이 구축한 창의성의 성과와 방법론이 영향력을 가졌기 때문입니다. 심지어 그 파급력 때문에 업계 바깥, 사회적으로도 인정받습니다. 창작자의 이름이 교과서에 올라가고, 위인전이나 다큐멘터리, 영화도 만들어집니다.

이것은 사회적 인정의 마지막 단계이자 모든 크리에이티브가 꿈꾸는 최종 결론입니다. 이제 크리에이티브가 사회적 인정을 통해 '창조'가 되었습니다.

여섯 번째 조건 :
지속 가능성

　지속 가능성이 필수적인 조건은 아닙니다. 단편으로 끝나는 창작도 있기 때문입니다. 그러나 연재, 시리즈물을 다루는 창작자나 브랜드를 운영할 때 '지속 가능성'은 매우 중요합니다.

　아누차 차 생찻Anucha Cha Saengchart은 태국 방콕 출신의 인플루언서로, '로우코스트 코스프레Low-cost Cos-play'라는 키워드로 잘 알려져 있습니다. 그는 평범한 일상 소품들을 창의적으로 활용해, 유쾌하고 절묘하게 유명 캐릭터를 코스프레합니다. 그가 2013년부터 12년이 넘는 기간 동안 꾸준히 사랑받는 이유는 그의 크리에이티브에 지속 가능성이 '설계'되어 있기 때문입니다.

지속 가능한 크리에이티브의 구성 요소

1. 특이점을 확보한 중심 컨셉

아누차의 컨셉은 코스프레 장르의 격식과 정반대편에 있습니다. '고퀄리티 + 외모 싱크로율'을 추구하는 코스튬 플레이어가 많으면 많을수록 아누차의 컨셉은 특이점이 됩니다. 장르의 격식이 유지되는 한 아누차의 컨셉은 계속 유효할 것입니다.

2. 변주 가능성과 확장성

아누차는 대중문화의 캐릭터나 유명인을 소재로 활용해 무궁무진한 변주의 가능성을 확보합니다. 같은 소재를 다양한 방식으로 반복해 변주할 수 있다는 것은 창작물의 수명을 늘리는 중요한 조건입니다. 변주가 쉽다는 건 그만큼 중심 컨셉이 탄탄하다는 뜻이고, 이것을 부품으로 활용해 다른 컨셉으로 확장할 가능성이 높다는 것을 뜻합니다. 예컨대, '로우코스트 + 여행 블로그', '로우코스트 + 요리'처럼 말이죠.

3. 높은 실현 가능성

아누차는 저비용을 제약 조건이 아닌 컨셉의 핵심으로 활용합니다. 또한 일관된 '4컷 포맷'을 유지합니다. 매번 포맷을 고민할 필요가 없으므로 제작 과정은 간소화되고, 팬들에게는 익숙함과 안정감을 제공합니다. 본질(재미)을 확보하는 최소한의 자원만 투입하는 셈입니다. 매번 많은 리소스가 들수록 지속 가능성은 떨어집니다.

4. 경제적 지속 가능성

코스프레 도구인 일상용품을 자연스럽게 PPL[16]의 형태로 노출하여 추가 수익도 얻습니다. 장기적인 창작 활동을 위해서는 추가 수익 모델은 중요합니다. 연재료, 구독 모델, 상품 판매 매출처럼 크리에이티브 자체로 벌어들이는 수입 외에 굿즈, 후원, 콜라보, 협찬, 광고 및 IP 라이센스 등 크리에이티브를 확장시켜 수익을 창출할 수 있는 방법도 필요합니다.

지속 가능성의 구조 분석

크리에이티브는 비전형적 선택 때문에 리스크 덩어리입니다. 성공시키는 것 자체가 너무 힘들기 때문에, 성공 이후의 지속 가능성까지 신경 쓰지 못할 수 있습니다. 그러나 크리에이티브는 지속 가능 해야만 비로소 브랜드에 도움이 되거나, 돈을 벌거나, 확장될 수 있습니다. 여러 사례를 통해 지속 가능성을 지탱하는 구조를 알아봅시다.

| 인플루언서 | **미스터 비스트(MrBeast)**

① 중심축: '큰 돈을 건 + 도전'이라는 파격적 컨셉
② 변주: 실제 오징어 게임 만들기, 거대 챌린지 등 무한 변주 가능
③ 실현 가능성: 제작비가 높지만 브랜드 협찬, 자체상품화 등으

16　Product Placement의 약자로, 제품 간접 광고를 의미합니다.

로 약점 극복

　④ 수익 구조: 광고, 협업, 상품화, 미디어 사업 등 다방면 수익 시스템

→ 콘텐츠 스케일이 너무 커 리스크가 있지만 철저한 수익 재투자 구조 설계로 지속 가능한 시스템을 만들었습니다.

|인플루언서| **박막례 할머니**

　① 중심축: '할머니 + 인플루언서'라는 차별화

　② 변주: 음식, 여행, 일상 등 다양한 소재를 캐릭터를 중심으로 확장 가능

　③ 실현 가능성: 가족 촬영, 간단한 편집 방식으로 저비용·고효율 유지

　④ 수익 구조: 광고, 출판, 방송, 굿즈, 협업 등 다각화된 수익 확보

→ 특이점 있는 캐릭터를 중심으로 잡고, 효율적 생산과 경제적 구조를 갖춘 '지속 가능성의 모범'입니다.

|방송 프로그램| **SNL(Saturday Night Live)**

　① 중심축: '매주 토요일 밤 생방송 + 풍자 코미디 쇼'

　② 변주: 게스트 및 호스트 교체, 시사 소재 반영, 신규 코너 추가 등

　③ 실현 가능성: 고정 포맷(스튜디오, 세트, 제작팀, 생방송 시스템 등) 유지, 반복을 통한 효율성 극대화

　④ 수익 구조: 광고, 브랜드 협업, 디지털 스트리밍, 콘텐츠 재활용 라이선스

→ 시즌마다 환경 변화를 반영하며, 포맷 중심의 안정성과 콘텐츠 변주를 균형 있게 설계했습니다.

방송가에서는 지속 가능성을 위해 '포맷화'가 보편화되어 있습니다. 대표적으로 〈런닝맨〉, 〈1박2일〉, 〈라디오스타〉와 같은 예능은 고정 포맷을 가지고 있습니다. 특히 〈복면가왕〉, 〈히든싱어〉 같은 프로그램의 포맷은 시청자들이 '누굴까?'라고 매회 호기심을 갖도록 잘 설계되어 있습니다. 이 포맷은 언어와 문화가 달라도 작동하기에, 포맷 자체를 판매하여 추가 수익을 얻기도 합니다.

|프랜차이즈| **스타벅스**

① 중심축: '음료 + 제3의 공간'

② 변주: 시즌 메뉴, 지역 특화 음료, 문화 요소를 접목한 제품 다양화

③ 실현 가능성: 글로벌 표준화된 매장 인테리어 및 운영·교육 시스템.

④ 수익 구조: 음료 판매는 기본이며 굿즈, 멤버십, 앱 결제 등 다양한 수익 확보

→ 정체성을 흔들림 없이 유지하며, 지역성, 지속 가능성과 결합된 시스템으로 안정적 확장을 이뤘습니다.

프랜차이즈 산업은 '지속 가능성' 자체를 상품화한 분야입니다. 잘 설계된 프랜차이즈는 (1) 명확한 브랜드 정체성과 (2) 표준

화된 운영 시스템을 통해 (3) 일정한 품질로 소비자에게 예측 가능한 만족감을 제공하고 (4) 가맹점주에게는 낮은 사업 리스크와 운영 편리성을 제공합니다.

> |IP-콘텐츠| **포켓몬스터(Pokémon)**
> ① 중심축: '수집 및 배틀 가능한 몬스터 + 모험 세계'
> ② 변주: 새로운 포켓몬과 배경 지역을 지속적으로 추가해 시리즈 유지
> ③ 실현 가능성: 캐릭터 디자인, 세계관 및 게임 메커니즘의 재활용으로 제작 효율 극대화
> ④ 수익 구조: 게임, 애니메이션, 출판, 카드, 굿즈, 테마파크 등 다각화
> → IP 비지니스의 레전드입니다.

지속 가능한 비전형적 선택지

지속 가능성이 추구하는 '안정성'은 크리에이티브의 제2조건인 비전형적 선택지와 충돌하는 것처럼 보입니다. 그러나 이것은 레이어가 다른 개념입니다. '지속 가능하기 위한 비전형적인 격식'을 만드는 것이 핵심입니다. 비전형적인 격식은 같은 장르의 경쟁자와 비교해 컨셉이 남달라야 한다는 뜻이고, 지속 가능성은 그것과 별개로 작품이나 브랜드가 '지속적으로 재생산될 수 있는가?'를 뜻합니다.

지속 가능성의 양면성

지속 가능성을 추구하는 것은 반드시 '격식'을 만들어냅니다. 장수 프로그램이나 장기 시리즈에서 흔히 나타나는 현상입니다. 시간이 흐를수록 포맷이 점점 굳어져 확장과 변주가 어려워집니다. 차라리 프로그램을 폐지하고 처음부터 다시 시작하는 편이 더 쉽다고 느껴질 정도입니다.

예능 프로그램 〈무한도전〉은 '포맷 없는 포맷'으로 만든 예측 불가능한 신선함이 인기의 핵심이었습니다. 그러나 매주 새로운 아이디어를 내야 하는 압박감과 상대적으로 높은 제작비의 부담감이 따라왔습니다. 제작진은 소재 고갈과 신선도 유지의 어려움을 토로했고, 극심한 피로감을 느꼈다고 밝혔습니다.

'마블 시네마틱 유니버스 MCU'도 마찬가지입니다. 이 유니버스는 갈수록 복잡해졌고, 새로운 관객들에게 높은 진입 장벽을 만들어버렸습니다. 저명한 매체들은 프랜차이즈의 공식을 따르느라 신선함과 독창성을 잃어가고 있다고 지적합니다.

이처럼 지속 가능성은 변화를 어렵게 만드는 '양면성'을 가지고 있습니다. 안정성을 유지하되, 시대의 변화에 맞춰 비전형적 선택지를 실험하는 태도야말로 지속 가능한 크리에이티브의 핵심입니다. 창작자는 스스로 만든 구조를 변주하거나 특이점을 추가해 지속적으로 소비자의 관심을 끌어야 합니다. 따라서 컨셉 기획 단계에서 추후 '변주 가능한 구조'를 설계해 두는 게 좋습니다. 앞서 분석한 원리에서 몇 가지 전략을 뽑았습니다.

트레이닝 1. '차별화 + 지속 가능성' 동시에 확보하기

브이로그v-log는 태생부터 지속 가능성을 염두에 둔 장르입니다. 특별한 기술 없이도 촬영과 편집이 가능해 자동적으로 '실현 가능성'이 확보됩니다. 그만큼 진입 장벽이 낮아 경쟁이 치열한 장르입니다. 따라서 브이로그가 지속 가능하기 위해서는 '기차여행 + 브이로그', '공부 + 브이로그'처럼 세부 컨셉을 변주해 차별화해야 합니다. 같은 '회사원 + 브이로그'라도 직업이 특수하거나, 멘트가 재미있는 특이점이 있어야 합니다. '예쁜(잘생긴) + 공부 + 브이로그'가 어려운 영상 작업 없이도 인기 있는 이유를 생각해 봅시다.

아침드라마, 무협지, 로맨스 판타지 등 소위 '고인 장르'에서 시작할 때도 원리는 같습니다. 창작자는 장르의 문법을 따라가되 배경, 직업, 소재 등에서 '의도적으로 변주'를 만들어야 합니다.

예컨대, 판타지 소설 『달빛조각사』는 전사나 마법사가 아닌 '조각가'라는 직업으로 특이점을 만들었고, 『던전밥』은 판타지 세계관에서의 '식사'라는 특이점을 잡았습니다. 고여 있는 장르일수록 특이점은 독특한 게 좋습니다.

만약 차별화가 창작자만의 노하우나 전문 지식을 통해 만들어지면 '진입 장벽'이 생겨 복제품을 만들기 어렵습니다. '미스터비스트'의 높은 제작비는 운영 난이도와 리스크 때문에 감히 따라 할 엄두를 못 냅니다. 초기 컨셉 구상에서 이러한 차별점과 방어막을 설계하면 장기적인 지속 가능성을 확보하는 데 유리합니다.

트레이닝 2. 투입 리소스 줄이기

'토크쇼'는 게스트만 바꾸면 고정된 포맷을 유지하면서 지속적인 관심을 얻을 수 있습니다. 〈나혼자산다〉나 〈전지적 참견시점〉도 관찰 예능이라는 기본 구조에 고정 패널과 게스트를 혼합하여 변주합니다. 〈놀라운 토요일〉, 〈가족오락관〉 같은 프로그램은 변주 요소를 극단적으로 적게 설계했습니다.

이처럼 방송가에서는 프로그램마다 변주의 비율만 다를 뿐, 고정된 포맷을 활용해 리소스를 절약합니다. PD, 작가, 촬영, 편집 등 모든 스탭들이 정해진 규칙 안에서 일사불란하게 움직일 수 있는 구조를 세팅해 둔 것입니다.

로봇 애니메이션이나 마법소녀물, 특촬전대물 등의 장르에서는 변신·합체 장면을 매회 동일하게 반복합니다. 한 시즌 50편 동안 변신·합체 장면을 반복 사용하면, 대략 1편에 가까운 리소스가 절약됩니다. 비용 절감과 시청자 반응을 모두 만족시키는 탁월한 크리에이티브 전략입니다.

리소스 관리의 핵심은 '적게 일하고 많이 버는' 구조를 설계하는 것입니다. 특이점과 파격을 위해 초반에 많은 비용을 투자했어도, 반복될수록 리소스를 효율적으로 줄여 나가는 '최적화' 과정을 진행해야 합니다. 반복은 최적화와 정교화 작업의 토대입니다.

트레이닝 3. 변주 요소를 끊임없이 공급하기

뉴스는 끊임없이 소재를 공급받습니다. 세상에는 너무 많은 사건 사고가 있고, 뉴스는 그중에 눈에 띄는 사건만 고르기에도 벅찹니다. 변주를 고민할 필요가 없는 컨셉입니다. 창작자에게도 지속 가능성을 위해 끊임없이 변주가 가능한 컨셉이 필요합니다.

만화『원피스』(1997~)는 섬이라는 공간의 테마와 해당 테마에 어울리는 적을 바꿔가며 30여 년째 연재를 이어갑니다.

애플이나 블리자드 같은 브랜드는 자사의 신제품을 소개하는 이벤트를 주기적으로 열어 지속적으로 소비자의 관심을 확보합니다. 자체적으로 이런 이벤트를 열기 어렵다면, CES에 참가하는 전자제품 브랜드처럼 외부 행사를 활용할 수도 있습니다.

만약 '다이소' 같은 유통 브랜드가 가성비 좋은 상품들을 지속적으로 공급받지 못한다면, 중심 컨셉이 무너집니다. 그들에게 상품은 소재의 변주와 같습니다. 공급사와 관계를 원만하게 유지하고 관리해야 합니다.

창작자 자신의 체력과 컨디션을 관리하는 루틴을 만들어 번아웃을 대비하는 구조를 만들어두는 것도 중요합니다. 방송, 웹소설 작가에겐 끊임없이 영감을 불러내는 열정이란 자원이 지속 가능성의 핵심입니다.

트레이닝 4. 시작부터 콜라보 염두에 두기

컨셉 기획 단계에서 확장 가능한 구조를 개발해두면, 성공 이후의 추가 수익 확보에 유리합니다. 이를 위해 의도적으로 중심 키워드 하나를 특정 산업군과 연관된 것으로 선택하면 좋습니다. 예컨대, 〈구해줘 홈즈〉 같은 예능 프로그램은 중심 컨셉이 '부동산'과 콜라보레이션하기 좋게 설계되어 있습니다. 만약 당신이 '호캉스+유튜버'로 유명해진다면 유명 호텔들에서 초대장을 받을 수밖에 없습니다.

반면 유튜브 채널 〈가로세로연구소〉처럼 정치색이 들어가거나, 갈등이 심각한 주제로 중심 컨셉을 잡았다면 일부는 콜라보하기 쉬워지고, 일부는 콜라보하기가 어려워집니다. 특정 팬들에게는 강력한 충성도를 확보할 수 있지만, 반대 세력과의 마찰을 피할 수 없습니다.

혹시 확장 가능한 구조를 설계해두지 않았다고 걱정하진 마십시오. 일단 유명해지면 광고는 어떻게든 콜라보할 방법을 찾아낼 것입니다. 드라마 〈미스터 션샤인〉은 일제강점기를 시대 배경으로 하지만, '파리바게트'가 '불란서 제빵소'로 이름까지 바꾸며 PPL을 한 것처럼 말입니다.

트레이닝 5. 지속적으로 소비자에게 연락하기

명절 때만 가끔 만나는 친척보다는 매일 만나는 친구와 더 친밀한

법입니다. 모든 브랜드와 콘텐츠는 가능한 한 소비자와 자주 만나 친밀함을 유지하는 게 좋습니다. 마케팅 학자 바이런 샤프Byron Sharp는 『브랜드는 어떻게 성장하는가』에서 브랜드의 장기적 성장은 소비자가 브랜드와 지속적으로 친밀도를 높이는 것에서 비롯된다고 강조합니다. 그래서 스마트폰 속 앱은 지속적으로 푸시 알람을 보내고, 유튜버들은 구독과 함께 '알림 설정'을 부탁합니다. 자주 만나지 않으면 기억에서 잊혀지기 때문입니다.

할 말이 없는데 너무 자주 찾아가는 것은 불편하고, 할 말이 많은데 너무 가끔 찾아가면 손해가 큽니다. 브랜드의 상황에 따라 얼마나 자주 소비자와 만날 것인지 접촉 주기를 정해야 합니다.

예컨대, 일반적으로 자동차 같은 고관여 브랜드[17]는 접촉 주기를 길게, 생필품 같은 저관여 브랜드[18]는 접촉 주기를 짧게 합니다. 이는 콘텐츠에도 공통적으로 적용됩니다. 영화나 드라마처럼 고관여 콘텐츠는 고퀄리티로 가끔 찾아와도 되지만 일상툰, 스케치 코미디 같은 저관여 콘텐츠는 가벼운 소재를 많이 만들어 자주 접촉하는 게 유리합니다. 자신에게 적합한 접촉 주기에 따라, 제작비와 리소스를 분배하는 것이 좋습니다. 접촉 주기를 기준으로 리소스 투입을 결정하면 지속 가능성이 높은 구조를 설계할 수 있습니다.

지속 가능성을 고려한 설계는 '반복'을 만들어 불확실하던 크리에이티브를 예측 가능하게 만듭니다. 예측 가능함은 소비자에

---

17   높은 가격, 긴 사용 기간, 구매 후 후회 가능성이 높은 제품군. 가전제품, 명품, 부동산 등.
18   낮은 가격, 짧은 사용 기간, 구매 후 후회 가능성이 낮은 제품군. 식품, 생필품, 음료 등.

게 안정감을 주고, 브랜드는 '브랜드다움'이란 자산을 얻습니다. 지속 가능성은 꾸준함으로 신뢰를 만듭니다. 지속 가능성을 확보한 크리에이티브만이 '브랜드'가 될 수 있습니다.

지속 가능성 체크 리스트

① 중심 컨셉이 명확합니까?
'저비용 + 코스프레', '오지 + 여행', '먼치킨 + 액션 + 판타지', '한정된 공간 + 추리극'과 같이 가능한 간결한 키워드로 정리되어야 합니다. 키워드 중 하나는 자신만의 특이점을 드러내고, 다른 하나는 이미 장르화된 키워드를 쓰는 것이 정석입니다.

② 중심 컨셉을 유지한 채, 소재를 변형하거나 확장할 수 있습니까?
컨셉 키워드 중 하나 이상은 계속 변주하고 확장할 수 있어야 합니다.

③ 지속 가능한 제작 시스템입니까?
효율적이고 안정적인 포맷이 확보되어야 합니다. 가지고 있는 한정된 자원으로 꾸준히 일정 수준의 결과물을 낼 수 있는 반복 구조가 필요합니다.

④ 수익 구조와 자연스럽게 연결되었습니까?
명확한 수익 모델이 컨셉과 자연스럽게 연결되어야 합니다. 억지

로 붙인 수익 구조는 팬들을 떠나게 합니다. 상품이나 서비스를 판매하는 브랜드라면, 크리에이티브로 얻은 관심이 창작물뿐 아니라 상품이나 서비스 판매로 연결되도록 설계해야 합니다.

비전형적 선택지, 실현 가능성, 우월한 성과, 사회적 인정, 지속 가능성이라는 조건들을 모두 충족한 크리에이티브는 우연히 탄생할 수 없습니다. 이것은 창작자의 부단한 노력으로 '설계된 구조물'입니다. '기적'이나 '신내림'이 아닙니다. 당신이 좋아하는 모든 크리에이티브도 인수분해 해보면 그 안은 모두 촘촘한 구조와 전략으로 채워져 있을 것입니다. 창의성을 훈련하는 첫걸음은 크리에이티브 안에 '구조'가 있다고 생각하는 관점을 갖는 것입니다.

크리에이티브는 기존 지식의 낯선 재조합이라는 신박한 아이디어에서 시작됩니다. 크리에이티브가 조건들을 충족하면 '특이점'이 됩니다. 특이점은 소비자의 관심을 이끌고, 메시지를 각인시킵니다. 그중 격식이란 환경과 절묘하게 맞아떨어진 특이점이 '파격'을 만듭니다.

NEXT LEVEL

 모든 크리에이티브가 소비자의 마음속 깊이 자리 잡거나 브랜드의 가치를 높이는 건 아닙니다.
 왜 어떤 크리에이티브는 잠깐의 관심을 넘어 소비자의 행동과 생각까지 바꾸는데, 어떤 크리에이티브는 순간의 유행으로만 끝나는 걸까요? 왜 어떤 크리에이티브는 시대의 상징이 되고, 어떤 건 금세 잊혀질까요? 매일 새로운 것이 쏟아지는 환경에서 신선함은 곧바로 자리를 양보해야 합니다. 소비자의 기억에 오랫동안 머물고, 그들의 삶에 실제로 의미 있는 변화를 일으키려면 '창의성'과 '특이점'만으로는 부족합니다. 크리에이티브가 소비자의 경험, 가치관, 감정과 직접 연결된다고 느끼게 해야 합니다. 즉, '이 이야기는 나를 위한 것이야!'라는 확신을 줘야 합니다.
 소비자와의 연결고리, '렐러번스Relevance'가 필요합니다.

Chapter 3

렐러번스

relevance

(표현 등의) 적절, 적당, 타당성, (당면 문제와의) 관련(성)
이 책에서 '렐러번스'는
머릿속에 이미 존재하는 연결고리(스키마[19])에
새로운 메시지가 찰칵! 걸렸을 때의 '어울림'을 뜻합니다.

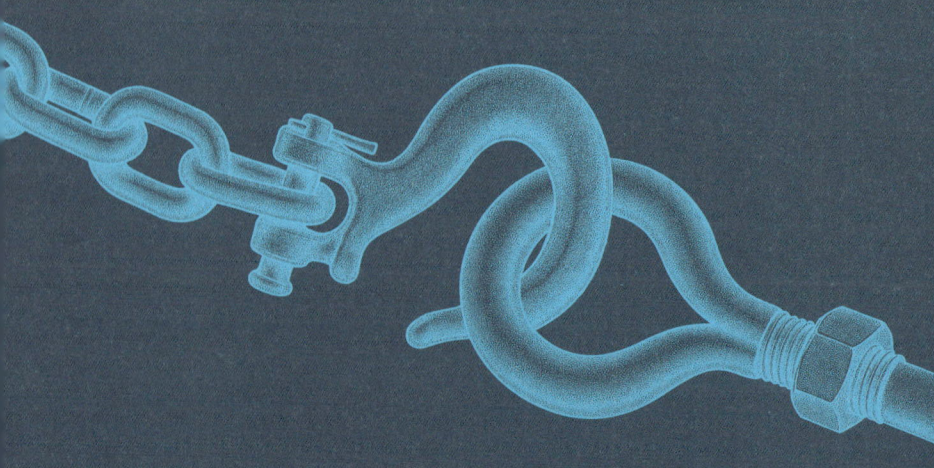

19 심리학적 의미의 스키마(Schema): 인간의 기억 속에 저장된 경험, 지식, 정보 등을 구조
   화한 인지적 틀을 의미합니다.

렐러번스
= 연결

연결고리

인간은 연관 짓는 방식으로 세상을 이해합니다. 어떤 정보든 기존에 갖고 있던 지식이나 경험과 어떻게 연결되는지를 통해 판단합니다. 그래서 우리는 누군가를 처음 만났을 때 출신 지역, 전공, 말투, 옷차림 같은 단서로 정보를 얻으려고 합니다. '어디 출신이래'라는 정보에 '이럴 것이다'라는 판단이 따라옵니다. 그것이 맞든 틀리든 간에, 연결된 이미지가 첫인상의 근거가 됩니다. 우리는 순수하게 눈앞의 정보만으로 상황을 판단하지 않습니다. '이런 상황이면 이런 결과가 나오겠지', '이런 사람은 이런 성향일 거야'라는 직감은, 실제론 많이 빗나가더라도 꽤 효율적인 추론 방식입니다.

이런 연결 구조는 뇌 안의 '뉴런'이 이어지는 방식과 닮았습니다. 생각과 개념들은 뉴런의 연결 방식에 따라 구성되며, 이 구조는 곧 한 사람의 성격, 철학, 욕망, 가치관을 형성합니다. DNA 구조가 똑같은 일란성 쌍둥이조차 이 연결 구조가 다르면 전혀 다른 인격체가 됩니다. A라는 사건이 B라는 개념으로 연결될 수도 있고, 어떤 사람에게는 C로 연결될 수도 있습니다. 무엇과 무엇이 연결되어 있는지에 따라 전혀 다른 해석과 반응이 나옵니다.

이 책에서 말하는 '렐러번스relevance'란, 바로 이런 연결의 강도와 적절함을 뜻합니다. 콘텐츠나 브랜드의 메시지가 수용자의 머릿속에 있는 어떤 정보와 어떻게 연결되는가를 의미합니다. 쉽게 말해 '이거 나랑 관련 있어 보이네' 혹은 '지금 상황에 딱 맞는 이야기네'라고 느끼는 순간을 의미합니다.

아무리 멋지고 정교하게 설계된 크리에이티브라도 타깃의 머릿속 어디에도 연결되지 않으면 흥미를 끌지 못합니다. 반대로, 아주 단순한 크리에이티브도 핵심적인 연결고리에 정확히 걸리면 강한 관심을 불러일으킬 수 있습니다.

또한 렐러번스 때문에 같은 메시지라 하더라도 다르게 해석될 수 있습니다. "잘한다"라는 칭찬도, 뉘앙스를 조금 달리해 "자알~한다"라고 말하면 그것은 비아냥, 반어법이 됩니다. 로맨틱한 영상 속 장면에 BGM만 바꿔도 소름 끼치는 호러가 됩니다. 같은 정보도 말하는 사람이 유명하거나 권위 있는 사람이면 신뢰도가 달라집니다. A그룹에서 성공한 유머가 B그룹에서는 누군가를 모욕하는 일이 될 수도 있습니다. 모든 메시지나 컨셉은 맥락과 배경이라는 것과 연결되어 그 해석과 호감도가 달라집니다. 즉, 렐러번스는 '어떠한 정보인가?'라는 '내용'의 문제가 아니라, 그 정보가 '무엇과 연결되는가'를 다루는 문제입니다. 이 챕터에서는 우선 생소한 단어인 '렐러번스'의 개념에서 시작해 그것을 어떻게 다루고 설계할 수 있을지 알아봅니다.

유머의 연결고리

유머 커뮤니티에서 자주 볼 수 있는 '가상 캐스팅' 게시물은 대표적인 예입니다. '이 사건이 영화로 만들어진다면 누가 주인공일까?'라는 콘텐츠에 특정 배우 이름과 예상 대사를 붙이면 사람들은 "와, 찰떡이네" 하고 웃습니다. 단순히 닮았기 때문만은 아닙니다. 그 배우가 가진 목소리, 말투, 표정, 지금까지 해온 필모그라피까지 머릿속에서 동시에 연결되기 때문에 찰떡처럼 느껴지는 것입니다. 대표적인 예로 이경영 배우의 '진행 시켜'가 있습니다. 이 어울림의 감각이 바로 렐러번스입니다.

'제목학원[20]'도 같은 원리로 작동합니다. 어떤 사진에 전혀 어울리지 않을 것 같은 자막이 붙는 순간, 갑자기 이미지의 분위기가 확 바뀝니다. "아?! 저걸 이렇게 해석한다고?" 하는 반전이 생기고 웃음을 터뜨립니다. 무작정 갖다 붙인 게 아니라, 이미지 속 요소와 텍스트가 비전형적으로 연결되어 있을 때 가능한 일입니

---

20 제목학원(題目學院)은 유머 사이트에서 사진이나 글의 내용과 매우 잘 어울리는 기발하고 재미있는 제목을 짓는 행위를 칭합니다. 좋은 제목을 지은 사람에게 '제목학원 수료', '제목학원 졸업생' 등의 댓글을 답니다.

다. 그 설득력의 실체가 바로 렐러번스입니다.

왜 웃긴지는 잘 모르겠는데 어쨌든 웃긴 콘텐츠가 있는가 하면, 유행어도 가득하고 재밌는 말도 많이 넣었는데 웃기지 않은 콘텐츠가 있습니다. 그 차이는 렐러번스가 제대로 작동했느냐의 차이입니다. 인간의 뇌는 예상치 못한 연결에서 웃음을 느낍니다. 인지심리학자 제리 설스Jerry Suls는 유머란 예상과 실제 사이의 '불일치-해결 모델incongruity-resolution'에서 발생한다고 설명합니다. 쉽게 말해, 예상을 빗나간 결말이 '아하, 그래서!'로 해결될 때 뇌의 보상 회로가 활성화되며 '도파민'이 분비되고, 우리는 쾌감을 느낍니다.

"유머 코드가 맞는다"는 말은 결국, 말하는 사람과 듣는 사람의 두뇌 속 연결고리 체계(뇌 구조)가 비슷하다는 뜻입니다. 똑같은 유머에 누군가는 웃고, 누군가는 불쾌한 이유는 그 연결고리의 구조가 다르기 때문입니다. 스탠드업 코미디에서 다른 문화권의 개그맨이 활약하기 어려운 이유도 렐러번스 때문입니다. 반면, 슬랩스틱이나 마임처럼 시각적인 유머는 상대적으로 연결이 수월합니다. 프랑스어를 몰라도 '태양의 서커스'를 즐길 수 있는 이유입니다.

유머 감각이 좋다는 건 수용자의 머릿속에 어떤 연결고리가 걸렸는지 알고, 거기에 정확히 연결시킬 수 있다는 뜻입니다. 한마디로 '센스 있는 사람'입니다. 아이디어(크리에이티브) - 표현(인코딩: 유머 코드로 변환) - 이해 (디코딩: 유머 코드를 해석)의 과정에서 하나라도 연결이 끊어지면 유머는 작동하지 않습니다.

어떤 표현이 어떻게 받아들여질지를 감각적으로 익히는 과정. 이게 바로 창작자가 렐러번스의 감도를 높이는 과정입니다. 네 맞습니다! 창작자의 촉 업데이트, 대중이의 격식을 습득하는 것과 '연결된' 내용입니다!

결국 창작자는 상대방의 머릿속 연결 구조를 미리 파악하고, 예상 밖이지만 납득 가능한 특이점을 연결고리에 정확하게 걸어야 합니다. 유머 한 줄을 성공시키는 원리와 콘텐츠, 브랜드, 메시지를 설계하는 원리는 본질적으로 같습니다.

감정이입의 연결고리

우리는 왜 〈왕좌의 게임〉이나 〈태조 왕건〉 같은 판타지나 시대극을 보며 몰입할 수 있을까요? 우리는 왕족도 아니고, 그건 상상 속에만 존재하는 시공간인데도요. 왜 심지어 인간이 아닌 동물 다큐멘터리를 보며 공감하고 감동할 수 있을까요? 쓰러진 로봇을 보며 안타까움을 느끼거나, 만화 속 캐릭터의 고난을 응원하는 이유는 무엇일까요?

인간은 '나와 연결된 무엇'에 민감하게 반응하도록 진화했습니다. 심리학에선 이를 감정이입empathy이라고 부릅니다. 직접 관련 없어 보여도, 감정이입이 가능한 구조만 만들어지면 인간은 몰입할 수 있습니다. 중요한 건 직접적인 유사성보다, 감정적으로 걸려 있는 연결고리입니다. 동물이든 판타지든 나와 비슷한 상황, 익숙한 감정 하나만 걸려도 됩니다. 완전히 낯선 이야기조차 내 이야기처럼 받아들입니다.

감정이입을 활용하는 방식은 크게 두 가지입니다. 첫 번째는 소비자와 닮은 인물, 공감 가는 상황을 통해 안정적인 연결고리를 만드는 방법입니다. 예컨대, 학생인 주인공이 예상치 못한 사건에 휘말리는 드라마, 직장인의 고단함을 묘사하는 광고처럼 말이죠. 이런 설정은 학생이거나 직장인 시청자에게 "이건 내 이야기야"라는 공감을 빠르게 만들어냅니다. 검증된 방식이며, 대중성과 접근성이 높습니다.

일본 만화가 아다치 미츠루의 『H2』 같은 작품은 이런 렐러번스 설계의 정수를 보여줍니다. 학창 시절의 말랑말랑한 첫사랑과 미묘한 삼각관계의 감정선은 독자들의 강력한 감정이입을 유도합니다. 큰 반전이나 사건 없이도, 세밀하게 정돈된 연출로 독자와 연결고리를 단단하게 만듭니다. 심지어 자신의 학창 시절도 『H2』의 주인공들처럼 찬란하고 아름다웠다고 착각할 정도로요.

두 번째는 첫 번째 방법을 통해 연결된 렐러번스를 의도적으로 끊어 주목도를 높이는 방식입니다. 공감으로 일단 연결되고, 끊어서 주목도를 확보해 메시지나 주제 의식을 효과적으로 전달합니다.

가구 브랜드 이케아의 '램프Ramp'(2002) 광고는 그 대표 사례입니다. 빗속에 버려진 오래된 중고 램프가 주인이 새 램프를 사서 행복한 모습을 지켜봅니다. 소비자는 그 램프에 감정을 이입하고 슬퍼합니다. 그런데 마지막에 한 남자가 등장해 카메라를 보며 말합니다. "이건 그냥 낡은 램프일 뿐이에요. 새 제품을 사세요."

감정이입을 깨버리는 렐러번스의 전복입니다. 마음의 문을 열어버린 소비자의 머릿속에 메시지를 새겨 버립니다. 창작자는

이케아 램프(2002) 광고

상황에 따라 공감을 '얻는 것'과 '깨는 것'을 적절히 섞어 사용하는 것이 좋습니다.

슈퍼히어로 영화도 이 원리를 따릅니다. 초인적인 능력을 가진 영웅들이 지극히 인간적인 갈등과 고민을 겪을 때, 관객은 자신과 닮은 면을 발견하고 감정이입을 합니다. 그러다 비범한 능력으로 문제를 돌파할 때, 이질성과 특이점이 극대화되며 몰입이 강화됩니다. 인기 있는 히어로는 이 감정이입의 렐러번스가 잘 설계되어 있습니다. 손목에서 거미줄이 안 나가도, 자신의 실수로 가족을 잃은 피터 파커(스파이더맨)의 죄책감에 공감하고, 박쥐를 실제로 본 적도 없지만 브루스 웨인(배트맨)의 음울한 복수심을 이해합니다. 반대로 인기가 없는 히어로에겐 공감할 만한 구석이 없거나 매우 적습니다.

감정이입은 관객의 마음의 문을 여는 열쇠입니다. 익숙한 렐러번스로 우선 연결시킨 후, 그 연결을 타고 더 밀도 높은 메시지나 주제 의식을 밀어 넣는 방법이 있고, 반대로 그 렐러번스를 끊고, 감정의 충격을 만들어 메시지를 각인시키는 방법도 있습니다. 이 두 가지 방식은 경쟁이 아니라 병행의 전략입니다. 어떤 장면에서 감정이 열리는가? 어디에 메시지를 걸어야 강하게 남는가? 이 질문에 대한 답을 찾는 것이 창작자의 임무입니다. 특이한 걸 만드는 게 목표가 아니라, 공감을 통해 메시지를 전달하는 게 목표여야 합니다.

익숙함으로 끌어들이고, 낯섦으로 각인시키는 이 두 단계가 감정이입 설계의 핵심입니다.

신뢰의 연결고리

브랜드가 갓 태어나 가장 먼저 해야 할 일은 '나는 어떤 맥락과 연결되어 있다'라고 선언하는 일입니다. 콘텐츠는 어떤 장르에 속하는지, 제품은 무슨 카테고리에 들어가는지, 연결고리부터 명확히 해야 합니다. 소비자 앞에 제품이나 브랜드를 덜렁 내민다고 바로 연결되는 건 아닙니다. 사람들은 브랜드 자체보다, 그것이 어디에 연결되어 있는지를 먼저 봅니다. 이때 트렌드는 아주 유용한 경유지입니다. 이미 사람들이 관심을 갖고 연결된 주제이기 때문입니다. 예를 들어, '제로음료', '저속노화', '버츄얼 인플루언서'처럼 트렌드와 연결된 브랜드는 그 자체로 유입 동선이 됩니다. 만약 브랜드가 연결고리와 단단히 연결되어 있다는 확신을 주면, 소비자

는 연결고리를 타고 다음 단계로 넘어갑니다.

　금요일 밤 불고기에 소주를 먹고 싶은 소비자가 있다고 생각해 봅시다. '고깃집'이라는 연결고리에 걸려 있는 이 소비자는 간판, 메뉴 구성, 손님 분위기 같은 신호들을 종합해 입장 여부를 판단합니다. 무엇을 파는지 애매하거나, 너무 비싸 보이거나, 안에 손님이 하나도 없다면 그 가게에는 들어가지 않습니다.

　브랜드도 마찬가지입니다. 크리에이티브가 납득할 만큼 연결되어 있어야 신뢰가 생깁니다. 소비자가 '여기라면 내 니즈를 채워줄 수 있겠다'는 기대를 가질 수 있어야 합니다. 네이밍, 디자인, 가격 같은 모든 표현 요소가 이 신뢰의 설계에 영향을 줍니다.

　신뢰의 연결고리는 '집라인'의 케이블과 같습니다. 연결된 줄이 단단해야 소비자는 안심하고 집라인에 올라탑니다. 반대로 연결이 허술하거나 미심쩍다면 중간에서 이탈해버립니다. 제품 상세페이지를 읽다가, 콘텐츠 1화를 보다가 돈 낭비, 시간 낭비가 될

까봐 불안해서 그만두는 겁니다.

　그래서 브랜드는 다양한 방법으로 신뢰감을 연결합니다. 예컨대, 신제품이나 한정판을 출시할 땐 매장 앞에 줄을 서게 유도하고, 온라인에선 상세페이지 퀄리티를 높이거나 후기를 관리합니다. 식품 브랜드는 마트 시식으로 '맛있다'는 신호를 직접 전달합니다. 화장품은 피부 테스트, 핀테크는 보안 인증을 통해 신뢰를 구축합니다. 전략은 다르지만, 목적은 같습니다. 소비자는 신뢰를 '목격하고 싶어' 합니다.

　소비자는 각 분야의 격식을 기준 삼아 브랜드의 '수준 미달'과 '충분함'을 분류합니다. 충분함으로 분류한 소비자는 비로소 지갑을 열거나, 시간을 들여 브랜드를 소비합니다.

　결국 마케팅 전략이란, 브랜드와 소비자 사이의 연결 구조를 설계하는 일입니다. 연결의 경유지는 적을수록, 짧을수록 좋지만, 반드시 그럴 필요는 없습니다. 연결이 길더라도 흐름이 자연스럽고 과정이 즐겁다면 사람들은 기꺼이 따라갑니다. 크리에이티브는 이 연결에 설득력을 만드는 역할을 합니다. 거꾸로 타고 들어가거나, 우회해 들어가거나, 직선 대신 곡선을 긋기도 합니다. 경쟁자보다 더 따라오고 싶게, 더 신뢰감 있게 연결하는 것이 관건입니다.

　첫 소비가 만족스러웠다면, 기대감은 신뢰로 바뀝니다. 이때의 만족은 단순히 제품의 성능이 아니라, 브랜드와 연결된 경험 전체로 결정됩니다. 한 번 연결된 신뢰는 그 브랜드를 다시 찾게 만듭니다. 브랜드는 이제 선택지가 아니라, 루틴이 됩니다.

돈 버는 연결고리

신뢰로 연결된 크리에이티브는 돈을 법니다. 크리스마스 하면 떠오르는 노래인 머라이어 캐리의 〈All I Want for Christmas Is You〉는 크리스마스라는 키워드에 너무도 강하게 연결되어 있어 매년 겨울마다 자동으로 사람들의 머릿속에 재소환됩니다. 그녀는 이 곡 하나로만 매년 약 300만 달러(한화 약 40억 원)를 벌어들이는 것으로 알려져 있습니다. 잘 걸린 렐러번스 하나가 해마다 자동 수익을 만들어내는 구조입니다. 장범준의 〈벚꽃 엔딩〉이 '벚꽃 연금'이라는 별명으로 불리는 것도, 봄이라는 키워드에 완벽하게 연결되었기 때문입니다.

이처럼 특정 키워드와 강력하게 연결된 콘텐츠나 브랜드는 사람들의 머릿속에 키워드가 떠오를 때마다 자동적으로 연결됩니다.

렐러번스가 너무 단단해져, 카테고리와 제품명이 동의어가 된 사례도 있습니다. 포크레인(굴착기), 호치키스(스테이플러), 포스트잇(메모지), 크리넥스(티슈), 버버리(트렌치코트), 포토샵(사진 편집), 지프(오프로드 차량), 대일밴드(반창고) 등은 원래 특정 기업의 제품명이었지만, 그 카테고리 전체를 대표하는 이름이 되었습니다. 브랜드명이 그 자체로 대명사가 되었다는 것은, 그만큼 소비자의 머릿속에서 매우 강하게 연결되었다는 뜻입니다.

이러한 경우 경쟁 브랜드가 기존의 인식을 바꾸려면 엄청난 시간과 비용, 집중적인 전략이 필요합니다. 반대로 이미 강하게 연결된 브랜드는 해당 카테고리에서 안정적인 시장 점유율을 확보하고, 유사한 속성의 영역으로 확장하기도 수월합니다. 그러나 연결고리가 너무 단단해지면 확장의 폭이 제한되기도 합니다. 예컨대 포크레인 브랜드가 전동드릴 같은 공구를 내놓는 건 무리 없지만, 식품이나 화장품으로 확장할 경우 소비자들은 쉽게 납득하지 못할 수 있습니다. 렐러번스의 감각은 연결의 강도만큼 연결의 방향성과 맥락도 중요합니다.

연예인들이 예명을 쓰는 것도 같은 이유입니다. 본명이 추구하는 이미지와 어울리지 않을 경우, 이름을 바꾸는 건 렐러번스를 설계하기 위한 크리에이티브 전략입니다. 예컨대 '장덕춘 보리굴비'와 '김제니 보리굴비'라는 이름이 있다면, 대부분은 전자에서 더 믿음을 느낄 것입니다. 보리굴비라는 키워드가 장덕춘이라는 이름과 더 신뢰되는 렐러번스를 만들기 때문입니다. 같은 이유로 '김제니 베이글'이 '장덕춘 베이글'보다 더 설득력 있게 느껴집니다. 이름은 그 자체로 추구하는 이미지와 연결되는 렐러번스를 형성합니다.

콘텐츠 제목에서도 연결 설계는 중요합니다. 라이트 노벨 장르에서 제목의 변화는 이를 잘 보여줍니다. 1990~2000년대까지만 해도 『슬레이어즈』, 『마술사 오펜』처럼 단순하고 짧은 제목이 많았지만, 장르 포화 이후 『전생했더니 슬라임이었던 건에 대하여』처럼 길고 설명적인 제목이 유행하게 되었습니다. 대표작으로는 『던전에서 만남을 추구하면 안 되는 걸까』, 『Re: 제로부터 시작하는 이세계 생활』 등이 있습니다. 이러한 제목은 독자가 제목만 보고도 어떤 장르, 어떤 분위기의 콘텐츠인지 직관적으로 이해할 수 있게 설계된 결과입니다. 연결고리를 제목에 선명하게 걸어, 예상한 독자를 정확히 불러들이는 전략인 셈입니다. '일본 출판연구소 보고서'(2022)는 2005년 이후 라이트노벨 신간 제목 평균 글자 수가 두 배 이상 늘어 '검색 최적화형 롱타이틀'이 트렌드가 됐다고 보고합니다.

이처럼 잘 연결된 렐러번스는 신뢰를 만들어 소비자의 지갑을 엽니다. 연결이 어디에 걸려 있는가, 얼마나 설득력 있는가? 창작자는 이 연결의 지도를 세밀하게 설계해야 합니다. 사람들의 머릿속에 어떤 고리가 어떻게 걸려 있는지를 파악하고, 그 고리를 정확하게 겨냥해야 합니다.

제각각의 연결고리

사람마다, 나라마다, 문화마다 머릿속 연결 구조가 다릅니다. 단순한 취향 차이가 아니라, 어떤 요소에 더 큰 의미를 부여하느냐, 즉 어떤 연결고리에 단단한 렐러번스를 걸고 있느냐의 차이입니다. 네, 맞습니다. 이 연결고리 때문에 문화마다, 개인마다의 고유한 '격식'이 달라집니다.

예컨대, 일본에서 삼각김밥을 '후토마키'가 아닌 '오니기리'라고 부르는 이유는 형태보다 만드는 방식에 더 높은 렐러번스를 부여했기 때문입니다. 일본인에겐 '김밥(마키)'은 김으로 둘러싼 둥근 초밥이고, '오니기리'는 손으로 쥐어 만든 간편한 밥입니다. 아무리 삼각형이라도, 손으로 '쥐었다(니기루)'는 행위가 핵심 연결고리로 걸려 있습니다. 반면 한국에서는 삼각김밥이 '김밥'이라는 이름으로 불립니다. 만드는 방식보다는 김과 밥, 속재료라는 구성 요소에 더 높은 렐러번스를 부여했기 때문입니다. 형태가 다름에도 불구하고 '모양이 세모난, 김밥의 한 종류'로 받아들여집니다.

이처럼 똑같은 개념도 수용자마다 어떤 렐러번스를 갖느냐에 따라 인식이 달라집니다. 문화나 언어가 다르면, 동일한 브랜드나 콘텐츠도 전혀 다르게 해석될 수 있습니다. 그래서 글로벌 시장에 진출할 때는 단순한 번역이 아닌 철저한 현지화가 필요합니다. 예컨대, 중국 시장에 들어간 해외 브랜드는 발음과 의미를 동시에 고려해 이름을 짓습니다.

코카콜라: 可口可乐(커코우커러) - 마시면 입이 즐겁다.
레고: 乐高(러가오) - 즐겁고 높다.
크록스: 卡骆驰(카뤄츠) - 튼튼하고 앞으로 질주한다.

중국 소비자에겐 '발음 + 뜻', 두 요소가 동시에 연결되는 이름이 좋은 이름입니다. 물론 발음과 뜻을 다 맞추는 게 불가능할 수도 있습니다. 그럴 때는 최소한 발음이라도 유사하게 음역하거나, 뜻이라도 잘 맞게 의역하기도 합니다.

문화권에 따라 정반대의 반응과 연결되기도 합니다. 예컨대, 한국 사찰 문양인 卍(만자)는 동아시아에선 긍정적인 문양이지만,

서구권에서는 나치 하켄크로이츠와 시각적으로 겹쳐 강한 거부감을 일으킵니다. 같은 기호라도 역사·사회 기억이 다르면 전혀 다른 렐러번스로 연결돼 정반대의 반응을 이끌어냅니다.

모든 기호는 각각의 의미와 긴밀히 연결되어 있습니다. 빨간색 신호등이 '멈춤'을, 비둘기가 '평화'를, 하트가 '사랑'을 나타내듯이 말입니다. 이러한 의미는 우연히 생기지 않습니다. 반복 사용되며 굳어진 약속들이 사람들의 머릿속에 단단히 연결되었기 때문입니다.

따라서 기호를 사용할 때는 이 기호가 어떤 연결고리에 걸려 있는지 정확히 파악하고 사용하는 것이 좋습니다. 단순히 사전을 찾아 외운 의미가 아니라, 현재 시점에 타깃들이 어떻게 사용하는지 알아야 합니다. 잘못 사용된 기호는 의도 전달은커녕 오해를 낳습니다.

글을 왼쪽에서 오른쪽으로 읽는 언어권과 오른쪽에서 왼쪽으로 읽는 언어권에서는 같은 세 컷 만화가 전혀 다르게 해석됩니

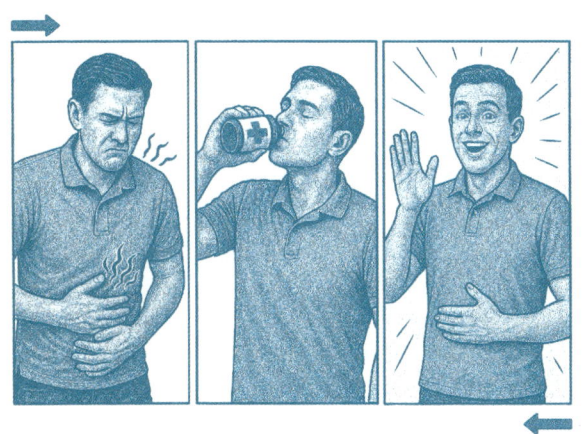

다. 읽는 방향에 따라, 아픔을 낫게 해주는 약이 고통을 만드는 독약이 되는 것입니다.

앞서 설명한 격식을 이해하는 과정, 창작자의 '촉'이 작동하는 과정이 모두 렐러번스의 영향을 받습니다.

신문 기사 작성법에는 '중학생도 이해할 수 있게 써야 한다'는 원칙이 존재합니다. 독자가 누구일지 모르기 때문에, 이해도가 낮은 사람의 기준에 맞춰 어려운 용어나 개념을 쉽고 익숙한 표현으로 바꿔야 한다는 뜻입니다. 과거 신문이 한자를 주로 사용했던 이유는 동음이의어로 인한 혼동 방지의 기능도 있지만, 당시 신문 구독층이 한자를 능숙하게 읽을 수 있었기 때문입니다. 그러나 시간이 지나면서 한자를 읽을 수 있는 사람이 줄었고, 이제는 독자의 수준에 맞춰 신문의 단어 선택이 달라졌습니다.

이처럼 소비자의 변화에 따라 콘텐츠의 설계 방식과 목표도 끊임없이 바뀝니다. 창작자는 언제나 소비자의 격식과 이해도를 고려해 렐러번스를 설계해야 합니다.

오해와 날조의 연결고리

사람들의 머릿속에서 이미 굳어진 연결고리들이 거짓을 진실이라 믿게 하기도 합니다. 팩트 체크를 해볼 수도 있지만, 굳이 그럴 필요는 없습니다. 분명히 그랬을 거라고 생각하고, 믿고 싶은 것을 믿는 게 더 효율적이기 때문입니다.

미국 NBA의 농구 선수 앨런 아이버슨의 명언으로 알려져 있는 "농구는 '신장'이 아니라 '심장'으로 하는 것이다"는 대표적인 오해의 사례입니다. 아이버슨은 실제로 그런 말을 한 적이 없다고 합니다. 대신에 그는 이렇게 말했습니다.

"Everybody was saying we couldn't win because of our size. But it's not about the 'size on paper', it's about the size of your 'heart.'" (다들 우리가 작아서 이길 수 없다고들 하죠. 하지만 작은 건 서류상의 키가 아니라, 당신의 마음입니다.)

이 명언의 기원은 메이저리그 미네소타 트윈스의 전설적인 타자 커비 퍼켓의 은퇴 기자회견에서 비롯되었다는 설이 있습니다. 그 야구선수는 이렇게 말했다고 합니다.

"It doesn't matter what your 'height' is, it's what's in your 'heart.'" (당신의 신장이 무엇이냐가 중요한 것이 아니라 당신의 심장에 무엇이 있느냐가 중요합니다.)

위 가설이 진실이라면, 한 야구선수의 명언이 한국에서 초월 번역되어 농구 선수에게 연결된 것입니다. 사람들은 그것이 아이버슨의 명언임을 의심하지 않았습니다. 아이버슨의 플레이 스타일이 저 말에 잘 어울렸기 때문입니다. 아이버슨의 키는 183cm로 NBA에서 작은 편이었지만, 그는 2m의 상대 선수들 사이에서 탁월한 퍼포먼스를 보였습니다. 상식적으로 '키'라는 피지컬은 야구보다는 농구에서 더 중요합니다. 따라서 야구선수보다는 농구

선수의 명언으로 받아들이는 게 연결고리도 단단하고, 신뢰가 갑니다.

 1. 마리 앙투아네트 "빵이 없으면 케이크를 먹으라고 해요."[21]
 2. 『군주론』에서 마키아벨리의 "목적이 수단을 정당화한다."[22]
 3. 알베르트 아인슈타인의 "신은 주사위 놀이를 하지 않는다."[23]

이는 모두 잘못 연결된 유명한 말입니다. 사람들은 믿고 싶은 것을 믿어 버립니다.

달착륙 음모론, 지구평면설, 네시호의 괴물 등은 지금은 거짓이라는 결론이 났지만, 꽤 오랜 시간 동안 사람들의 머릿속에 걸려 있었습니다. 음모론자들이 제시한 증거는 신봉자들의 머릿속에 착! 걸렸습니다. 아무리 과학적인 근거와 진실로 반박해도 신봉자들의 연결고리는 튼튼했습니다. 그들은 오히려 팩트를 날조라 비난했습니다.

신봉자의 머릿속에는 뿌리 깊게 정부나 미디어에 대한 불신이 연결되어 있습니다. 이 렐러번스 때문에 '역시 내 생각이 맞았

---

[21] 프랑스 혁명 당시 앙투아네트의 사치스러움을 날조한 말로 이는 국민들의 분노를 불러일으켰습니다. 그녀의 실제 성격과 행실을 모르는 사람들은 이 문구를 통해 '망할 만하니 망했다'는 인식으로 연결되었습니다.

[22] 실제로 이런 문구는 군주론에 없습니다. 하지만 마키아벨리의 정치철학과 단호한 이미지가 그의 명언처럼 보이게 만들었습니다.

[23] 원문은 "Gott würfelt nicht."(신은 주사위를 던지지 않는다.)이지만 '놀이'라는 단어가 추가됐습니다. 혓바닥을 내민 아인슈타인의 장난기 있는 대표 사진이 영향을 미쳤을 수도 있고, 과학이 종교를 바라보는 관점이 반영되었을 수 있습니다.

어!' 하면서 빠르게 결론을 내버리는 것입니다. 이는 '확증 편향의 오류'라고 불립니다. 인간은 자신의 생각과 일치하는 주장을 선택적으로 취하고, 반대의 의견과 정보는 의도적으로 무시합니다. 이는 자아를 안정적으로 유지하고, 불확실하고 복잡한 정보의 홍수 속에서 빠른 결정을 내리는 것을 돕습니다. 팩트보다 생각의 연결고리가 1순위인 것입니다.

아무리 과학적인 증거로 반박해도 이 연결고리는 쉽게 끊어지지 않습니다. MSG가 건강에 해롭지 않고, 오히려 소금 소비량을 줄여 건강에 좋다는 점을 세계보건기구 연구 결과로 공표해도, 잘못 걸려 있는 연결고리가 그 납득을 방해합니다.

이런 렐러번스의 작동 원리를 활용해 가짜뉴스, 황색지들은 날조와 호도로 사람들의 관심을 빨아들입니다. 물론 그들은 사회적 인정을 받지 못합니다. 그러나 분명히 날조와 호도는 사람들의 머릿속에 착 연결됩니다. 창작자는 오해와 날조가 어떻게 만들어지는지, 어떻게 사람들의 관심을 끄는지를 이해하고, 자신의 도구로 사용할 수 있어야 합니다.

밈의 연결고리

밈meme은 원래 생물학 용어에서 파생된 단어로, 유전자처럼 모방을 통해 문화적으로 전파되는 아이디어, 행동, 스타일 등을 모두 포괄하는 개념입니다. 인터넷상에서 유행하는 이미지, 영상, 유행어 등은 모두 밈의 한 형태로 볼 수 있습니다.

밈은 문화적 현상을 재빨리 압축하고 확산시키는 기호입니다. 리처드 도킨스는 『이기적 유전자The Selfish Gene』에서 밈을 문화적 유전자로 정의하며, 사람들 사이에서 복제되고 진화하는 과정을 설명했습니다. 실제로 밈은 특정 상황을 표현하는 도구로써 서로 경쟁합니다. 환경(트렌드)이 변하면서 멸종하기도 부활하기도 합니다.

밈의 속성을 분석해보면 렐러번스의 본질을 좀 더 잘 이해할 수 있습니다. 무언가 표현해야 하는 특정한 상황을 '마켓'에 비유한다면, 이 마켓에서 다양한 밈 아이디어는 각각의 브랜드처럼 경쟁합니다. 그중 가장 기억에 남고 널리 퍼지는 1위 밈으로 올라서기 위해서는 다음의 조건들을 충족해야 합니다.

1. 특정 상황에서 가장 강력한 렐러번스
"불 좀 꺼줄래? 내 램 좀 보게"와 같은 페이커의 밈은 '불을 꺼야 하는' 상황에 가장 먼저 떠오릅니다. 일상에서 다른 사람에게 불을 꺼달라고 부탁할 때마다 자동으로 '내 램 좀 보게'가 떠오르는 것입니다. 소화제 광고에서 답답했던 속이 시원하게 내려가는 아저씨 밈은, 사용자가 비슷한 상황에 처했을 때 자동으로 떠오릅니다.

2. 직관적이고 단순한 구조

복잡한 설명이 필요 없으며, 동시에 특이점이 있는 밈이 성공합니다. 예컨대, 빨간색 패딩의 '드레이크 밈'은 단순한 표정과 제스처만으로 '긍정'과 '부정'을 즉각적으로 전달합니다. 이처럼 간단한 구조는 다양한 상황에서 부품처럼 활용되며 폭넓게 적용될 수 있습니다. 이는 세 번째 속성에도 강력한 영향을 줍니다.

3. 손쉬운 변주와 재사용성

최강록 셰프의 "나야, 들기름" 밈은 자기소개 형식을 유지하면서 "나야, 맛소금", "나야, 마가린" 등 손쉽게 다양한 변주가 가능합니다. 이와 같은 변주는 원본의 렐러번스를 유지한 채로 새로운 맥락과 상황으로 쉽게 확장됩니다. 이때 변주를 해도 밈의 특이점이나 기본 구조가 흐트러지지 않는 것이 핵심입니다. 두 번째 속성과 밀접한 관련이 있습니다.

4. 문화적·사회적 렐러번스

현재의 트렌드나 사회적 이슈와 빠르게 연결될 때 밈은 폭발적인 인기를 얻습니다. 사람들이 관심을 갖는 만큼 자주 머릿속에 소환되기 때문입니다. 그러나 트렌드가 지나가면 급격히 인기가 떨어집니다. 이제 '전청조' 말투가 잘 기억이 나지 않는 것처럼 말이죠.

반면 2025년 '트랄라레로 트랄랄라'처럼 아무런 맥락 없이 단순히 '특이하고 재밌어서' 퍼질 때도 있습니다. 밈 마켓이 과포화 상태에 이르자, 맥락도 없고 사회적 렐러번스를 제거한 크리에이티브가 특이점을 만든 것입니다.

콘텐츠에서 '클리셰'가 반복 사용되는 것도 같은 원리입니다. 클리셰는 특정 장르, 특정 상황에서 가장 효율적인 밈입니다. 창작자도 만들 때 편하고 시청자, 독자 입장에서도 이해하기 쉽습니다. 또한 캐릭터나 스토리가 달라도 변주 가능한 재사용성이 클리셰를 반복적으로 사용하게 만듭니다.

결론적으로, 밈을 통해 배우는 렐러번스의 핵심 속성은 간결함, 확장성, 그리고 문화적 연결성입니다. 콘텐츠나 브랜드 전략에서도 이러한 속성을 반영하여 직관적이고 즉각적으로 이해될 수 있는 강력한 연결고리를 구축하고, 다양한 상황에 맞게 확장 가능한 유연성을 갖추는 것이 중요합니다.

렐러번스를 설계하는 크리에이티브

창작자는 특정한 반응을 유도하려고 콘텐츠를 만듭니다. 웃게 하거나, 감동시키거나, 구매를 유도하거나. 메시지가 제대로 전달되면 생각과 행동이 바뀝니다. 시대를 흔드는 변화일 수도 있고, 오늘 점심 메뉴를 바꾸는 선택일 수도 있습니다. 목표는 달라도 방식은 똑같습니다.

예컨대, 광고 속 메시지가 누군가의 생각과 행동을 바꾸려면, 우선 그 사람의 머릿속 어딘가에 연결되어야 합니다. 그리고 메시지가 그 연결고리의 구조를 바꿔야 합니다. 렐러번스는 무엇을 말할지의 문제가 아니라, 그것이 누구의 머릿속 연결구조를 어떻게 바꿀지 설계하는 문제입니다. 렐러번스가 좋은 크리에이티브란 타깃이 자신과 관련 있는 것이라고 느끼게 함과 동시에 충분히 신박한 비전형적 선택지입니다.

만약 당신이 어떤 책이나 강연, 영화 등을 통해 깊은 감동을 받는다면, 그것은 당신의 머릿속 연결 구조를 일부 바꾼 것입니다. 이전에는 생각해 보지 못했던 개념들이 연결되며 새로운 아이디어가 떠오를 수도 있습니다. 또는 이전에는 진실이라 굳게 믿어왔던 개념이나 생각이 바뀔 수도 있습니다. 이 연결 구조가 바뀌면 생각이 바뀝니다. 생각이 바뀌면 행동이 바뀌고, 이전과 다른 사람이 됩니다.

사람은 본능적으로 '나랑 관련 있다'고 느끼는 것에 민감하게 반응합니다. 관련 있는 메시지는 그렇지 않은 메시지보다 뇌의 '중심 경로'에서 더 중요하게 처리됩니다. '칵테일파티 효과'는 이를 잘 설명합니다. 아무리 시끄러운 공간에 있어도, 자신의 대화에 집중할 수 있습니다. 그래서 중요한 건 수용자의 머릿속 구조입니다. 타깃이 가진 연결고리를 예측하고, 크리에이티브를 그 고리에 맞게 걸어야 합니다.

누군가에겐 강력한 메시지가, 다른 누군가에겐 전혀 와닿지 않을 수도 있습니다. 아침에 들은 말과 밤에 들은 말, 즐거울 때와 우울할 때, 뉴스에서 들은 이야기와 친구가 해준 이야기, 모두 반응이 다릅니다. 표현 방식, 분위기, 언어, 타이밍, 채널, 기분 등 이 모든 게 렐러번스를 좌우합니다.

예컨대, 같은 광고 메시지라도 TV나 유튜브에서 무작위로 흘러나오는 메시지와 친분 있는 지인이 '너만 알고 있어'라고 얘기하는 메시지는 전혀 다르게 받아들여집니다. 같은 그림이라도 핀터레스트 같은 플랫폼에서 핸드폰 화면으로 본 이미지와 미술관에서 멋진 조명을 받아 전시된 작품을 보는 경험은 다릅니다.

이 개념을 'How to say'라고 말합니다. 광고 전략서에선 메시지를 'What to say(내용)'와 'How to say(표현)'로 분리해, 동일 메시지도 맥락별로 다르게 구성해야 한다고 말합니다. 여기서 창작자의 숙제가 한 가지 더 늘어납니다. 단순히 무얼 말할지만 고민하는 게 아니라, 그 내용을 어떻게 말할지도 함께 고민해야 합니다. 전략은 심플합니다. 파격적인 내용은 납득하기 쉽게, 무난한 내용은 관심 가질 만큼 독특하게 표현해서 균형을 잡습니다. 피해야 할 상황은 지루한 내용을 뻔하게 말하거나, 어려운 내용을 특이하게 말하는 것입니다. 균형 잡힌 'What'과 'How'만이 소비자의 마음속에 연결되어 생각과 행동을 바꿀 수 있습니다.

결국 렐러번스를 설계한다는 건 '이 메시지를, 이 사람에게, 이 방식으로 전하면 꽂히겠다!'라는 감각입니다. 크리에이티브는 이 감각으로 설계되어야 합니다. 이제부터 렐러번스를 '설계'하는 방법에 대해 알아보겠습니다.

연결의
설계

렐러번스 '설계'가 무엇인지 간단히 짤을 통해 설명하겠습니다. 다음의 이미지는 한 유치원의 코스프레 파티 장면입니다. 특별할 것 없어 보입니다. 그러나 여기에 제목을 '분명 디즈니 의상 파티라고 했다?'라고 달면, 유머의 연결고리가 걸립니다.

스타워즈의 다스베이더는 2012년 디즈니에 판권이 인수됐습니다. 만약 이 사실을 알고 있는 사람이라면, 이 제목이 추가되는 순간 렐러번스가 걸리고, 상황의 아이러니에서 웃음이 터집니다. 유치원 선생님의 당황한 표정, 다스베이더 코스튬을 입힌 아빠의 흐뭇한 미소 등이 떠오릅니다.

만약, 다스베이더를 편집해서 잘라내면, 사진의 렐러번스는 달라집니다. 한 명의 왕자와 네 명의 공주만 보이면서, 다스베이더와는 전혀 다른 웃픈 상황이 연출됩니다.

렐러번스 설계란, 마치 영상의 '편집', 사진의 '구도'와 비슷합니다. 무엇을 보여줄지, 무엇을 안 보여줄지, 무엇에 집중시킬지에 따라 콘텐츠의 주제와 소비자의 반응이 달라집니다.

다음의 이미지는 유명한 삽화입니다. 미디어가 진실을 왜곡할 수 있다는 것을 설명합니다. 이 삽화에서 렐러번스를 설계하는 사람은 카메라맨입니다. 상황은 똑같지만, 설계자가 어떤 부분을 보여줄 것인가에 따라 맥락은 완전히 달라집니다. '의도'가 있고,

그 목적을 달성하기 위해 편집이 일어납니다. 서바이벌 프로그램에서 '악마의 편집'을 통해, '재미'를 만들어 내는 것과 같은 개념입니다. 제아무리 팩트라도 잘 짜여진 설계 앞에선 꼭두각시가 되어 버립니다.

렐러번스 설계는 이 지점에서 크리에이티브와 구분됩니다. 크리에이티브가 무대 위에서 벌어지는 '쇼'를 만드는 작업이라면 렐러번스는 그 쇼에서 어떤 것을 보여주고, 보여주지 않을지를 결정하는 편집입니다. 이 편집을 통해 관객은 설계자(창작자)의 의도대로 반응합니다.

렐러번스 설계의 목적

소비자의 인식이나 행동을 바꿔야 하는 분야(광고, 선전 등)에선 연결고리를 어떻게 거느냐에 따라 소비자의 반응이 완전히 달라집니다. 크리에이티브의 성과가 달라지는 것이죠. 잘 설계된 연결고리는 소비자의 마음을 움직이고, 때론 브랜드의 운명까지도 결정합니다.

현대 광고의 아버지로 불리는 데이비드 오길비David Ogilvy의 유명한 일화가 있습니다. 그는 길거리에서 한 시각장애인의 구걸 팻말을 바꿔주며 그 원리를 증명했습니다. 원래 팻말에는 "나는 앞을 볼 수 없습니다. 도와주세요"라는 문장이 쓰여 있었습니다. 사람들은 대부분 무심히 지나쳤습니다. 오길비는 팻말의 문장을 이렇게 바꿨습니다. "오늘은 아름다운 봄날입니다. 하지만 나는 볼 수 없습니다." 그러자 사람들의 반응은 즉각 달라졌습니다. 발길이 멈추고, 깡통엔 동전이 쌓이기 시작했습니다. 문장 하나가 사람들의 어떠한 감각과 연결된 것입니다. '정보 전달'이 아닌 '감정 연결'이 만들어낸 변화였습니다.

연결고리까지 고려한 비전형적 선택지는 창의성과 기대효

'Got Milk?' 캠페인

과(소비자의 변화) 두 마리 토끼를 모두 잡을 수 있습니다. 광고계의 전설적인 사건을 하나 더 보겠습니다. 1993년 미국에서 시작된 'Got Milk?' 캠페인입니다. 당시 우유의 소비는 점점 줄어들고 있었고, 기존 광고는 '칼슘이 풍부하다', '건강에 좋다'는 뻔한 정보 위주였습니다. 하지만 광고대행사 굿비, 실버스타인 앤 파트너스Goodby, Silverstein & Partners는 아예 다른 방식으로 접근했습니다. 우유가 없을 때의 불편한 상황을 먼저 보여주기로 한 것입니다.

이 캠페인은 소비자에게 우유를 사라고 말하지 않았습니다. 대신 '우유가 없으면 안 되는 순간'들을 강하게 각인시켰습니다. 역발상의 크리에이티브를 통해 행동을 유도한 셈입니다. 캠페인 이후 우유는 더 이상 단순한 식재료가 아닌 '없으면 불편한 존재'로 인식됐고, 'Got Milk?'는 단순한 광고를 넘어 크리에이티브 방법론의 유산으로 기록되었습니다.

또 다른 사례는 애플의 'Think Different' 캠페인입니다. 당시 애플은 PC 시장에서 고전 중이었고, 대세는 IBM과 마이크로소프트였습니다. 애플은 제품 기능이나 사양을 말하지 않았습니다. 대신 알베르트 아인슈타인, 마하트마 간디, 파블로 피카소 같은 인물들의 얼굴을 보여주며, 이렇게 말했습니다. "여기 미친 이들이 있습니다. 혁명가. 문제아. 이들은 사물을 다르게 봅니다. 다른 이들은 미쳤다고 말하지만, 저희는 그들에게서 천재성을 봅니다. 우리는 이런 이들을 위한 도구를 만듭니다. 미쳐야만 세상을 바꿀 수 있다고 생각하기 때문입니다."

이 메시지는 소비자에게 '성능이 뛰어난 컴퓨터'라는 연결고리 대신 '혁신적인 사람들의 선택'이라는 새로운 연결고리를 제시

애플의 'Think Different' 캠페인

했습니다. 그전까지 컴퓨터 브랜드가 이런 이야기를 한 적이 없기에 신선했습니다. 매킨토시로 글을 쓰고, 데이터를 다루고, 그림을 그리는 행위가 세상을 바꾸는 혁신의 과정으로 연결되었습니다.

성능이나 제품력에 연결고리를 아무리 잘 걸어도 경쟁사가 더 뛰어난 성능의 후속 제품을 내놓으면 끊어져 버립니다. 그러나 연결고리를 혁신을 위한 도구로 바꾸니 매킨토시를 쓰는 것은 소비자 정체성의 상징이 되었습니다. 애플의 세계관에 동의하는 사람들은 기꺼이 애플을 선택했습니다. 'Think different' 캠페인의 성공 이후, 애플은 지속적으로 다양한 방식으로 혁신과 창의성을 이야기하며 브랜드의 이미지를 단단히 굳혔습니다. 그 연결고리의 자산은 지금까지 브랜드 충성도와 시가총액으로 이어지고 있습니다.

이 사례들이 주는 공통된 인사이트는 분명합니다. 연결지점을 어디에 두느냐에 따라 크리에이티브의 효과가 달라집니다. 오길비의 팻말은 사람들의 감정을, 'Got Milk?'는 소비자의 인식을, 'Think different'는 브랜드의 운명을 바꿨습니다. 단순히 특이점이 있는 크리에이티브로 눈길만 끈 것이 아니라, 인식을 바꿔 브랜드에게 실질적인 이득을 준 것입니다.

정말 좋은 크리에이티브는 소비자가 주목하는 한 문장이나 한 장면이 아닙니다. 브랜드가 이득을 보는 연결의 설계를 포함해야 합니다. 크리에이티브가 세상에 나가기 전 검토해야 하는 질문은 세 가지입니다.

"충분히 신선한가?"
"어디에 연결되어 있는가?"
"그 연결을 통해 브랜드는 무엇을 얻는가?"

동시연결 설계: 교집합

하나의 크리에이티브는 그 속성상 여러 가지와 연결될 수밖에 없습니다. 무엇과 연결될지, 그 연결이 얼마나 단단할지에 따라 크리에이티브의 성과가 달라집니다. 예컨대, 어떠한 비전형적 선택지가 '신선함'이라는 1번 조건과 연결되어 있더라도 '의미 전달'이라는 2번 조건과 연결되지 못하면 좋은 선택지가 아닌 것입니다. 이를 가장 쉽게 설명하는 비유가 바로 '교집합'입니다. 교집합은 두 가지 이상의 연결고리가 겹치는 지점, 즉 '동시연결'입니다.

번안곡(번역곡)은 이를 이해하기 좋은 장르입니다. 원문의 의미를 정확히 살리는 번역이 1번 고리라면, 멜로디 위에 단어를 자연스럽게 얹는 운율의 감각이 2번 고리입니다. 둘 중 하나라도 끊

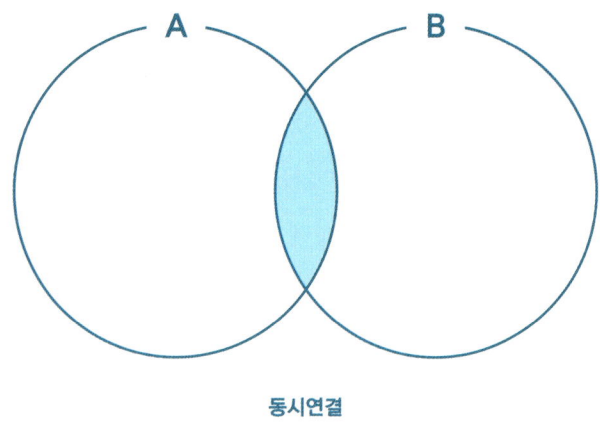
동시연결

어지면, 노랫말은 멜로디에 억지로 붙여진 듯 어색해집니다. 하지만 두 고리가 모두 제대로 연결되면, "처음부터 한국어 곡 아니었어?"라는 반응이 나옵니다.

좀 더 명확히 이해하기 위해, '프리스타일 랩'을 떠올려 봅시다. 래퍼는 즉석에서 던져지는 제시어로 즉흥적인 가사를 만들어야 합니다. 그 가사를 흐르는 비트 위에 자연스럽게 얹고, 게다가 운율(라임)까지 맞춥니다. 관객은 이런 여러 조건이 동시에 충족될 때 "정말 잘한다"라고 평가합니다. 랩을 잘 몰라도 직관적으로 이해할 수 있습니다. 조건이 많을수록 기준은 오히려 단순해지고, 평가는 더 명확해집니다.

이처럼 여러 조건과 동시에 연결되는 '교집합'이 명확할수록, 그것은 뛰어난 크리에이티브로 인정받습니다. 크리에이티브 분야에서 이런 교집합의 원리를 이해하는 것은 매우 중요합니다.

예컨대 광고 분야는 브랜드의 메시지를 명확히 전달(1번)하면서도 각인 효과(2번)까지 갖추어야 합니다. 메시지만 전달하면 지루하고, 임팩트만 있어도 부족합니다. 브랜드의 메시지가 선명하게, 소비자의 뇌리에 박혀야 광고 효과가 높기 때문에, 광고주는 두 조건을 모두 충족하는 크리에이티브를 높게 평가합니다. '메시지는 좋지만 후킹이 부족하다', 혹은 '임팩트는 강하지만 설명이 부족하다'라는 피드백이 나오는 이유가 바로 이 때문입니다. 두 가지 조건 이상을 동시에 충족하는 크리에이티브로 구성되었을 때, 광고주뿐만 아니라 소비자도 이것을 '브랜드만의 특별한 표현'으로 인식합니다.

스토리텔링에서 '떡밥 회수' 역시 교집합의 사례입니다. 스토리의 흐름과 흥미를 유지하면서 동시에 복선을 몰래 심어 두었다가 후반부에 이를 자연스럽게 회수하는 능력은 작가의 교집합 설계 능력을 증명합니다. 만약 너무 티 나게 '나 복선입니다' 하고 들어가거나, 복선인 줄 알았는데 회수가 안 될 때 팬들은 작가의 설계력을 의심합니다.

가수는 음정, 박자와 더불어 가사의 감정 표현까지 동시에 해내야 합니다. 만화 작가는 스토리와 그림 양쪽의 퀄리티를 동시에 충족해야 합니다. 분야마다 다르지만, 모든 크리에이티브는 동시에 두 가지, 세 가지 이상의 조건을 충족해야 합니다. 대중이든 평단이든 연결고리를 동시에 여러 개 걸어내는 창작자를 높게 평가합니다.

결국 소비자가 "와, 이걸 동시에 다 해결했군요!"라는 감탄을 느끼는 것이 핵심입니다. 작품성이나 완성도 같은 추상적 개념은 연결고리의 갯수로 평가될 수밖에 없습니다.

구글 두들의 연결 설계

동시 연결의 개념을 더 정확히 이해하기 위해 '구글 두들Google Doodle'을 살펴봅시다. 구글google 홈 화면은 1998년 런칭 이후, 지금도 '로고＋검색창'이라는 미니멀리즘 디자인을 고수합니다. 그 흔한 배너 광고판도 없습니다(엄청난 수익을 포기한 셈입니다). 이 일관성 덕분에 로고가 변주되는 날은 즉시 눈에 띕니다. 바로 '구글 두들'입니다. 로고의 기본 형태와 가독성을 유지하면서도 특정한 테마나 기념일에 맞는 창의적인 그래픽과 기호를 더해 변형된 로고를 만드는 개념입니다. 핼러윈, 크리스마스 같은 기념일의 컨셉에 맞추어 디자인을 변경하거나, '힙합＋구글', '피카소＋구글' 등 장르나 유명 키워드를 섞은 컨셉으로 만들어집니다.

당신이 구글 두들을 디자인해야 한다고 생각해 봅시다. 이때 두 가지 렐러번스를 연결해야 합니다.

1. **로고타입 가독성**: 'Google' 다섯 글자가 한눈에 읽혀야 한다.
2. **테마의 직관성**: 기념일, 인물, 장르 등의 컨셉을 직관적으로 표현한다.

이 두 가지 조건은 구글 두들의 '설계된 렐러번스'입니다. 수용자가 새로운 구글 두들을 보면, 즉각 그 어울림을 판단할 수 있습니다. 예컨대, '가독성이 충분하군'+'○○ 두 개를 이렇게 바꿔서 테마를 표현했네'처럼 말입니다. 가독성이라는 격식이 테마 그래픽이라는 파격을 안전하게 품어주는 구조입니다. 지금까지 만들어진 구글 두들은 5,000건이 넘으며, 연평균 400여 종이 제작됩니다. 디자이너는 두 조건을 체크 리스트 삼아 '올바른 방향인지' 스스로 검증할 수 있습니다. 잘 설계된 렐러번스는 제약이 아니라 '안전한 울타리'가 됩니다. 크리에이티브의 방해물이 아니라 오히려 날개를 달아주는 셈입니다.

구글 두들의 창의성은 조직문화와도 연결되어 있습니다. 구글은 '로고 + 검색창뿐'이라는 극단적 제한을 창의적 실험실로 사용해왔습니다. 구글 크리에이티브 랩Google Creative Lab이 내세우는 '사용자를 알고, 마법[24]을 알고, 둘을 연결한다'는 미션에 따라, 조직 차원에서 창의적 프로토타입을 작고 빠르게 실험하는 문화를 추구합니다. 구글 두들은 이러한 실험의 테스트베드입니다. 인터랙티브 게임, 증강현실, AI 생성 이미지처럼 최신 기술 실험을 자연스럽게 녹여 보기도 하고, 음성 검색, 모바일 앱 등 신기능이 업

---

24 엔지니어·제품 팀이 만드는 구글의 기술, 데이터, 알고리즘을 뜻합니다.

데이트될 때마다 그것과 연관된 크리에이티브를 구글 두들로 표현하기도 합니다.

구글 두들은 외부적으로도 렐러번스를 연결합니다. 소비자에게 구글을 '딱딱한 IT 기업'이 아닌 '친근하고 창의적인 브랜드'로 연결시킵니다. 사용자는 유튜브, 워크스페이스, 클라우드 같은 새 서비스도 '구글다운 호기심과 유연성'으로 받아들입니다. 마케팅 및 브랜딩 분석가들은 이를 '로고를 변형하면서도 신뢰를 잃지 않은 드문 사례'로 평가합니다. 구글 두들은 '로고 변형 금기'라는 격식에 작은 파격을 더해, '브랜드 아이덴티티 + 대중 친밀도'를 동시에 강화한 대표적 렐러번스 설계입니다. 구글 두들은 단순히 눈길을 끄는 장치가 아니라, 구글이 혁신과 확장을 설득력 있게 이야기하는 잘 설계된 렐러번스입니다.

최소 렐러번스 설계

일부 크리에이티브 분야는 형식이나 표현 가능한 교집합이 매우 제한적입니다. 네이밍, 로고 디자인, 시 문학, 픽토그램 등과 같은 영역입니다. 눈으로 보자마자 감상이 끝나 버리거나 발음하는 시간이 짧습니다. 이러한 분야에서는 적은 조건을 완벽히 충족시키는 것이 강력한 렐러번스를 만들어냅니다.

네이밍(브랜드 이름)
브랜드 네이밍은 학술적으로 다음의 기준을 동시에 만족시켜야 합니다.

> ① **언어적 인지성**: 발음하기 쉽고 기억하기 쉬워야 함(음성적 기호).
> ② **의미적 연관성**: 브랜드의 핵심 컨셉을 효과적으로 전달함.

예컨대, '배달의 민족'은 ① 발음이 쉽고 기억하기 쉬운 동시에 ② 한국인의 정체성을 상징하는 '배달민족'이라는 역사적 의미와 음식 배달의 중의적 의미를 활용해 브랜드 정체성을 명확히 합니다. ③ 거기에 더해 말장난이라는 속성 때문에 위트까지 갖추고 있습니다.

페이팔PayPal은 'Pay(지불)+Pal(친구)' 구조로 ① 발음과 기억의 용이성을 확보하면서 ② '친구에게 돈 보내듯 안심 결제'라는 브랜드 메시지를 단어 자체에 녹여 신뢰감을 만듭니다.

로고 디자인: 시각적 아이덴티티

로고 디자인은 학술적으로 다음의 기준을 동시에 충족해야 합니다.

> ① **브랜드 이미지 표현성**: 브랜드의 핵심 가치를 효과적으로 표현해야 함.
> ② **시각적 명료성**: 브랜드 개성에 맞는 적절한 단순성.

전설적인 그래픽 디자이너 폴 랜드Paul Rand가 만든 IBM 로고

IBM 로고

는 안정성과 신뢰성을 표현하는 단단한 구조의 슬랩세리프 서체와 첨단 기술의 상징인 가로줄 패턴을 섞어 ① 브랜드 이미지를 완벽히 표현하며 ② 간결하고 명확한 형태로 쉽게 인지됩니다.

베스킨라빈스의 로고는 ① 31가지 맛을 상징하는 숫자를 BR 글자 안에 창의적으로 통합하여 브랜드의 핵심 아이덴티티를 시각적으로 전달하며, ② 쉽게 읽고 기억할 수 있는 명확한 디자인으로 구성되어 있습니다.

제한된 교집합의 렐러번스는 많은 요소가 아니라 명확하고 간결한 조건을 동시에 만족시킴으로써 강력한 크리에이티브 효과를 얻습니다. 소비자는 핵심 조건을 정확히 충족하는 창작물의 '특이점'을 쉽게 이해할 수 있습니다.

베스킨라빈스 로고

렐러번스로 만드는 특이점

렐러번스를 고려한 크리에이티브는 소비자가 창작자의 의도를 납득하게 만듭니다. 비전형적인 선택지가 이 브랜드만을 위해 만들어진 특별한 '표현'처럼 느껴지게 합니다.

레고랜드 테마파크에서는 스태프들이 관람객에게 손가락을 오므려 'C' 모양으로 손 인사를 합니다. 이는 레고 피규어들의 손 모양이 'C'라는 렐러번스를 활용한 크리에이티브입니다. 레고랜드라는 장소의 렐러번스가 이 간단한 제스처를 특이점으로 만들어 줍니다. 보는 순간 바로 이해할 수 있고, 관람객들도 쉽게 따라 할 수 있는 장점이 있습니다. 기존 손 인사의 크리에이티브한 변주이기 때문에, 머릿속에 각인됩니다.

나카바 스즈키의 『라이징 임팩트』는 골프를 소재로 한 소년만화입니다. 이 작품의 주인공과 주요 인물들의 이름은 모두 잉글랜드 아서왕 전설에 등장하는 '원탁의 기사'들로 구성되어 있습니다. 가웨인, 트리스탄, 퍼시벌, 멀린 등이 그 예입니다. 처음에는 다소 낯설 수 있지만, 골프가 영국(정확히는 스코틀랜드)에서 유래되었고,[25] 초능력 배틀 형식으로 골프채를 휘두르는 연출과 겹쳐지면서 원탁의 기사 이름은 독특한 표현으로 인식됩니다. 전설 속 기사들의 성격과 만화 속 캐릭터들의 성격이 유사한 지점도 흥미로운 렐러번스를 만듭니다. 이는 다소 과장되고 판타지한 작품의 컨셉을 독자들이 자연스럽게 납득하도록 돕는 역할도 합니다.

---

25 아서왕 전설은 잉글랜드/웨일스계라 완벽한 일치는 아닙니다.

영화 〈매트릭스〉의 경우도 디지털 세계라는 설정과 연결된 다양한 렐러번스를 활용합니다. 극 중 스미스 요원은 컴퓨터 바이러스처럼 빠르게 복제되고 퍼져나가며, 매트릭스 세계를 위협합니다. 또한 극 중 캐릭터 '키메이커'는 수많은 문을 여는 존재로, 디지털 세계의 '백도어' 시스템을 은유합니다. 보안과 구조, 경로 탐색 같은 컴퓨터 시스템의 개념이 캐릭터 설정에 자연스럽게 녹아 있습니다. 영화에서 등장하는 '버그'는 컴퓨터 프로그래밍에서 오류를 의미하며, 네오가 먹는 '빨간 약'과 '파란 약'은 프로그램의 인터페이스 개념을 상징적인 '메타포'로 표현한 것입니다. 이처럼 영화는 기술과 인간성, 현실과 가상현실 사이의 긴장과 갈등이라는 깊은 철학적 주제 의식을 디지털 세계의 렐러번스를 통해 효과적으로 표현합니다.

설득력 있게 구성된 렐러번스의 크리에이티브는 강력한 특이점으로 작동합니다. 연결고리를 따라가 창작자의 의도를 캐치한 순간, 소비자는 해석의 즐거움을 느끼며 작품 속으로 깊게 몰입합니다. 이것은 레고랜드의 손 인사처럼 작고 디테일한 요소일 수도 있고, 매트릭스처럼 작품 전체를 관통하는 주제 의식이나 컨셉일 수도 있습니다. 크리에이티브를 구성하는 디테일들이 단순히 우연에 의해 배치된 것이 아니라, 창작자의 의도와 깊은 고민이 담겨 있는 증거가 되어줍니다. 평론가, 전문가들은 이러한 렐러번스를 해석하며 작품의 숨은 의도를 파악합니다. 또한 소비자 입장에서도 이런 디테일을 2차 창작을 하는 재료가 되거나 바이럴 요소로 활용합니다. "레고랜드에서는 손 인사를 C 모양으로 한대"와 같이 말입니다. 크리에이티브를 구성함에 있어서 렐러번스를 고려하는 것은 그래서 중요합니다. 고려 없이도 작품을 만들 순 있지만, 고려한다면 더 깊고 진한 표현과 감상의 기회를 만들 수 있기 때문입니다.

첫인상 설계하기

연결은 처음에 대부분 결정됩니다. 브랜드가 소비자를 처음 만나는 순간, 콘텐츠가 시청자에게 처음 노출되는 장면 등 그 짧은 접점은 단순한 '소개'가 아닙니다. 그것은 연결고리를 만들어내는 첫 시도이며, 이후 관계의 방향을 결정짓습니다.

하버드대 교수이자 심리학자 에이미 커디Amy Cuddy의 연구에 따르면, 사람은 타인을 만났을 때 무의식적으로 두 가지 질문을 던진다고 합니다. '이 사람을 신뢰할 수 있는가?' 그리고 '이 사람은 유능한가?' 이 판단은 평균 몇 초 이내에(일부 연구에선 단 0.1초) 끝나며, 한 번 각인된 이미지는 이후 정보가 추가되어도 쉽게 바뀌지 않습니다. 극단적으로 얘기하면 첫 연결이 약하거나 어긋났다면, 개선보다는 차라리 처음부터 다시 시작하는 게 나을 수도 있습니다.

광고도 마찬가지입니다. 15초짜리 광고, 포스터 한 장, SNS 피드 한 줄. 이것이 첫인상을 결정합니다. 브랜드가 '나는 누구인가'를 말할 기회는 굉장히 짧고, 그 안에 신선함과 렐러번스를 모두 담아야 합니다. 이 순간이 무의미해진다면 소비자는 스크롤을 넘기고 관심을 잃습니다.

　많은 창작자와 스타트업이 실수하는 지점은 이 짧은 순간에 너무 많은 것을 담으려 한다는 것입니다. 인지심리학자 조지 밀러George A. Miller의 '매직 넘버 7±2' 이론은 인간이 동시에 받아들일 수 있는 정보량이 한정적임을 말합니다. 즉, 소비자가 처음 접하는 순간 기억하거나 인지할 수 있는 연결고리는 5~9개, 그것도 최대치일 때입니다. 최신 연구들은 이보다 더 적은 3~5개 정도라고 말합니다. 사람마다 숫자는 달라지므로 더 적어질 수도 있습니다. 이렇게 제한적인 연결고리의 숫자에 의미 없는 정보나 브랜드의 자기소개만 늘어놓는다면? 핵심 연결고리는 놓치고, 연결은 끊어집니다.

　과도한 브랜드 정보를 담은 영상을 '돌잔치 비디오'라고 부르는 이유도 여기에 있습니다. 본인(브랜드)에게만 의미 있고, 보는 사람(소비자)은 아무 관심 없는 내용으로 가득 차 있다는 뜻입니다. 첫인상 렐러번스 설계에서 중요한 건 '내가 하고 싶은 말'이 아니라, '상대가 듣고 싶은 말'입니다. '메이커 보이스maker voice' 즉, 말하는 사람(브랜드)의 입장에서만 의미 있는 메시지는 수용자 입장에서 관심 있는 '소비자 언어'로 번역되어야 합니다.

　이때 중요한 심리 요소가 바로 라포Rapport입니다. 라포란 상대와의 감정적 연결, 정서적 동기화 상태를 말합니다. 라포가 형성되면 상대는 더 쉽게 몰입하고, 설득에 빠르게 반응합니다. 유능한 심리 상담사들은 내담자(환자)의 언어를 그대로 활용하거나, 문화적 코드를 맞춰 공감대를 확보하는 등 다양한 방법을 통해 연결고리를 형성합니다.

소비자가 먼저 찾아오는 유명 브랜드가 아니라면, 브랜드는 반드시 먼저 말을 걸어야 합니다. 그 시작은 무조건 상대의 언어로, 상대가 반응할 렐러번스로 설계돼야 합니다. 결국 브랜드와 소비자, 콘텐츠와 시청자가 처음 만나는 순간은 인간이 관계를 시작하는 순간과 비슷합니다. 문제는 우리가 만드는 결과물엔 생명이 없다는 점입니다. 그래서 우리는 종종 착각합니다. 결과물만 완성도 있게 만들어두면, 반응은 저절로 따라올 거라고요. 그러나 결과물을 통해 연결되고자 하는 대상은 살아 있는 사람입니다. 인간과 연결되기 위해서, 첫인상은 전략이어야 하고, 연결고리는 라포 형성에서 시작해야 합니다.

최초상기도: 1번 연결고리

마케팅 용어인 '최초상기도Top-of-Mind'는 어떤 카테고리나 키워드를 들었을 때, 사람들이 가장 먼저 떠올리는 브랜드를 의미합니다. 예컨대 "스마트폰 하면?"이라는 질문에 대부분은 애플이나 삼성을 떠올릴 것입니다. 이처럼 누군가의 머릿속에 가장 먼저 떠오른다는 건, 그 브랜드가 해당 분야에서 강력한 렐러번스를 형성하고 있다는 뜻입니다.

이 원리는 영화의 캐스팅 과정으로 비유하면 쉽게 이해할 수 있습니다. 예컨대, 당신이 영화 캐스팅 디렉터라고 생각해 봅시다. 액션과 코믹을 모두 소화할 수 있는 경찰 주인공, 조선족 억양이 가능한 빌런, 그리고 부패한 상사. 이 설정만 들어도 대부분의 사람은 특정 배우들을 떠올릴 것입니다. 최초 상기된 인물이 곧 후보 리스트의 1순위가 되고, 이후 스케줄, 출연료, 이미지, 다른 배우들과의 케미 등을 고려해 최종 선택이 이루어집니다. 이 과정은 브랜드 구매 결정과 유사한 구조입니다.

렐러번스는 단순한 연상 이미지 차원이 아닙니다. 소비자들은 구매를 결정할 때, 가장 먼저 떠오른 브랜드를 중심으로 기준점을 설정하고, 이후 가격, 품질, 기능 등 다양한 요소를 비교해 최종 선택을 합니다. 결국 최초상기를 차지한 브랜드는 이미 한 발 앞서 시작하는 셈이며, 이는 브랜드 가치에도 반영됩니다. 더 높은 가격을 정당화할 수 있고, 단순한 기능 이상으로 심리적 만족감을 제공합니다. 자동차 시장에서 '하차감'이란 표현이 존재하는 것도 같은 이유입니다. 차에서 내렸을 때의 자부심이 브랜드의 무형 가치와 연결되는 사례입니다.

이 개념은 유형의 상품에만 적용되지 않습니다. 브랜드, 서비스, 콘텐츠, 심지어 개인에게도 동일하게 작동합니다. 예컨대, 회사에서 'PPT 잘 만드는 사람', '회의 때 말 잘하는 사람'처럼 특정 상황이 생기면 가장 먼저 떠오르는 인물이 있습니다. 이 사람이 바로 해당 카테고리의 '최초상기 브랜드'입니다. 퍼스널 브랜딩이란 결국, 특정 주제에서 가장 먼저 떠오르는 사람이 되는 과정을 말합니다.

인플루언서 시장에서도 최초상기는 핵심 자산입니다. 영화 요약 유튜버, 가성비 화장품 리뷰어, 격투 게임 고수, 부동산 전문가 등 어떤 카테고리든지 먼저 떠오르는 이름이라는 건 그만큼 영향력이 강하다는 뜻입니다. 이들의 평가는 제품의 판매량에 직접적인 영향을 주고, 중소기업과의 콜라보만으로 대기업 제품마저 밀어내기도 합니다.

서비스 분야에서도 마찬가지입니다. 예컨대 '중고 거래' 하면 당근마켓, '음식 배달' 하면 배달의민족, '메신저' 하면 카카오톡처럼 특정 브랜드가 카테고리 자체를 상징하게 되는 경우가 있습니다. 심지어 브랜드명이 동사처럼 사용되기도 합니다. "카톡해", "우버를 불렀어요", "토스했어" 같은 표현이 대표적입니다.

콘텐츠 분야에서도 최초상기는 강력한 전략이 됩니다. 특정 장르에서 이미 확고한 렐러번스를 구축한 작품은, 그다음 작품의 신뢰도를 자동으로 끌어올립니다. 예컨대, 히어로 무비 하면 〈마블 어벤져스〉, 3D 애니메이션 하면 〈겨울왕국〉, 요리 예능하면 〈마스터셰프〉, 넷플릭스 시리즈 하면 〈오징어게임〉 같은 작품들이 떠오릅니다. 그래서 투자자들은 한 번 최초상기를 확보한 IP나 작가, 연출자를 반복적으로 활용하는 전략을 취합니다. 인기 있는 시리즈의 후속편이 끊임없이 제작되는 이유, 나영석 PD가 기획한 새 예능이 방송 전부터 주목받는 이유도 같은 맥락입니다.

그러나 최초상기도는 고정된 순위표가 아닙니다. '어떤 질문을 던지느냐'에 따라 떠오르는 대상은 달라질 수 있습니다. 질문이 바뀌면 연결고리도 바뀌고, 연결고리가 바뀌면 최초상기의 순위도 바뀝니다. 마케팅에서 어떤 화두를 던질 것인가를 고민하는 이유가 여기에 있습니다. 화두는 브랜드가 유리한 지점에 나타나도록 판을 짜는 일이며, 최초상기의 키워드를 재설계하는 과정이기도 합니다.

이제 다시 스마트폰 구매로 돌아와 봅시다. 당신이 '카메라 화질이 좋은 스마트폰', '디자인이 예쁜 스마트폰', '가성비 갑 스마트폰', '10대들이 가장 선호하는 스마트폰' 같은 이야기를 들으면 어떤 브랜드가 먼저 떠오를까요? 어떤 제시어에서 연상하느냐에 따라 최초상기 브랜드는 달라집니다. 이처럼 질문이 바뀌면 걸리는 연결고리도 바뀝니다. 결국 어떤 화두를 던지느냐에 따라 최초상기의 순위가 달라지고, 브랜드가 유리하게 등장할 수 있는 맥락도 달라집니다. 15초짜리 광고 한 편에도 이런 노림수가 들어 있습니다. 초반에 화두를 던지고, 그 화두에서 '제일 좋은 선택은 바로 나(브랜드)랍니다'로 귀결됩니다. 광고만 봐도 해당 브랜드가 어떤 지점에서 자신이 유리하다고 판단하는지를 유추할 수 있습니다.

사람들의 머릿속에 가장 먼저 떠오르게 하려면, 브랜드는 특정 연결고리(키워드)와 단단히 연결되어 있어야 합니다. 브랜드가 머릿속 '1번 슬롯'을 차지하는 순간, 시장 경쟁은 이미 절반은 끝난 셈입니다. 그러나 방심하면 안 됩니다. 연결고리는 얼마든지 끊어질 수 있습니다. 트렌드가 바뀔 수도 있고, 약삭빠른 경쟁자가 새로운 연결고리를 걸 수도 있습니다. 유용한 연결고리는 모두가 탐냅니다. 이것을 두고 치열한 경쟁이 벌어집니다.

머릿속 연결 전쟁

영화 〈인셉션〉은 꿈속에서 다른 사람의 머릿속에 생각을 심고 나올 수 있다는 설정을 가졌습니다. 〈인셉션〉 속 주인공들이 광고대행사 또는 마케터라고 생각하고 영화를 보면 무척 흥미롭습니다.

우리가 하는 일도 영화 속 캐릭터들과 크게 다르지 않습니다. 광고, 콘텐츠를 통해 사람들의 머릿속에 새로운 연결고리를 만들어두고 나오면, 그에 따라 소비자의 행동이 변화하기 때문입니다.

지금도 브랜드들은 자신에게 유리한 키워드를 연결하게 하기 위한 마케팅 전쟁을 벌입니다. 비슷한 캐릭터의 배우들은 하나의 배역을 두고 경쟁합니다. 소비자가 원하는 키워드(예: 꽃 배달)를 입력하면 검색엔진의 상단에 노출되기 위해 더 높은 광고비를 베팅합니다.

단순히 이름을 각인시키는 차원을 넘어서, 경쟁 브랜드보다 유리한 이미지로 떠오르게 만들어야 합니다. 마케팅과 브랜딩은 '어디에, 어떻게 연결고리를 걸 것인가'를 결정하는 심리적 전쟁이자 인식의 자리싸움입니다. 마치 체스를 두듯 머릿속 연결고리를 선점, 탈취, 방어, 재구성하며, 소비자 인식을 둘러싼 입체적인 심리전을 벌이는 것입니다.

선점

트렌드는 언제나 예측을 벗어나 튀어나옵니다. 그래서 촉이 빠른 창작자나 마케터는 새로운 키워드가 떠오를 때 누구보다 빨리 반응합니다. 인플루언서들이 '틱톡', '클럽하우스', '치지직', '스레드' 같은 플랫폼에 오픈런하듯이 말입니다. 새로운 플랫폼이 등장하면, 그 키워드에 최초로 연결되기 위해 빠르게 콘텐츠를 쏟아냅니다. 생성형 AI가 트렌드가 되자마자 이를 활용한 영상, 강의, 블로그, 뉴스레터가 쏟아지는 것도 같은 맥락입니다. 조금 더 과거로 거슬러 올라가면 '메타버스', 'VR', '유비쿼터스', '닷컴' 등도 모두

같았습니다. 연결고리가 살아남을지 사라질지는 그때는 누구도 모릅니다. 일단 걸고 보는 겁니다.

선점의 대표적인 성공 사례는 테슬라입니다. 당시까지만 해도 전기차는 느리고 비싸며 불편하다는 인식이 강했습니다. 기존 완성차 업체들이 이 분야에 소극적이었던 틈을 타 테슬라는 제품 양산 전부터 '전기차=고성능·혁신' 연결고리를 반복적으로 노출했고, 이후 모델 S가 실제로 그 약속을 입증하면서 전기차 인식을 근본적으로 뒤집었습니다. 이 고리를 중심으로 디자인, 충전 인프라, 자율주행이라는 후속 고리를 계속 연결했고, 결과적으로 테슬라는 '전기차'를 선점했습니다.

스타트업은 대기업보다 자원이 부족하기 때문에, 이미 누구나 떠올리는 연결고리에는 진입하기 어렵습니다. 그래서 남들이 아직 걸지 못한, 혹은 관심을 두지 않았던 새로운 연결고리를 선점하려 합니다. 이때 유용한 전략이 '포지셔닝 갭 Positioning Gap'입니다. 소비자 인식 속에 비어 있는 틈새를 찾아, 그 안에 먼저 렐러번스를 차지하는 것입니다.

탈취

후발 브랜드는 1등 브랜드가 이미 걸어놓은 연결고리의 빈틈을 비집고 들어갑니다.

코카콜라와 펩시의 경쟁은 대표적인 사례입니다. 펩시는 펩시맨 같은 파격적인 광고를 통해 주목받기도 했지만, 수십 년간 1, 2위는 좀처럼 바뀌지 않았습니다. 하지만 시대의 트렌드가 '설탕=건강의 적'으로 전환되자, 제로슈거 시장에서 펩시가 빠르게 대응하며 반격했고, 코카콜라는 이 흐름에 한 발 늦게 반응했습니다. 이미 단단하게 연결된 '탄산음료 = 코카콜라'라는 연결고리가 변수에 의해 흔들리자 탈취를 시도한 것입니다.

이미 형성된 연결고리를 후발주자가 빼앗아 가는 경우도 있습니다. 게임 〈리그 오브 레전드〉가 대표적인 사례입니다. 블리자드의 〈워크래프트 III〉에서 유저들이 만든 '카오스'라는 모드에서 파생된 AOS 장르는, 당시까지만 해도 블리자드의 영역이었습니다. 그러나 라이엇 게임즈는 〈리그 오브 레전드〉라는 이름으로 이 장르를 독립된 게임으로 재구성하며, 사용자 친화적인 시스템과 매끄러운 서버 환경, 지속적인 업데이트와 글로벌 e-스포츠 리그 운영으로 단숨에 연결고리를 탈취했습니다. 블리자드는 뒤늦게 〈히어로즈 오브 더 스톰〉이라는 후속 게임으로 대응했지만, 이미 인식의 중심은 〈리그 오브 레전드〉가 차지한 뒤였습니다. 사람들이 'AOS 게임'이라고 하지 않고 '롤 같은 게임'이라고 부르는 이유는, 롤이 이 장르를 대표하는 최초상기 브랜드가 되었기 때문입니다. 블리자드의 전략은 정교했지만, 최초 인식을 뒤집기엔 너무 늦었습니다. 이 사례는 인식의 탈취가 얼마나 중요한지를 보여줍니다.

방어

어떤 브랜드는 누군가 화두를 흔들며 도전해 오더라도 묵묵히 중심을 지키며 흔들리지 않는 전략으로 승기를 잡습니다. 대표적인 예가 '나이키'입니다. 나이키는 수십 년간 스포츠 브랜드의 정점 자리를 지켜오며, 수많은 도전에도 불구하고 그 중심 연결고리를 놓치지 않았습니다. 아디다스, 언더아머, 뉴발란스 등 다양한 브랜드가 '퍼포먼스', '가성비', '패션성'이라는 새로운 연결고리를 시도했지만, 나이키는 꾸준히 '운동선수의 정체성과 스토리'라는 고리를 중심에 두고 방어전을 펼치고 있습니다.

또 다른 사례로는 마블 시네마틱 유니버스MCU가 있습니다. DC 코믹스는 무게감 있는 주제와 어두운 분위기를 통해 히어로 영화 시장에서 차별화를 시도했지만, 마블은 유머, 캐릭터 중심의 이야기, 그리고 장기적인 세계관 설계라는 기존의 고리를 끝까지 유지하며 시장 주도권을 지켜냈습니다. 〈아이언맨〉에서 시작된 흐름은 〈어벤져스〉, 〈가디언즈 오브 갤럭시〉, 〈스파이더맨〉 시리즈로 이어졌고, 이 세계관을 사랑하는 팬층은 쉽게 다른 고리로 이탈하지 않았습니다. 반대로 DC는 끊임없이 리부트를 시도하며 '어떤 연결고리가 DC다운가'를 잡지 못한 채 흔들렸습니다. 이는 중심 고리를 지켜내는 힘이 얼마나 중요한지를 보여주는 대표적인 사례입니다.

그러나 최근 나이키와 마블 모두 트렌드를 따라가려다, 연결고리를 놓치고 말았습니다. 나이키는 '퍼포먼스 마케팅[26]'에 집중하느라 소홀했던 브랜드 마케팅으로의 회귀를 선언했고, 마블은 본인들의 강점이었던 세계관이 너무 복잡해지며, 개별 작품들의 퀄리티 저하, 팬들의 피로감, 과도한 PC(정치적 올바름) 요소 등으로 비판받고 있습니다. 이는 선점과 탈취만큼 방어도 어려운 것임을 보여줍니다.

---

26 성과 측정이 가능한 광고 활동을 통해 구체적인 목표(예: 클릭, 전환, 구매 등)를 달성하는 것을 목적으로 하는 마케팅 방식입니다.

리셋

아예 새로운 연결고리를 만들어 인식 자체를 재설계하는 전략도 있습니다. 1등 브랜드의 방어가 너무 단단하면, 아예 새로운 연결고리를 만들어 기존의 경쟁 구도를 무력화시키는 전략을 쓰기도 합니다.

애플의 아이폰은 '모바일폰'이라는 기존 카테고리 대신 '스마트폰'이라는 새로운 연결고리를 들고나왔습니다. 단순히 '혁신적인 8세대 모바일폰'이 아닌, 아예 새로운 카테고리를 제안함으로써 그동안 노키아와 모토로라가 쌓아온 연결고리를 단숨에 무력화시켰습니다. 브랜드가 새로운 연결고리를 창조할 수 있다면, 시장의 룰도 바꿀 수 있습니다.

넷플릭스는 한꺼번에 세 개의 고리를 갈아 끼우며 시장 자체를 리셋했습니다. 첫째, 2007년 '스트리밍'을 도입해 콘텐츠를 소비하는 방법 자체를 바꿨습니다. 둘째, 2013년 〈하우스 오브 카드〉를 시작으로 '오리지널 제작사'라는 새 고리를 걸어 "플랫폼은 남의 콘텐츠를 트는 파이프"라는 인식을 갈아 끼웠습니다. 셋째, 모든 에피소드를 한날 공개하는 '글로벌 동시·몰아보기' 모델로 "드라마는 주 1회 TV 앞에서 본다"는 관습까지 바꿨습니다. 결과적으로 OTT라는 새로운 연결고리를 창조했으며, 미디어 산업 전체가 이 연결고리를 중심으로 재편되었습니다.

전략은 이렇게 다양합니다. 우선 최초상기를 확립하기 위해 브랜드의 존재감을 키우는 작업이 필요하고, 때론 이미 갖고 있는 인지도를 바탕으로 새로운 키워드로 확장하거나, 아예 새로운 키워드를 유행시키는 시도를 하기도 합니다. NFT, 메타버스, ESG,

페미니즘 같은 시대의 메가트렌드에 연관된 브랜드로 자리 잡기 위한 경쟁 역시 같은 맥락입니다.

그 어떤 전략이든 핵심은 같습니다. 사람들의 머릿속 어느 고리에 우리 브랜드를 걸 것이냐. 그리고 그 고리를 얼마나 빠르고 단단하게, 설득력 있게 연결하느냐의 싸움입니다.

욕망이라는 연결고리의 재구성

그렇다면 소비자의 머릿속 어떤 연결고리에서 시작해야 할까요? 단언컨대 소비자의 마음속에 숨어 있는 '욕망'과 '욕구'라는 연결고리에 거는 것이 가장 효과적입니다.

에드워드 루이스 버네이즈Edward Louis Bernays(1891~1995)는 미국의 전설적인 마케터로 홍보PR와 선전propaganda의 아버지라고 불립니다. 그는 대중의 머릿속에 새로운 연결고리를 걸어 브랜드가 팔릴 수밖에 없게 만드는 상황을 설계했습니다. 전설적인 몇 가지 사례를 알아봅시다.

사례 1

P&G 사의 '아이보리' 비누의 소비 촉진을 위해 버네이즈는 '비누조각 대회'를 열었습니다. 우선 첫 대회를 예술가들만 참가시켜 '비누조각=예술'이란 렐러번스를 걸고, 이후에는 전국 초등학교로 참가 대상을 확장했습니다. 누구나 손쉽고 저렴하게 참여할 수 있는 예술, 게다가 아이들에게 비누 사용법을 가르칠 필요도

에드워드 루이스 버네이즈와 그의 홍보물

없었습니다. 대회에 사용된 비누는 모두 '아이보리'였지만 이것이 상업적 목적을 띈다는 느낌은 없었고, 소비자와 브랜드 모두 열광했습니다.

사례 2

베이컨 소비 촉진을 위해 버네이즈는 내과 의사들을 설문조사했습니다. 이 조사결과는 '4,500명의 내과 의사들이 든든한 아침 식사를 권하다'라는 신문 기획기사가 되었고, 그 옆에 '아침식사로 베이컨과 달걀이 중요하다'는 다른 기사를 붙였습니다.

의사들의 설문지에 베이컨이란 단어는 없었습니다. 그러나 결과적으로 사람들에겐 "의사들이 아침식사로 베이컨이 좋대"라는 연결고리가 걸렸습니다. 이후 버네이즈는 베이컨으로 만드는 '정성 어린 아침식사' 후속 캠페인으로 주부들에게 쐐기를 박았습니다. 미국인들에게 베이컨은 아침식사에서 빠질 수 없는 메뉴가 되었습니다.

사례 3

담배 소비 촉진을 위해 '여성 흡연 금기'라는 격식을 부수기도 했습니다. 당시 남자들만 피우던 담배를 여성도 피우게 하기 위해, 여성 흡연을 자유와 권리의 상징으로 연결했습니다. 1929년 부활절 퍼레이드에서 젊은 여성들이 담배를 피우며 행진하는 장면으로 주목을 끌고, 이후 '자유의 횃불'이라는 이름의 캠페인으로 확산시켰습니다. 그는 "여성들이 럭키 스트라이크 담배에 붙이는 불은 여성 인권 운동에 있어 자유의 횃대에 불을 붙이는 것이다"와 같이 말하며 광고 효과를 극대화했습니다.

물론 버네이즈의 방법론은 '여론 조작', '민주주의의 암살자'로 비판을 받기도 합니다. 그러나 머릿속 렐러번스를 재구성할 수 있다는 발견은 이후 정치선전, 마케팅, 광고 등으로 이어졌습니다. 제2차 세계대전 당시, 나치 독일의 선전장관인 '괴벨스' 역시 버네이즈에게서 영감을 받았습니다. 괴벨스는 바그너의 오페라, 선전 영화, 히틀러의 열정적인 연설 등을 매스미디어를 통해 전파해 독일 국민의 자존심 회복을 자극했습니다. 결국 독일은 과거의 영광을 재현하기 위해 전쟁이라는 선택에 동의하게 되었습니다. 렐러번스 관점에서 '세뇌brainwashing'는 기존에 형성된 개인의 연결고리를 강제로 끊고 새로운 연결고리를 주입하여 그 사람의 생각과 행동을 바꿉니다.

긍정적인 재구성도 가능합니다. 정신과 치료, 트라우마 극복 과정에서 인지행동치료Cognitive Behavioral Therapy, CBT가 대표적인 예입니다. 환자가 가지고 있는 비합리적이고 부정적인 생각의 연결고리를 합리적이고 긍정적인 생각으로 재구성하도록 돕습니다. 예컨대 환자가 자신을 '무력한 피해자일 뿐'이라는 연결고리를 끊고 '극복하고 성장할 수 있는 존재'라는 새로운 렐러번스를 형성하면 심리적 회복과 성장이 촉진됩니다.

렐러번스의 재구성은 기업의 상품 판매 촉진, 정치적 지지 확대, 사회적 운동의 동력 확보, 콘텐츠의 팬을 확보하는 것까지 다양한 분야에서 응용됩니다.

정치권은 그 어느 곳보다 인식의 싸움이 치열한 곳입니다. 브랜드는 '정당'과 출마한 '후보자'입니다. 구매는 투표로 이뤄지며, 1위 브랜드만이 활동할 수 있는 승자독식의 룰을 가지고 있습니다. 각 당과 후보자는 어떤 화두를 던져 유권자의 머릿속에 자리 잡을까 하는 인식의 전쟁을 치릅니다. 유권자들의 삶에 여유가 없어졌을 때 문제는 경제라며 경제전문가 후보를 추대하기도 하고, 유권자들이 불공정하고 불합리한 사회에 분노할 때 청렴하고 투명한 후보를 추대하기도 합니다. 자신들이 가지고 있는 강점과 약점을 토대로 유권자의 욕망을 충족시켜줄 주제를 발의하고 이 이슈가 지속적으로 이어지게 관리합니다.

프레이밍framing은 말 그대로 액자와 같이 생각의 틀을 제안하는 행위로, 이 프레임이 어떻게 설정되느냐에 따라 후보자나 당의 평가가 완전히 갈라지게 됩니다. 하나의 단어와 문장에 후보자(브랜드)의 생사가 걸렸다고 할 수 있을 정도로 중요합니다.

유명한 카피라이터가 정당의 슬로건을 쓰고, 선거캠프에는 커뮤니케이션 전문가인 마케터나 광고인들이 많이 활약하고 있습니다. 프로파간다는 광고의 조상이며, 아직도 광고를 선전으로 부르는 어르신들이 많은 이유입니다. 바꾸어 말하면 마케팅과 광고는 브랜드의 선전, 프로파간다인 것입니다.

　프레이밍을 개인 창작자와 콘텐츠 제작에 적용해 봅시다. 우선 내 콘텐츠의 컨셉을 명확히 해야 합니다. 그리고 이 컨셉을 어떠한 액자를 통해 보게 할지 설정합니다. 예컨대, 개인 브이로그 콘텐츠를 제작한다고 가정해 봅시다. 섬네일 이미지와 제목을 통해 액자를 구성합니다. 프레임을 '혼자서도 충분히 멋진 삶'으로 설정하면 시청자는 독립적이고 주체적인 내용을 기대합니다. 결혼하지 않거나, 복잡한 인간관계에 얽매이지 않고 싶어 하는 시청자가 관심을 보입니다. 만약 브이로그의 내용 중, 공감하거나 가치 있는 교훈을 얻게 되면 시청차의 기대감은 신뢰로 연결됩니다. 그런데 만약 '혼자서도 충분히 멋진 삶'과 관련 없는 내용이 너무 많거나, 이미 아는 뻔한 내용이라고 판단되면 즉시 떠나게 됩니다.

　프레임을 보고 기대하는 소비자에게 충분히 납득하고 만족할 만한 내용을 돌려주는 것이 기본입니다. 만약 이 연결고리가 단단하지 않으면 신뢰는 깨지고, 소비자는 즉시 이탈합니다. 청렴하고 투명한 이미지였던 정치인 후보의 비리가 들춰지는 것과 같습니다. 그 순간 유권자들의 신뢰는 깨지고, 지지율과 표심은 뒤바뀝니다. 정치권에서는 토론이나, 청문회 등을 통해 상대 진영 후보자의 프레임과 신뢰의 연결고리를 의도적으로 끊어내기도 합니다.

　스토리가 중심이 되는 웹툰이나 영화를 제작할 때에도 프레이밍은 매우 효과적입니다. 스토리텔링에서 주인공이 맞닥뜨리는 갈등을 어떤 시선으로 묘사하느냐에 따라 수용자의 감정이입과 공감 정도가 달라지기 때문입니다. 예컨대, 똑같은 고난과 역경이라도 '성장의 과정'이라는 프레임으로 제시하면 독자는 희망적이고 긍정적인 해석을 하게 됩니다. 반면에 '피할 수 없는 비극'으로 설정하면 독자의 감정선을 슬픔이나 절망으로 유도할 수 있습니다.

버네이즈가 대중들의 머릿속 연결고리를 재구성할 수 있다는 것을 발견한 지 이제 100년이 조금 더 지났습니다. 상품의 판매든, 선거의 승리든, 전쟁의 동조든 작동 원리는 항상 똑같았습니다. 대중의 마음속 '욕망'이나 '욕구'와 연결되는 프레임을 제시하고, 자신의 브랜드로 해결해 주는 것입니다. 나도 몰랐던 내 욕망과 해결책이 동시에 나타나는 순간, 소비자는 '그래! 내가 바라던 게 이거지!'라며 감탄합니다.

창작자 또한 프레이밍을 활용하여 자신의 콘텐츠가 단지 '흥미로운 콘텐츠'를 넘어서 소비자에게 '나와 관련 있는, 내가 바라던 콘텐츠'로 자리 잡을 수 있도록 전략적으로 설계해야 합니다. 이렇게 설정된 프레임은 장기적으로 창작자 자신의 브랜드 아이덴티티로 이어져, 고유한 경쟁력을 확보하는 데 결정적인 역할을 합니다.

렐러번스 설계는 생소하고 어려운 개념일 수 있습니다. 파격과 크리에이티브가 창작자의 내면에서 시작한다면, 렐러번스는 그 반대편인 소비자에서 시작해야 하기 때문입니다. 렐러번스를 다루는 일은 매우 섬세한 작업이기 때문에 조금 더 구체적으로 들어가 봅시다. 렐러번스 설계는 창작물의 내부와 외부로 각각 연결되어야 합니다. 우선 창작자에게 더 익숙한 '창작물의 내부'부터 들여다보겠습니다.

내부 연결 :
완성도와 정체성

내부의 렐러번스 = 완성도

하나의 작품이 스스로 얼마나 정돈되어 있는지를 판단하는 데 있어 내부 렐러번스는 핵심 평가 기준이 됩니다. 소비자는 이것을 논리적으로 설명하진 못해도 직관적으로 느낍니다. 흔히 그 느낌은 "완성도 있다"는 한마디로 수렴됩니다.

 인간의 뇌는 일관성 있게 잘 정리된 정보를 더 좋아합니다.[27] 일관성 없는 정보를 처리하는 데 많은 에너지가 필요하기 때문입니다. 새로운 정보가 기존 정보의 구조와 충돌하면 몰입도와 만족도가 떨어집니다. 반대로 정보가 일관된 기준으로 정리되어 있으

---

27 처리 유창성 이론(Processing-Fluency Theory): 뇌가 어떤 것을 생각하고, 처리하고, 이해하는 것이 얼마나 쉬운지에 따라 그것에 대한 선호도가 결정된다는 인지적 편향.

면 이해하기 쉽습니다. 우리는 그런 정보를 더 고급스럽고 신뢰할 만하다고 느낍니다.[28] 이해할 수 없는 전문용어로 가득한 강의보다, 내 눈높이에 맞춰 쉽게 설명하는 교수님의 강의가 더 인기가 많은 이유입니다.

크리에이티브가 아무리 파격적인 컨셉이고 기존 규칙을 따르지 않더라도, 작품 내부의 구조는 일관성을 갖추어야 합니다. 특이점으로 관심을 끌고, 내부 렐러번스로 완성도를 만듭니다. 이 둘은 역할이 다릅니다.

1. 톤앤매너의 힘: 일관된 정렬

색감, 인물의 감정선, 연기 톤, 대사 톤, 카메라 워크 등이 하나의 분위기로 정렬되어 있을 때 관객은 작품에 몰입하게 됩니다.

웨스 앤더슨의 〈그랜드 부다페스트 호텔〉은 좌우대칭 구도, 파스텔 색감, 간결한 대사 등 모든 요소가 하나의 감각 안에 정리되어 있습니다. 이런 일관성은 단순히 '스타일리시 하다'를 넘어, 관객의 몰입을 자연스럽게 돕습니다. 기예르모 델 토로의 〈판의 미로〉, 〈셰이프 오브 워터〉 역시 판타지와 감성이 그로테스크한 세계관 안에서 서로 부딪히지 않고 조화롭게 이어집니다.

글로벌 브랜드들은 컬러, 재질, 패키징 방식, 타이포그래피 등을 일관된 기준으로 관리하여 브랜드 톤앤매너를 유지합니다. 이솝aesop은 매장 인테리어, 향, 제품 패키지, 광고 문구까지 모든 것이 '자연'과 '간결함'으로 연결됩니다. 사람들은 일관되게 정리된

---

28 인지적 유창성(Cognitive Fluency): 정보가 쉽게 이해되고 처리될 때 자신감, 만족감, 몰입도 증가와 같은 긍정적인 결과로 이어진다는 개념.

브랜드를 더 신뢰하고, 더 자주 기억합니다. 만약 이 일관성이 흔들리면 소비자의 몰입도는 급격히 떨어지고 신뢰가 무너집니다.

갭GAP은 2010년, 기존의 클래식한 로고를 모던한 사각형 로고로 바꾸었지만, 단 7일 만에 철회해야 했습니다. 소비자들은 '갭답지 않다'라고 반응했습니다. 트로피카나Tropicana는 주황색 뚜껑과 과일 이미지를 뺀 채 리디자인을 시도했으나, 브랜드 감성이 사라지며 20%의 매출 감소를 겪었습니다. 펩시Pepsi는 반복된 로고 교체로 '정체성이 없다'는 평을 들어야 했습니다.

톤앤매너가 흔들리면 소비자의 감각은 바로 반응합니다. 특히 시각적 요소는 극도로 예민한 지점입니다. '다르다'는 느낌이 가장 빠르게 드러납니다.

2. 의도된 중심축 설계

스토리텔링의 중심축이란 '이야기를 이끄는 단일한 욕망이나 목표'를 의미합니다. 픽사는 이를 철칙으로 삼아 캐릭터 중심의 깔끔한 이야기 구조를 잘 만듭니다.

- 〈업〉의 칼 할아버지는 오직 '아내와의 약속' 하나를 향해 달립니다.
- 〈인사이드 아웃〉의 조이는 '라일리가 행복해야 한다'라는 단 하나의 목표로 이야기 전체를 이끕니다.

중심축이 흔들리는 순간, 몰입은 급속도로 깨집니다. 〈배트맨 대 슈퍼맨: 저스티스의 시작〉은 두 히어로의 철학적 갈등을 끌고 가다가, 결국 "네 엄마 이름도 마사야?"라는 황당한 한마디로 화해하며 관객에게 깊은 허탈감을 안깁니다. 중심축이 흔들렸기 때문입니다.

브랜드가 일관된 소비자 경험을 '설계'하는 이유도 같습니다. 코카콜라의 'Share a Coke' 캠페인은 제품 패키지에 코카콜라 대신 다양한 소비자 이름을 인쇄했습니다. 소비자가 병에 새겨진 이름을 발견하고 친구, 가족에게 이를 공유하도록 설계되었습니다. '함께 나누는 행복'이라는 코카콜라의 브랜드 에센스부터 소비자 행동이 하나의 중심축으로 연결된 것입니다. 이 정리된 구조가 브랜드와 소비자의 정서적 관계를 단단하게 만듭니다.

모든 것이 창작자의 의도대로 착착 맞아떨어질 때, 낭비되거나 불필요한 요소 없이 깔끔하게 마무리될 때, 소비자는 만족하고 감탄합니다. 쉽지 않은 일이기 때문에, 소비자는 이 의도된 설계를 완성도의 '파격'으로 받아들이게 됩니다.

3. 구조의 완결성: All for one, One for all

각기 다른 개별 요소들이 전체의 목적을 위해 존재하고, 전체 목표는 다시 개별 요소로 잘 연결될 때, 우리는 구조의 완결성을 느낍니다. 구조는 처음엔 겉으로 잘 드러나지 않지만, 어느새 모든 것이 연결되어 있었다는 깨달음과 함께 '경외심'을 느끼게 합니다.

〈슈퍼마리오〉 시리즈는 게임의 모든 요소가 '점프'라는 액션을 위해 존재합니다. 그리고 점프를 통해 모든 스테이지를 극복하고, 최종 목표인 공주 구하기도 결국 점프로 달성됩니다. 〈젤다의

전설 : 야생의 숨결〉은 플레이어가 새로운 장소로 모험을 기꺼이 떠날 수밖에 없게 설계되었습니다. 섬세하게 디자인된 지형과 건물들은 계속해서 플레이어의 호기심을 자극하며 미지의 장소로 플레이어를 인도합니다. 잘 보이는 곳에 보물을 배치하고, 이를 얻기 위해 또 작은 모험을 다녀올 것을 권유합니다. 이 과정이 반복되며 플레이어는 게임 속 세계 곳곳을 누비며 '모험을 하고 있다'는 가슴 뛰는 경험을 합니다.

아이폰은 터치스크린이라는 디바이스로 시작해서 다시 모든 것이 터치스크린으로 귀결됩니다. 모든 UI는 터치스크린을 위해 제작되었고, 터치스크린은 모든 앱에서 유니크한 UX를 제공합니다. 자연스러운 무한 스크롤, 문서의 끝에서 살짝 튕겨 나가며 이것이 끝이라는 신호를 부드럽게 알려줍니다. 이것은 너무나도 자연스럽고 유기적으로 연결되어 있습니다.

"무대에 총이 등장하면 반드시 발사돼야 한다."

위대한 극작가이자 연출가 안톤 체호프의 이 말은 단순한 연출 방법론이 아니라, 내부 렐러번스를 설계하는 태도에 가깝습니다. 의미 없는 장면 하나가 몰입을 망치고, 이유 있는 디테일 하나가 전체 구조의 신뢰를 끌어올립니다.

4. 세계관의 질서: 시리즈는 연결로 기억된다.

〈블랙 미러〉 시리즈는 옴니버스임에도 불구하고 에피소드마다 '기술이 인간성을 위협한다'는 중심 철학을 유지합니다. 내용이나 배경, 주인공도 다르지만 중심 렐러번스가 유지되기 때문에 시리즈 전체가 한 세계관으로 느껴집니다.

아티스트그룹 미스치프Mischief는 실제 혈액이 담긴 나이키 슈즈, 신을 수 없지만 갖고 싶은 거대한 아톰신발 빅 레드 부츠Big red boots, 데미안 허스트의 작품을 구매해 이것을 조각낸 후 88개의 작품으로 재판매하는 등 기상천외한 작품 활동을 이어갑니다. 작품의 형태와 컨셉은 제각각이어도 '아이들이 하는 짓궂은 장난이나 장난기'를 의미하는 그들의 이름이자 철학이 모든 작품들을 일관성 있게 연결합니다.

반대로 마블의 최근 페이즈는 다소 급진적인 변화들로 인해 '마블 같지 않다'는 비판을 받습니다. 디즈니의 〈인어공주〉, 〈백설공주〉의 리부트도 마찬가지입니다. '의도는 이해하지만, 그 브랜드가 그걸 한다는 것이 어색하다'는 반응은 브랜드 내부 렐러번스가 깨졌다는 신호입니다.

5. 파격도 렐러번스를 먹고 자란다.

잘 정돈된 내부 렐러번스는 크리에이티브의 재료가 됩니다. 요소들이 서로 잘 연결되어 일관성이 확보되었다면 창작자는 의도적으로 렐러번스를 끊고 주목도 높은 메시지를 배치할 수 있습니다.

게슈탈트 법칙(통일-변화)에 따르면 일관된 요소가 반복될 때 단 하나의 변주가 최대 주목을 얻는다고 말합니다. 군계일학을 다시 떠올려 보십시오. 내부 톤이 일관될수록 의도적 특이점이 빛납니다. 이 효과는 전체 구조가 통일되어 있어야만 가능합니다. 창작자는 자신이 만든 일관된 구조를 스스로 비틀거나 파괴해서 의도를 담을 수 있습니다.

영화 〈식스 센스〉나 〈유주얼 서스펙트〉는 초반부터 마지막 반전까지, 주인공에 대한 의심을 품지 못하게 일관된 긴장감과 몰입도를 유지합니다. 그러고 마지막 순간에 그 연결고리를 끊어버리며 반전 구조를 드러냅니다. 이는 일관된 내부 렐러번스가 있기에 가능한 파격입니다. 정리되어 있지 않은 작품은 전환조차 할 수 없습니다. 파격은 격식 위에서만 성립합니다.

구조의 완결성 설계

긴 호흡을 가진 콘텐츠 작품에서 '구조의 완결성'은 완성도를 결정짓는 중요한 요소입니다. 수많은 디테일이 산만하게 흩어진 것처럼 보이더라도, 탄탄한 중심 구조가 혼란스러운 정보를 하나로 연결해 일관성과 완성도를 확보합니다. 스토리 작법론에서도 "구조와 디테일이 은밀하게 맞물릴 때 좋은 작품이 나온다"고 말합니다. 이런 구조적 장치는 '보이지 않는 힘'이 되어, 소비자나 관객의 마음속에 오래도록 남습니다.

대표적으로 스토리텔링 분야에서 자주 사용되는 수미상관(首尾相關)이 있습니다. 이야기의 처음과 끝을 같은 구조로 연결하여 독자에게 강한 여운을 남깁니다. 또한 '영웅의 여정'처럼 주인공의 출발과 귀환을 통한 서사의 원형 구조나, '체호프의 총'처럼 초반에 제시된 요소가 후반부에 결정적 역할을 하는 구조적 장치 역시 자주 사용됩니다.

인디 게임 〈브라더스: 어 테일 오브 투 선즈〉는 두 형제가 함께 모험하는 어드벤처 게임으로, 플레이어는 키보드의 양쪽 조작

키(WASD+화살표키)로 형과 동생을 동시에 조작합니다. 동생은 물에 대한 트라우마로 수영을 하지 못하는 설정이 있어, 형에게 업혀 강을 건넙니다. 이때, 형의 조작키인 WASD키로만 컨트롤할 수 있습니다. 게임 후반부 형이 죽고 동생이 혼자 남겨집니다. 강을 건너야 하는 상황에서, 동생의 조작 키(화살표)가 아닌, 형을 조작하던 키(WASD)를 눌러 동생이 스스로 수영을 해냅니다. 형이 죽고 나서 쓸 일이 없던 방향키가 '죽은 형의 도움'이라는 구조적 장치로 회수되며 플레이어는 뜻깊은 감정적 충격을 받습니다.

서비스 경험 설계에서도 구조적 완결성이 활용됩니다. 스포티파이Spotify의 사용자 맞춤형 '랩드Wrapped' 리포트가 좋은 예시입니다. 1월부터 사용자가 즐겨 들은 플레이리스트 데이터를 활용해, 12월에 결산 리포트를 제공합니다. 사용자는 '내 취향과 1년이 한 편의 이야기로 완성됐다'는 만족감을 느낍니다.

짧은 콘텐츠(광고)에서도 구조적 완결성을 만들 수 있습니다. 자동차 브랜드 '혼다'의 'The Cog' 광고 캠페인은 자동차 부품으로 만든 도미노(골드버그장치)를 원테이크로 찍어 파격과 크리에이티브, 렐러번스 세 마리 토끼를 모두 잡은 훌륭한 사례입니다. 전형적인 자동차 광고(멋진 도로를 멋지게 질주하는 멋진 차량)의 형식에서 완전히 벗어나, 도미노라는 비전형적 크리에이티브로 구성되었습니다. 무엇보다 흥미로운 지점은, 이 도미노를 구성하는 모든 요소들이 해당 차량의 부품들로 이루어져 있으며, 부품들이 가지고 있는 기능을 가장 잘 설명해주는 부분입니다. 와이퍼의 좌우 반동, 우퍼스피커의 진동, 베어링의 안정적인 굴러감 등이 이 도미노를 지속시키는 요소입니다. 차량 내부에 조립된 상태의 비

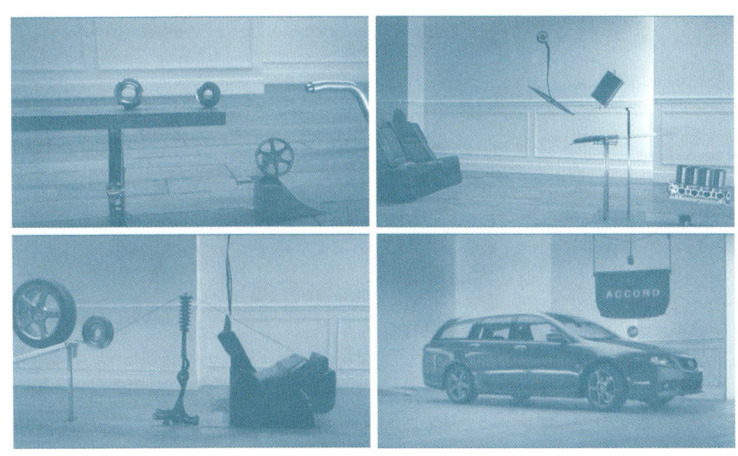

혼다의 'The Cog' 캠페인

주얼과는 확연히 다르면서, 더 직관적으로 해당 기능을 이해할 수 있게 하는 동시에, 아이캐칭 요소까지 갖추고 있습니다.

    구조의 설계는 막상 지나칠 때는 잘 모르지만, 이후 회수 또는 활용될 때 존재감이 확실히 드러납니다. 다만, 이런 장치가 지나치게 눈에 띄면 오히려 몰입과 감동을 해칩니다. 소비자가 쉽게 알아차릴 만큼 노골적이어서는 안 되며, 초반에는 단지 자연스러운 진행의 일부로 보이는 것이 좋습니다. 전체 구조와 디테일 사이의 내부 렐러번스가 자연스럽게 연결되면, 독자의 몰입감과 신뢰가 커집니다. '보이는 디테일 뒤에 숨어 있는 구조 설계', 이것이 완성도 높은 콘텐츠의 핵심입니다.

완성도가 만드는 격식

완성도 높은 렐러번스는 사회적인 인정을 받아 격식이라는 뼈대를 지탱합니다.

예컨대, 뉴스의 앵커나 기자들의 말투는 일상 대화와 전혀 다른 질감입니다. 또박또박한 발음, 낮고 안정된 톤, 일정한 리듬. 왜 그렇게 말할까요? 그게 가장 '뉴스답게 보이기' 때문입니다. '신뢰 + 정보 전달'이라는 뉴스의 목적과 연결된 렐러번스로 말투를 설계한 것입니다. 수용자는 그 말투를 듣는 순간 '이건 뉴스다'라고 자동 인식하고, 머릿속에서 신뢰의 회로가 켜집니다.

이런 구조는 뉴스에만 국한되지 않습니다. 영화 장르마다 고유의 연출법과 편집 리듬이 있고, 사내 보고서의 말투는 일기체가 아닌, 일정한 형식을 유지합니다. 우리가 공유하는 격식은 결국 렐러번스에 의해 유지됩니다. 어떤 표현이 '당연해 보인다'면, 그것은 목적에 적합한 납득되는 연결고리에 걸려 있기 때문입니다.

렐러번스가 한 번 확립되면 표현이나 형식이 오랫동안 유지되는 경향이 있습니다. 그리고 이 연결고리는 파격이나 더 나은 대안이 등장하기 전까지는 꽤 끈질기게 유지됩니다. 익숙함을 고수하려는 인간의 성향은 '인지적 일관성 이론cognitive consistency theory'으로 설명됩니다. 기존에 믿고 있던 연결고리를 유지하려는 본능이 작동하는 것입니다.

그러나 파격이 그 자리를 대체하는 순간이 옵니다. 연결고리 자체가 교체됩니다. 더 나은 성과가 기대되거나, 과거의 것이 '올드'해졌다고 느껴질 때입니다. 예컨대, 방송국도 SNS나 유튜브 채널을 통해서도 뉴스를 송출하는 오늘날에는 격식을 기꺼이 바꿉니다. 미디어의 환경 변화에 따라 쉽고 친근한 어조로 뉴스를 전달하기도 합니다. 대중의 일상 언어가 바뀜에 따라 과거의 뉴스톤이 현실과 동떨어졌다고 느껴지면, 젊은 기자, 앵커들에 의해 뉴스의 말투도 조금씩 바뀝니다. 70~80년대 뉴스 앵커의 발성이 지금 듣기엔 어색하거나 웃긴 것은, 그 시대에 신뢰감을 주던 렐러번스가 지금은 바뀌었기 때문입니다. '신뢰감 있게 전달한다'는 목적은 동일하지만, 환경이 달라지자 그 격식도 바뀌는 것입니다.

격식은 렐러번스 위에 세워집니다. 파격은 명분을 갖춰 그 렐러번스를 탈취하는 것과 같습니다. '이래서 이게 더 낫습니다!'라는 주장에 고개를 끄덕이는 순간, 사람들은 격식을 지탱하던 렐러번스를 기꺼이 바꿉니다. 그렇게 광고 문법, 영상 편집 방식, 브랜드의 말투까지도 수정을 반복하며 진화합니다. 이 게임은 절대 끝나지 않습니다.

명분과 표현 연결하기

명분과 표현은 서로 연결되어 있어야 합니다. 명분과 표현이 따로 놀면 명분은 '겉만 번지르르한 허풍'이 되고, 표현은 '생각난 대로 뱉어버린 아무 말'이 되어 버립니다.

2023년, 옥외광고 전문기업 제이씨데코JCDecaux는 심각한 문제에 직면했습니다. 광고주들이 더 이상 지하철역 광고판의 효과를 믿지 않았기 때문입니다. 광고주들은 사람들이 지하철역에서 오로지 스마트폰만 보고 있고, 옥외광고가 사람들의 주목을 끌지 못한다고 생각했습니다. 이러한 광고주들의 생각 변화로 인해 지하철역 광고 매출은 전년 대비 7%나 떨어졌습니다.

그러자 스페인의 제이씨데코 에스파냐JCDecaux España는 매우 창의적이고 과감한 방법으로 이 문제를 정면돌파했습니다. 마드리드 지하철의 옥외 광고판 300여 개를 이용하여 팔로워가 고작 28명인 100세 할머니 마리나 프리에토Marina Prieto의 인스타그램 게시물을 그대로 게시했습니다. 별도의 광고 문구나 화려한 디자인 없이, 지극히 평범한 한 노인의 일상만을 담은 게시물이었습니다.

이 파격적인 캠페인에 사람들은 즉각 반응했습니다. "마리나 프리에토가 누구지?"라는 궁금증이 순식간에 퍼졌고, 할머니의 팔로워 수는 무려 39,285%나 증가했습니다. 지하철역 광고판 앞에서 인증사진을 찍는 사람들이 넘쳐났고, 이 소식은 스페인을 넘

제이씨데코의 지하철역 광고

어 전 세계 14개국까지 빠르게 퍼졌습니다. 할머니는 여러 방송에 출연하며 일약 인플루언서가 되었고, 제이씨데코는 185개의 신규 광고주를 영입하면서 매출을 두 배로 끌어 올렸습니다.

이것은 아주 잘 설계된 렐러번스-크리에이티브의 모범입니다. 제이씨데코의 목적은 '지하철 광고판의 효과'를 증명하는 것이었습니다. 그들은 단순히 광고비를 할인하거나 유명한 모델을 사용하는 방법 대신, 자신들의 본질인 '광고판의 주목도' 자체에 집중했습니다. 가장 전형적인 인플루언서 모델과 정반대인 '100세 할머니'를 선택한 것은 의도된 파격이었습니다. 사람들은 예상대로 반응했고, 이 특이한 선택이야말로 광고판의 파급력을 극적으로 증명했습니다. 만약 전형적인 젊고 아름다운 모델을 사용했다면, 이와 같은 폭발적인 관심을 끌기 어려웠을 것입니다. 이 캠페인은 결국 다양한 국제 광고제에서 수상하며 광고업계와 마케터들에게 '지하철 옥외광고의 가치'라는 렐러번스를 새롭게 연결했습니다.

"형식 없는 내용은 맹목이고, 내용 없는 형식은 공허하다."

위대한 철학자 칸트의 명언은 명분과 표현이 함께 작동해야 한다는 것을 의미합니다. 아무리 독창적인 크리에이티브라도 명확한 명분(내용, What to say)이 없다면 일회성 자극에 그치고, 아무리 좋은 명분이 있더라도 적절한 렐러번스(형식, How to say)가 없다면 메시지는 대중에게 닿지 않습니다.

내부 렐러번스의 크리에이티브

앞서 소개한 크리에이티브의 공식에 렐러번스 개념을 더해 활용하면 연결성과 특이점을 동시에 만들 수 있습니다. 즉 '새롭지만 연결되는' 결과물을 설계할 수 있습니다.

A+B, 장르를 섞어 연결하기

장르와 장르를 섞으면, 그 조합으로 인한 특이점이 발생하고 각 장르의 팬들과 연결될 수 있습니다. 이 방법론은 기존에 없던 새로운 장르를 만들거나, 고여 있는 장르에서 변주를 시도할 때 특히 유용하게 활용됩니다.

대표적인 예시는 만화가 쿠이 료코의 『던전밥』입니다. 이 작품은 고일 대로 고여 버린 판타지 장르에서, '밥'과 '식사'라는 소재를 전면에 내세웁니다. 배경 설정이나 주인공들의 직업은 전형적인 판타지와 동일합니다. 인간, 드워프, 엘프, 노움이 등장하고 던전을 탐험합니다. 그러나 스토리의 대컨셉인 '식사 재료를 던전 dnngeon의 몬스터로 한다'는 점이 놀라운 특이점을 만듭니다. 현실 세계에는 존재하지 않는 가상의 몬스터들이 식재료가 되지만, 그 묘사나 식감 표현이 훌륭해 "무슨 맛일까?"라는 궁금증이 절로 나옵니다. 작가는 여기에서 멈추지 않고 삶, 욕망, 그리고 먹는 행위에 대한 깊이 있는 주제 의식까지 담아냅니다. 판타지 팬들에겐 '식사가 제일 중요한 + 판타지물'이라는 신선함을, 요리 팬들에겐 '상상 속 미지의 + 식재료'라는 독특한 체험을 제공합니다.

'요리'와 '맛있는 음식'은 매우 대중적이고, 안정적인 연결고리입니다. 판타지물을 좋아하지 않더라도 '요리물'을 좋아하는 사람이 연결될 수 있습니다, 반대로 판타지물을 많이 소비한 팬들에겐 익숙하지만 이질적인 재미를 선사합니다.

만화 원작의 드라마 〈미생〉은 '바둑+직장 드라마'가 섞인 크리에이티브입니다. 일반적인 직장 드라마의 공식을 유사하게 따라가지만, 거기에 '바둑'의 관점이 핵심 주제로 섞이자 놀랍도록 다른 질감이 펼쳐집니다. 바둑의 두뇌 싸움과 전략 전술이 직장에서의 암투와 맞물리며 몰입감과 특이점을 만듭니다. 직장 드라마의 팬들에게는 '바둑의 전략적 사고'라는 신선한 관점을, 바둑 팬들에게는 '현대 직장 생활에서의 응용'이라는 매력을 제공합니다.

포켓몬스터 게임 시리즈도 훌륭한 예입니다. 이 게임은 '턴제 RPG'라는 장르에 '(곤충) 채집'을 결합하여 독특한 게임 플레이를 선보였습니다. 개발자인 타지리 사토시는 어린 시절 곤충 채집을 즐겼던 경험을 바탕으로, 플레이어가 다양한 몬스터를 수집하고 성장시키는 게임을 구성했습니다. 턴제 RPG 팬들에게는 '수집 가능한 몬스터+RPG'라는 특이점을, 수집과 채집을 좋아하는 팬들에게는 '육성과 전투가 가능한+채집'이라는 독특한 경험을 제공합니다.

이처럼 장르와 장르를 섞으면 양쪽 팬층을 동시에 유입할 수 있다는 큰 장점이 있습니다. 다만 이때 주의할 점은 너무 생소하거나 마이너한 두 장르를 붙여버리면 연결될 소비자가 급격히 줄어든다는 것입니다. 예컨대, 세팍타크로나 크리켓처럼 한국 기준에서 생소한 스포츠에 드라마를 붙여버리면 '절대 본 적 없어 신선해 보이지만, 굳이 보고 싶진 않은' 지점에 놓일 수 있습니다. 하지만 반대로 세팍타크로나 크리켓이 유명한 동남아시아나 호주, 영국에서 K-드라마의 공식으로 만들어진 콘텐츠는 흥미로워질 수 있습니다.

예컨대, 넷플릭스 오리지널 시리즈인 〈엑스오, 키티〉는 전형적인 미국 하이틴 로맨스의 구조에 실제 한국 배경, K-드라마 감성을 섞어 차별화를 꾀했습니다. 이는 해당 드라마 시리즈의 기존 미국 팬들에게 신선한 특이점으로, 또 외국인의 시선으로 만들어진 K-드라마 감성을 즐기는 한국 팬에게도 특이점으로 작용했습니다. 최근 〈케이팝 데몬 헌터스〉(2025)의 흥행 역시 같은 원리입니다.

A+B 렐러번스 설계의 핵심은 대중적이지만 아직 연결되지 않은 새로운 장르의 조합을 발견하는 것입니다.

B+A → C+A 변주로 연결하기

tvN 드라마 〈응답하라〉 시리즈는 특정 '시대'를 렐러번스로 변주한 대표적인 사례입니다. 1997, 1994, 1988 등 당시 유행했던 음악, 브랜드, 사회적 이슈들이 화면에 나타날 때마다 그 시대를 경험한 시청자는 강한 감정이입을 느낍니다. 좋아했던 아이돌, 야구팀 등 추억 속 소재들이 자연스럽게 공감을 이끌어냅니다. 물론 드라마 자체의 완성도도 높아, 시대를 직접 경험하지 않은 사람들도 마치 사극을 보듯 충분히 즐길 수 있습니다.

락스타 게임즈 〈레드 데드 리뎀션〉은 GTA 시리즈로 구축한 오픈월드 장르 시스템과 연출 기법을 유지하면서도, 배경을 과감히 1900년대 서부 개척 시대로 바꾸어 완전히 새로운 타깃과 연결됩니다. 크리에이티브 챕터 식으로 설명하면, '마차 뺏는+GTA'를 만든 셈입니다. 서부 개척시대를 좋아하는 사람들은 자연스럽게 GTA로 넘어가게 되고, 기존 GTA 팬들에겐 신선함을 제공합니다.

변주를 활용한 렐러번스 설계 시 주의할 점은, 변주가 단순히 '스킨 갈아 끼기', '팔레트 스왑'으로 느껴지지 않게 적절히 큰 변화를 만들어내는 것입니다. 익숙하지만 '신선함'이 중요합니다. 유비소프트의 〈어쌔신 크리드〉 시리즈가 정말 다양한 시대를 배경으로 변주했음에도 '사골 우려내기'란 비판을 받은 이유를 생각해봅시다.

계승하며 변주하기

잘 만든 선배의 크리에이티브는 소비자의 머릿속에 강력한 렐러번스를 구축합니다. 후배는 이 탄탄한 토대를 계승하면서도 자신만의 독특한 해석을 더해 새로운 크리에이티브로 발전시킵니다. 다른 창작자, 전혀 관계없는 회사에서 만들어도 그 본질을 충실히 계승하면 팬들은 이것을 '정신적 후속작'이라고 부릅니다.

〈GTA〉로 구축된 오픈월드는 이후 수많은 게임에 큰 영감을 줬습니다. 특히 〈호라이즌 제로 던〉과 〈사이버펑크 2077〉은 GTA식의 오픈월드 구조를 받아들이면서도 자신만의 특이점을 확실하게 넣었습니다.

〈호라이즌 제로 던〉은 아주 먼 미래의 '포스트 아포칼립스' 세계로 테마를 바꿨습니다. 문명이 종말하며 인간은 원시적인 삶으로 돌아갔지만 첨단 기술로 만들어진 기계 공룡들은 남아 있는,

이 아이러니한 세계관은 독특한 매력을 만들어냈습니다. 로스트 테크놀로지Lost Technology 테마를 좋아하는 팬들은 이 연결고리로 호라이즌 시리즈와 연결되었습니다.

〈사이버펑크 2077〉은 시대와 배경을 미래의 네온빛 디스토피아로 옮기면서 전혀 다른 느낌을 만들어냈습니다. GTA 시리즈가 현실 도시의 범죄, 조직, 음모를 사실적으로 다뤘다면, 사이버펑크는 미래 사회의 첨단 기술, 기업의 지배, 디지털 신체 개조 같은 SF 요소들로 새로운 렐러번스를 구축했습니다. 특히 영화 〈블레이드 러너〉와 같은 사이버펑크 장르의 오래된 전통과 정서를 게임으로 가져오면서 신선함과 향수를 동시에 자극했습니다.

또한 〈롤러코스터 타이쿤〉 시리즈의 정신적 후속작인 〈플래닛 코스터〉 시리즈는 원작의 핵심 재미인 '테마파크 경영, 놀이기구 디자인'을 그대로 계승했습니다. 다만, 발전된 그래픽과 물리 엔진을 활용해, 직접 디자인한 롤러코스터에 탑승하거나, 불꽃놀이를 연출하며 더 다채로운 놀이공원 디자인의 즐거움을 담았습니다. 공원 설계라는 본질을 계승하면서 그래픽 기술의 발전을 활용한 재창조로 명맥이 끊긴 시리즈의 팬들을 달래주었습니다.

다른 콘텐츠 분야에서도 계승은 활발히 이루어집니다. 영화 〈록키〉의 정신을 현대적으로 계승한 〈크리드〉는 세대를 바꾸며 원작 팬과 새로운 관객을 동시에 사로잡았습니다. 〈탑건: 매버릭〉은 30년 전 〈탑건〉의 감성과 스타일을 그대로 살리면서 현대적인 액션과 드라마로 시대를 뛰어넘는 감동을 줍니다. 〈건담〉, 〈에반게리온〉 시리즈는 원작 세계관과 철학을 공유하되 완전히 새로운 캐릭터와 해석으로 시리즈를 계승합니다. 디즈니 인수 후 〈스타워즈〉 시리즈는 신세대 영웅과 새로운 이야기를 전면에 내세워 오랜 팬층과 신규 팬을 확보하고자 합니다.

　이처럼 '계승하여 변주하기'는 선배가 구축한 강력한 렐러번스에 자신만의 크리에이티브를 덧입히는 방법입니다. 기존 팬층의 기대를 충족시키면서도 새로운 세대의 팬까지 끌어들여, 크리에이티브의 생명력을 지속적으로 확장하려고 합니다. 단, 이 초식은 항상 표절과 오마주의 경계선 위에 아슬아슬하게 놓여 있습니다. 아무리 정식 라이센스를 가지고 만들어졌더라도, 원작 팬들은 재해석을 달갑지 않아 할 수 있습니다. 드래곤볼의 작가 토리야마 아키라의 액션 연출에 비해 너무 밋밋하다 같은 평으로 계승작을 비교합니다. 결국 관건은 선배에 대한 존경을 담고 본질을 해치지 않으면서도, 후배만의 독창적 해석과 뚜렷한 발전이 있어야 한다는 점입니다. 청출어람의 발전이 명확히 느껴질 때, 소비자들은 그것을 진정한 '계승'이라 부를 것입니다.

부수고 새로 쓰기: 리부트

계승이 기존 렐러번스를 존중하며 확장하는 방식이라면, 리부트Reboot는 크리에이티브 공식 중 빼기Subtract를 활용해 본질만 남기고 다른 부분을 새롭게 채워나가는 방법입니다.

　팀 버튼 감독의 〈배트맨〉 시리즈는 다크하고 환상적이며 만화적 감성을 극대화한 스타일로 사랑받았습니다. 하지만 크리스토퍼 놀란은 캐릭터의 깊은 내면과 윤리적 갈등에 초점을 맞춰 히어로물이라는 장르의 본질만 남기고 나머지를 완전히 바꾸었습니다. 팀 버튼의 비현실적인 고담시 대신 실제 미국의 현대 도시를 배경으로 가져왔습니다. 그 결과 〈다크나이트〉 시리즈는 슈퍼히어로 장르의 새 기준을 제시하며 이전 시리즈를 뛰어넘는 성공을 이뤄냈습니다.

반면 DC 코믹스의 경우, 수많은 실패와 성공을 반복하며 리부트를 지속하고 있습니다. 〈배트맨 대 슈퍼맨〉, 〈저스티스 리그〉의 실패는 리부트의 어려움을 극명히 보여줍니다. 기존 팬층과 새로운 팬층 사이에서 어디까지 기존의 본질을 유지하고 어디까지 바꿔야 할지 기준을 잡지 못하면, 리부트는 오히려 기존 팬조차 잃어버리는 역효과를 낼 수 있습니다.

창작자가 본질을 정확하게 파악해 군더더기를 제외하면, 크리에이티브는 더욱 빛을 발합니다. 그러나 본질을 잘못 추출하거나 너무 많이 바꿔 본질이 훼손되면 실패로 이어지고, 반대로 변화가 너무 적어 신선함이 없으면 리부트의 의미 자체가 퇴색됩니다. 결국 리부트의 성공과 실패를 가르는 결정적 기준은 '본질만 남기고 시대에 맞게 재창조할 수 있는가?'입니다. 이 감각적 균형을 잡는 것이 바로 리부트의 숙제입니다.

재맥락화로 다시 걸기: 쇼미더머니 & 브랜드 사례

연예인도 브랜드도 주기적으로 이미지를 바꿉니다. 하지만 그 '변신'이란 것이 단순히 다이어트를 하거나, 헤어스타일을 바꾸는 수준이 아닙니다. 아예 다른 브랜드가 되어 버립니다. 관건은 바뀐 모습이 어떤 것과 연결되느냐입니다.

예컨대, 진지한 래퍼 '매드클라운'이 핑크 복면의 '마미손'으로 등장했을 때, 사람들은 그를 다시 보기 시작했습니다. 기존 캐릭터를 해체하고, 새 맥락에 창의적으로 다시 끼워 넣은 이 과정이 바로 '재맥락화'입니다.

그 마미손이 등장했던 힙합 서바이벌 〈쇼미더머니〉의 아티스트들의 사례와 실제 브랜드 사례로 재맥락화의 다섯 가지 패턴을 알아봅니다.

① 혁명형
코어 아이덴티티, 외형, 톤을 한꺼번에 갈아엎는 급진 변신.

마미손(매드클라운): 날카로운 랩 실력으로 승부하던 매드클라운은 2018년 〈쇼미더머니 777〉 무대에서 핑크 복면, 키치 댄스, 유치 찬란한 가사로 '한국형 코미디 히어로 래퍼'로 재등장했습니다. 과거의 진지함은 통째로 벗고, 놀이 코드에 모든 연결고리를 걸었습니다. 사람들은 모두 매드클라운인지 알면서도 즐겁게 마미손을 소비했습니다. '부캐'라는 파격적 크리에이티브는 연예계뿐만 아니라 브랜드에도 훌륭한 레퍼런스가 되었습니다.

올드 스파이스: '아버지 세대의 향수'였던 올드 스파이스Old Spice는 2010년 'The Man Your Man Could Smell Like' 캠페인을 통해 유튜브 밈과 186개의 실시간 Q&A 영상 등으로 모든 플랫폼을 점령했습니다. 단 7개월 만에 판매량은 125% 증가했습니다.

이 둘의 공통점은 핵심 기능(랩 스킬.제품 향)은 그대로 두고,

연결고리를 전면 교체했다는 것입니다.

② 진화형
코어 80%를 지키고 20%만 점진적 리프레시.

> **더콰이엇**: 언더그라운드 기반의 프로듀서이자 아티스트였던 더콰이엇은 〈쇼미더머니〉 시리즈에서 여러 시즌에 걸쳐 프로듀서로 활약하며 대중성과의 접점을 점진적으로 넓혔습니다. 음악적 방향성은 그대로 유지하되, 다양한 아티스트와의 협업으로 유연하게 바꾸며 점점 더 많은 청중에게 다가갔습니다. 그 변화는 한 순간이 아니라 '계속 새로워지는' 인상으로 작동했습니다.

> **레고**: 브릭과 조립이라는 코어는 유지한 채, 2000년대부터 점진적 확장을 단행했습니다. 〈레고 무비〉를 통한 콘텐츠 사업으로의 진출, 스타워즈, 해리포터, 마블, DC 등 굵직한 IP와의 콜라보레이션을 통해 다양한 팬층을 확보했습니다. 게임, 앱, AR 콘텐츠 등으로 다방 면에서 디지털 전환이 진행되었으며, 레고 아이디어스와 같은 유저 기반 참여형 플랫폼도 구축했습니다. 이 모든 확장은 '본질'을 해치지 않는 선에서 진행됐기에, 과거의 유산은 강화되고 브랜드는 지속 성장할 수 있었습니다.

이 둘의 공통점은 코어를 지킨 채 새로운 채널, 장르, 세대에 걸쳐 확장을 이어가는 구조입니다. 갑작스러운 전환이 아니라, 인식의 폭을 넓혀가는 과정 속에서 브랜드는 '계속 새로워지는' 경험을 구축합니다.

③ 헤리티지 리바이벌형

과거의 심벌, 스토리를 현대 감각으로 소환해 원형 매력을 재점화.

> **스눕 독과 타이거 JK:** 전설적인 래퍼 스눕 독은 〈쇼미더머니 4〉 스페셜 프로듀서로 출연한 적이 있습니다. 2022년에는 자신을 스타로 만든 데스 로우 레코드Death Row Records를 인수하고, 신보를 NFT 앨범으로 발매해 메타버스·게임과 연결했습니다. 슈퍼볼 하프타임 쇼에서 1억 2천만 시청자를 앞에 두고 '현재형 레전드'를 증명했습니다.
> 타이거 JK는 2018년 데뷔 20주년 앨범 〈X: Rebirth〉에서 90년대식 랩 위에 트랩 비트, 세대를 넘나드는 피처링을 얹으며 올드스쿨과 뉴웨이브의 만남을 구현했습니다. 스토리와 과정을 실시간 콘텐츠화하며 1세대 한국 힙합의 유산을 현재 콘텐츠로 재구성했습니다.
>
> **폭스바겐 비틀(Beetle):** 2011년 폭스바겐은 1960년대 감성의 둥근 외형은 그대로 유지하면서, LED 헤드램프와 터보 엔진 등 현대적인 기술을 더한 비틀을 선보였습니다. 이는 복고가 아닌 '레트로-퓨처' 전략으로 재해석하며 클래식을 다시 돌아보게 했습니다.

이 둘은 '고전 심벌 × 최신 매체 및 기술'의 조합으로, 옛 감성 이상의 가치를 창출합니다.

④ 코어 복귀형
창립자나 원형 철학이 돌아와 정체성을 회복하거나 확장.

길: 〈무한도전〉으로 굳어진 예능인 이미지에서 벗어나, 〈쇼미더머니 5〉에서 프로듀서로 복귀했습니다. 선글라스와 슈트를 입고 압도적으로 등장한 첫 방송부터 무게감 있는 복귀를 선언했습니다. '리쌍' 시절 음악성과 감성이 그대로 회수되었습니다.

스티브 잡스와 애플: 애플에서 퇴출 후 복귀한 잡스는 NeXT OS를 맥에 이식하고 아이맥iMac, 아이팟iPod, 아이폰iPhone을 연달아 내놓으며 애플의 정체성과 업계 지각을 재구성했습니다. 돌아온 철학은 더 날카로워졌고, 그 자체가 브랜드의 정통성 증명서가 되었습니다.

이 둘의 공통점은 핵심은 살아 있고 단지 연결고리가 잠시 끊어져 있었을 뿐이라는 점입니다. 다시 연결되는 순간, 그것은 곧바로 작동했습니다.

⑤ 소비자 탈취형
브랜드 의미가 팬, 커뮤니티에 '탈취'되어 예기치 않게 변형.

원썬: 〈쇼미더머니 5〉에서 '올드하다'며 탈락했지만 "짬에서 나오는 바이브" 한마디가 밈으로 퍼지며 컬트 스타로 부활했습니다. 클립 영상은 '1일 1원썬' 챌린지로 소비되었고, 사람들은 그를 진지함이 아닌 웃긴 아이콘으로 재정의했습니다.

맥도날드: 트래비스 스캇의 팬들이 '트래비스 스캇이 실제로 먹는 세트'를 온라인에서 공유하며 밈처럼 확산시켰습니다. 이에 맥도날드는 공식 메뉴를 출시했습니다. 결과는 대성공. 이후 맥도날드는 다양한 셀럽과 협업하며, 아예 '셀럽 개인 메뉴'를 브랜드 전략으로 정착시켰습니다. 팬들의 탈취가 결국 공식 전략이 된 것입니다.

이 둘의 방향은 브랜드가 아닌 팬이 정했고, 덕분에 서사는 더 풍성해졌습니다.

재맥락화는 무엇을 버릴지가 아니라, 어디에 새 연결고리를 거느냐에 따라 다섯 갈래로 나뉩니다. 〈쇼미더머니〉에 출연한 아티스트들의 변신 공식은 글로벌 브랜드에도 똑같이 작동합니다. 지금 당신에게도 그대로 적용될 수 있습니다. 만약 성장이 둔화되었거나, 방향성을 상실했다면 맥락 자체를 바꿀 수 있습니다. 동일한 사람과 동일한 콘텐츠도 그것이 어떠한 맥락에 놓이느냐에 따라 완전히 다른 연결고리를 형성합니다.

빙그레우스와 빙그레의 렐러번스

빙그레의 빙그레우스 캠페인은 브랜드 내부 렐러번스를 매우 치밀하게 설계한 대표적인 사례입니다. 빙그레우스라는 이름은 빙그레의 브랜드명에 고대 그리스 로마에서 남성의 이름에 흔히 사용되던 '-우스'를 더해 만들어졌습니다. 이는 브랜드 이름과 판타지 세계관이라는 컨셉을 자연스럽게 연결하는 역할을 합니다. 빙그레우스 캐릭터의 빨간 머리와 눈동자는 브랜드의 상징색과 연결되어 있고, 혹시라도 눈치채지 못할까 봐 대놓고 빙그레의 B 로고 모양 귀걸이를 달고 있습니다.

빙그레우스의 왕관은 빙그레 제품 중에서도 매출의 큰 부분을 차지하는 '바나나맛 우유'입니다. 패키지 디자인을 그대로 사용하되, 우유 광고에서 자주 등장하던 '밀크 크라운Milk crown'을 그 위에 얹어 왕관처럼 보이게 만들었습니다. 또한, 그가 입고 있

는 의상과 장신구는 모두 빙그레 제품들의 디자인 모티프를 활용해 구성되었습니다. 빙그레 창립이념인 '사람들을 빙그레 웃게 하겠다'는 철학은 빙그레우스 캐릭터의 밝고 유쾌한 성격과 말투, 콘텐츠의 유머러스한 톤앤매너로 연결되어 있습니다.

빙그레우스와 함께 등장하는 주변 캐릭터들 역시 개별 제품의 개성을 그대로 반영하여 '의인화'했습니다. 예컨대 '투게더리고리경'은 가장 오래된 아이스크림 브랜드인 '투게더'이며, 실제로 오랜 기간 브랜드를 지켜온 만큼 왕국의 비서 역할로 설정되었습니다. 또한 투게더 아이스크림을 떠먹던 옛 추억을 상징하는 '밥숟가락'을 들고 있는 것은 소비자의 공감을 자극하는 요소입니다.

'바나나맛 우유' 캐릭터는 제품의 색상인 연노랑색 위주로 되어 있으며, 그녀의 의상은 항아리 '단지' 모양입니다. 이 제품의 위상에 걸맞게 세계관 내에서 '신'이라는 설정이며, 머리 위에는 초록색 링(제품 패키지 뚜껑)+하얀색 지팡이(빨대)를 모티브로 디자인되었습니다.

'비비빅' 캐릭터는 오리지널 제품의 색상을 그대로 닮은 피부색, 유난히 냉장고에서 꽝꽝 얼어 단단해진 아이스크림을 근육질로 표현한 외모, 팥이나 단호박 등의 원재료와 연결되는 '농부'라는 설정입니다. 그의 벨트와 의상 역시 패키지의 그래픽과 색상을 그대로 가져왔습니다.

이처럼 빙그레와 로맨스 판타지 장르의 교집합을 연결한 렐러번스 설계는, 생뚱맞아 보일 수 있는 컨셉마저 소비자들이 납득하게 만듭니다. 브랜드를 젊은 이미지로 만들고, 소비자와 내부 직원 모두 즐겁게 공감할 수 있게 했습니다.

'불 좀 꺼줄래?'의 렐러번스

클레브KLEVV의 '불 좀 꺼줄래?' 캠페인은 기존 프로게이머를 모델로 활용하는 방식과는 전혀 다른 연결고리를 실징한 사례입니다. 일반적으로 프로게이머가 광고에 등장하면 유니폼을 입은 채 게임하는 장면이 주를 이룹니다. 만약 게임이 아닌 다른 행동을 하고 있다면, '게이머'라는 렐러번스를 잃는다고 생각하기 때문입니다. 하지만 클레브는 과거 프로게이머들을 아이돌 스타처럼 활용하던 독특한 연결고리를 현대적으로 재해석했습니다.

2000년대 초반, 임요환과 홍진호가 온게임넷 스타크래프트 프로리그의 현역이던 시절에는 게이머들을 '아이돌'처럼 활용하던 렐러번스가 있었습니다. 게임 중계방송에서 시즌 오픈이나 결승전 같은 무대에선 기획 촬영된 영상물이 필요합니다.

이때, 1세대 남자 아이돌의 뮤직비디오나 무대 영상이 레퍼런스로 사용되었습니다. H.O.T 1집인 〈전사의 후예〉나 신화의 〈TOP〉 같은 뮤직비디오와 당시 게임리그 오프닝 영상을 비교해보면 유사성을 쉽게 발견할 수 있습니다. 거기에 세기말의 감성(사이버전사 의상)이 버무려져 당시 프로게이머와 게임 리그의 이미지가 만들어졌습니다. 이는 다른 스포츠와 e-스포츠를 구분 짓는 차별점이자, 스타크래프트라는 게임의 SF 세계관과 연결되는 크리에이티브였습니다.

'불 좀 꺼줄래?' 광고는 게이머-아이돌 렐러번스라는 유산(?)을 현대적으로 재해석하고, 클레브 램RAM의 주요 스펙인 RGB 조명이라는 기능을 동시에 연결시키는 다중 렐러번스를 갖고 있습니다. 물론 광고는 게임을 하는 페이커의 모습을 보여주며 시작하지만, 이후 연출은 3~4세대 남자아이돌 컨셉을 믹스합니다. '하루만 네 방의 침대가 되고 싶어'라는 동방신기의 유명한 가사를 '하루만 네 본체의 램이 되고 싶어'로, 페이커의 '불 좀 꺼줄래? 내 램 좀 보게' 대사는 BTS의 뷔가 출연했던 LG 스마트폰 광고의 '불 좀 꺼줄래요? 사진 좀 찍게'를 패러디합니다. 프로게이머들은 남자 아이돌처럼 메이크업을 받고, 모니터가 아닌 카메라를 정면으로 보고 우수에 찬 표정을 짓습니다.

해당 크리에이티브는 게이머 팬들의 향수를 자극하여 기억의 저편에서 프로게이머와 연결되어 있던 렐러번스를 끄집어냈습니다. 제품이 가지고 있는 속성+후원사와 프로게임단의 관계+아이돌의 그것과 비슷한 덕질 감성+프로게이머들의 부족한 연기력이 뒤섞여 특이점을 만들었습니다.

해당 광고영상은 온에어 즉시 게임 커뮤니티와 중계방송에서 언급되며 바이럴을 일으켰습니다. 2025년 현재 840만 이상의 조회 수, 1.4만 개의 댓글이 달렸으며, 가끔씩 유튜브 알고리즘에 의해 '끌올'되고 있습니다.

'불 좀 꺼줄래?' 캠페인은 프로게이머 광고 모델의 활용 범위를 확장시켰습니다. 예컨대, 2024년 페이커와 T1 선수들이 '라네즈 화장품 광고'에 사랑스런 남친 컨셉으로 등장하거나, 직접 노래를 부르는 밴드 컨셉으로 제작되는 등 새로운 렐러번스가 형성되었습니다.

독보적 렐러번스

브랜딩의 가장 중요한 목표는 '브랜드다움'을 구축하는 것입니다. 렐러번스 관점에서 '브랜드다움'이란 소비자가 스스로 "이건 그 브랜드답다"고 인식할 만큼 단단한 연결고리를 형성한 상태입니다.

이 '브랜드다움'의 렐러번스를 쉽게 체크하는 방법이 있습니다. 만든 광고나 메시지 끝에 경쟁사의 로고를 붙여보는 것입니다. 예컨대, 아디다스 광고 끝에 나이키 로고를 넣었을 때 전혀 어색하지 않다면, 그 광고는 나이키, 퓨마, 아식스도 만들 수 있는 보편적인 메시지입니다. 하지만 강한 어색함이 느껴진다면, 그 크리에이티브는 해당 브랜드만이 연결될 수 있는 독보적인 렐러번스입니다.

버거킹과 맥도날드를 예로 들어 봅니다. '맛있는 햄버거'나 '합리적인 가격'은 모든 패스트푸드 브랜드가 말할 수 있는 이야기입니다. 하지만 '직화구이 불맛', '도전자 포지션의 발칙한 커뮤니케이션'은 버거킹만이 가질 수 있는 독보적 렐러번스입니다. 독특한 재료를 넣어 만든 '킹받는 버거'는 롯데리아만 이야기할 수 있는 브랜드다움입니다. 다른 브랜드는 연결될 수 없는 고유한 속성이 브랜드의 정체성을 나타냅니다.

브랜드다움을 만드는 일은 간단해 보이지만 매우 어렵습니다. '독보적(獨步的)'은 혼자서 걸어간다는 의미입니다. 차별화를 위해 남들과 다른 방향을 선택하면 외로워질 수밖에 없습니다. 세상의 트렌드는 계속 바뀌고, 자신이 가는 길이 맞는지 틀리는지 확신하기 어렵습니다. 하지만 방향을 계속 바꾸며 남을 따라가면 결국 남들의 뒤, 중간 어딘가에 머물게 됩니다.

브랜드다움을 만드는 길은 결국 외로움과의 싸움입니다. 홀로 걸으며 자기 확신을 유지할 때 브랜드의 차별화가 완성됩니다. 뚝심 있게 나아가는 브랜드와 창작자의 뒷모습을 보며 소비자는 경외심과 감탄을 느낍니다.

'브랜드다움'에는 순위가 없습니다. 소니의 플레이스테이션과 닌텐도 스위치는 같은 콘솔 게임기지만 완전히 다른 방향의 브랜드다움을 갖고 있습니다. 플레이스테이션은 뛰어난 그래픽과 블록버스터급 게임으로 몰입도 높은 경험에 연결되며, 닌텐도는 가족이 함께 즐길 수 있는 캐주얼한 게임과 창의적 조작 방식으로 연결됩니다. 소비자는 자신의 취향에 더 잘 연결된 브랜드를 선택할 뿐, 이 두 브랜드의 렐러번스는 서로 우열을 가릴 수 없습니다. 브랜드다움은 시장 점유율이나 매출로 측정되는 것이 아니라 내부 연결의 단단함으로 평가됩니다.

신뢰의 렐러번스: 꾸준히 연결하기

모든 브랜드는 '신뢰'나 '정직' 같은 단어와 연결되고 싶어 합니다. 당연히, 정직하고 신뢰받는 브랜드가 소비자들의 선택을 받기 때문입니다. '즐거움' '행복' '사랑' 같은 단어도 마찬가지입니다. 모두가 원하는 연결고리이기 때문에 경쟁이 치열합니다.

이런 공공재 연결고리를 내 것으로 만드는 방법은 하나뿐입니다. 바로 오랫동안 꾸준히 하나의 연결고리를 유지하는 것입니다. 이는 브랜드의 정체성을 더욱 확고하게 만들고 동시에 소비자와 깊은 신뢰 관계를 구축합니다. 누적된 시간만큼 '이 브랜드라면 틀림없이 그렇게 행동할 것이다'는 확신을 주기 때문입니다.

코카콜라가 대표적인 사례입니다. 코카콜라는 1930년대부터 크리스마스 시즌마다 꾸준히 캠페인을 이어옵니다. 매해 조금씩 변주되었지만 꾸준히 '행복'이란 연결고리를 유지했습니다. 이 과정에서 산타클로스의 디자인을 브랜드 컬러인 빨강과 하양으로 정의하는 데 성공했습니다. 코카콜라는 그 어떤 브랜드보다 '크리스마스'와 '행복'이란 단어와 단단히 연결되어 있습니다.

유한킴벌리의 '우리 강산 푸르게 푸르게' 캠페인은 환경 보호와 브랜드 정체성을 연결한 대표적 성공 사례입니다. 1984년 캠페인 초기에는 큰 주목을 받지 못했지만, 브랜드(티슈 등)의 원재료인 나무를 지속 가능하게 보호한다는 메시지는 소비자도 직관적으로 이해할 수 있는 명분이었습니다. 이후 환경 보호가 이슈로 떠오르면서 이 꾸준함의 연결고리는 주목받게 되었고, 결국 유한킴벌리는 친환경 기업의 대표 브랜드로 자리 잡았습니다. 소비자들은 자연스럽게 제품 구매를 환경보호에 동참하는 행동으로 인식하게 되었습니다.

이처럼 꾸준하고 일관된 연결고리를 유지하는 것은 창의성이나 파격과는 다른 종류의 경외심을 만듭니다. 순간적인 센스나 직관이 아니라, 오랜 시간 동안 사랑받은 본질적 가치를 가진 브랜드의 권위를 획득합니다. 아버지가 아들에게 물려주고, 어머니와 딸이 함께 쓰는 브랜드가 됩니다.

그렇게 일관성 있는 연결고리는 결국 브랜드 고유한 '자산'이 됩니다. 유한킴벌리가 환경보호라는 단어와 떼려야 뗄 수 없는 관계가 되는 것처럼, 연결고리 단어 자체가 브랜드의 이름 안으로 흡수되는 것입니다. 이런 자산은 브랜드가 새로운 영역으로 확장할 때, 급변하는 환경에 대응할 때 든든한 버팀목이 됩니다.

다중 렐러번스의 난이도와 희소성

좋은 결과물은 언제나 여러 연결고리를 가지고 있습니다. 연결고리들이 유기적으로 결합되면 비로소 사람들은 '잘 만들었다'고 느낍니다.

'스타성'이라는 개념을 다중 렐러번스 관점에서 봅시다. 가수는 기본적으로 노래를 잘해야 합니다. 음정, 박자, 가사의 감정 표현은 첫 번째 연결고리입니다. 여기에 음색이라는 연결고리가 추가되면 '색깔 있는 가수'가 됩니다. 작곡과 작사를 겸비하면 '싱어송라이터', 라이브 실력이 더해지면 '퍼포머', 패션 감각까지 갖추면 '아이콘'이 됩니다.

매력적인 연결고리가 여러 개일수록 우리는 아티스트를 '스타'로 인정합니다. 여러 연결고리를 동시에 걸고 있다는 건 굉장히 어렵고 희귀하기 때문입니다.

넷플릭스 시리즈 〈흑백요리사〉에서 안성재 셰프(심사위원)는 요리의 '의도'와 '표현'이라는 연결고리를 중시했습니다. 즉, '이 요리를 만든 이유가 맛으로 잘 표현되었는가'를 판단했습니다. 백종

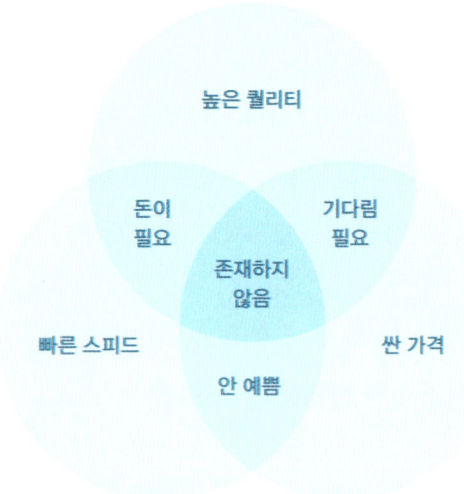

(클라이언트에게 보내고 싶은) '디자인'에서 다중 렐러번스의 희소성

    원 대표는 '대중성'과 '상업성'이라는 전혀 다른 연결고리를 중심으로 심사했습니다. 시청자들은 '미슐랭 3스타 셰프가 인정하는 학교급식은 대체 어떤 맛일까?'처럼 양쪽 기준을 모두 통과한 희귀한 요리에 호기심을 느꼈습니다.

    특히 스포츠 선수들은 이 다중 연결고리의 가치가 직관적으로 드러납니다. 미국 메이저리그의 간판스타 '오타니 쇼헤이'는 투수도, 타자도, 주루 플레이도 잘합니다. 처음에는 투수+타자 겸비(이도류=칼을 두 개 쓰는) 같은 키워드로 설명되는 선수였습니다. 여기에 독보적 기록이 쌓이고, 인성 좋고, 팀워크 좋고, 팬 서비스까지 더해지자 수식어가 너무 길어진 오타니는 '야구의 신'이라는 고유명사가 되었습니다. e-스포츠의 살아 있는 전설 페이커도 마찬가지입니다. 우승 경력, 리더십, 실력, 기부 활동까지 갖춘 그에게 수식어는 이제 더 이상 필요가 없습니다. '페이커'라는 이름 세 글자 자체가 곧 '완성된 선수'라는 뜻이 되었기 때문입니다.

브랜드에서 다중 렐러번스의 사례를 찾아봅시다. 애플은 '기능이 뛰어난 전자제품'이라는 연결고리 하나만으로도 충분히 잘 팔리는 브랜드였습니다. 여기에 '감성적 디자인'이 더해지고, '혁신의 아이콘'이 붙으며 브랜드는 문화적 상징이 되었습니다. 레고 역시 단순한 블록 장난감으로 시작했지만 콘텐츠 IP, 교육, 코딩, 커뮤니티라는 여러 연결고리를 추가하며 창의적 놀이 문화를 대표하는 브랜드로 성장했습니다.

여러 연결고리를 동시에 거는 일은 결코 쉽지 않습니다. 연결고리가 1개 추가될 때마다, 그것이 가능한 창작자나 브랜드는 눈에 띄게 줄어듭니다. 그래서 여러 연결고리가 걸린 결과물은 희귀하고, 그만큼 사람들은 더 강한 호기심이나 선망을 느낍니다. 그래서 다양한 조건을 한 번에 충족하는 브랜드를 발견한 소비자는 "이거다!"라는 확신을 느끼게 됩니다.

정리하자면, 완성도는 결국 단단한 연결고리의 개수와 비례합니다. 적어도 두 개 이상의 연결고리가 있을 때 사람들은 '좋았다'라고 느낍니다. 세 개 이상의 연결고리부터는 설명조차 필요 없는 '브랜드'가 됩니다.

두 고리는 감탄, 세 고리는 찬탄
네 고리 이상은… '숭배'입니다.

내부가 정리되어야 외부와 연결될 수 있다

내부 렐러번스가 단단하게 정돈되어 있으면 소비자는 "그 브랜드답다"라고 말합니다. 파타고니아가 환경문제를 말할 때 누구도 놀라지 않고, 롤렉스가 저렴한 시계를 내놓으면 다들 당황하는 이유입니다.

콘텐츠든 브랜드든, 내부가 어지러우면 외부로 어떤 메시지를 던져도 사람들은 귀 기울이지 않습니다. 자신이 무슨 말을 하는지도 모르는 사람을 어떻게 신뢰할 수 있을까요? 우리는 단 몇 마디의 대화로도 그 사람이 얼마나 단단한 사람인지 헐렁한 사람인지 깨달을 수 있습니다. 내부가 단단하게 설계되어 있다면, 단 한 줄의 메시지만으로도 사람들은 연결되고, 신뢰하고, 기억합니다.

내부 구조가 단단해야 외부 연결고리도 잘 걸립니다. 패션 브랜드 슈프림Supreme은 '스트리트 패션의 상징'이라는 단단한 내부 렐러번스를 바탕으로, 다양한 브랜드와 콜라보레이션을 시도합니다. 아무리 낯선 조합도 슈프림답게 소화합니다.

지금까지 안쪽을 단단히 연결했으니, 이제 밖으로 연결해 봅시다. 렐러번스 설계란, 결국 내부와 외부로 모든 연결이 자연스럽게 이어지도록 만드는 감각이자 전략입니다.

외부 연결:
유혹과 확장

외부 연결 설계의 핵심은 소비자가 이 연결을 통해 작품 안으로 들어오게 '유혹'하는 것과 더 멀리 있는 연결고리로 '확장'하는 것입니다.

    아래의 콘텐츠는 보는 순간, 사람들의 머리에 연결고리가 착! 감깁니다. 한 번도 생각해본 적 없었기에 신선하고, 파격적입니

강아지가 바지를 입어야 한다면 어떤 방식이어야 할까요?

다. 갑론을박이 펼쳐지며 뭐가 맞는지 주변 사람들에게 물어보며 자연스럽게 바이럴됩니다.

이 간단한 이미지와 질문은 SNS상에서 삽시간에 퍼지며, 캐나다의 애견 용품 제조사인 '머디머츠'의 매출을 2,700% 이상 끌어올렸습니다. 이것은 제조사가 직접 만든 광고가 아니었습니다. 한 학생이 순수한 호기심에 장난삼아 올린 짤이었습니다.

이처럼 높은 퀄리티의 제작물이 아니어도 머릿속에 착 연결되는 크리에이티브는 소비자를 유혹합니다. 만약 브랜드가 적절한 제품이나 서비스를 판매하고 있고 콘텐츠가 재미를 보장한다면 '소비'가 일어납니다.

유혹의 시작점은 창작자의 내면이 아니라 소비자의 내면입니다. 내가 만족스러운 크리에이티브가 아니라, 사람들이 관심 가질 만한 아이디어에서 출발하는 게 좋습니다.

물꼬를 트는 렐러번스

모든 크리에이티브에는 입구가 있습니다. 예컨대, 콘텐츠에선 좋아하는 배우가 등장하거나, 로맨틱코미디나 SF처럼 장르 자체를 좋아하거나, 작가나 감독의 팬일 수도 있습니다. 소비자가 어디로 들어올진 모르지만, 흔히 말하는 '덕통사고'를 일으키는 입구가 필요합니다. 브랜드도 마찬가지입니다. 광고일 수도 있고 쇼윈도에서 제품을 처음 본 순간일 수도 있습니다. 입구 역할을 하는 연결고리는 소비자의 흥미를 끌어 관계의 물꼬를 틉니다. 속된 말로

'삐끼' 역할입니다.

'물꼬 트기'를 가장 잘 활용하는 분야는 아이돌 팬덤 시장입니다. 예컨대, 스트레이 키즈Stray Kids의 멤버 '필릭스'는 매력적인 저음 보이스로 숏폼 플랫폼에서 입소문을 탔습니다. 소비자는 목소리에 반해 '이 사람 누구지?' 하고 검색하다가 팀 전체를 알게 됩니다. 개별 멤버가 물꼬를 트고, 브랜드 내부로 안내하는 구조입니다.

이 전략은 K-POP 아이돌들이 많은 멤버 수를 유지하는 이유이기도 합니다. SM엔터테인먼트의 이수만 전 회장의 밈인 "이 안에 네 취향이 한 명쯤은 있겠지"라는 말은 물꼬 트기 전략의 요약입니다. 비주얼, 보컬 실력, 춤, 예능감 등을 갖춘 멤버들을 두루두루 섞어 진입로를 다양하게 준비해두고 관심을 팀으로 이어지게 만듭니다.

광고에서 모델 캐스팅 역시 유명인의 호감도를 활용해 물꼬를 트는 전략입니다. 좋아하는 연예인이 광고하는 제품엔 당연히 관심이 가기 마련입니다. 연예인이란 연결고리로 물꼬를 터서 상품이나 서비스로 소비자를 데려옵니다.

물꼬를 텄으면 다음 단계는 내부의 다른 요소들로 자연스럽게 연결시키는 것입니다. 흥미를 느낀 후에 거기에서 끝내는 것이 아니라 그다음 소비로 넘어갈 수 있게 유도하는 것입니다.

예컨대, 마블 영화에서 영웅들의 아이템을 구매 가능한 굿즈로 만들어 두는 것은 대표적인 후속 연결고리 설계입니다. 캡틴 아메리카의 방패, 토르의 망치, 스파이더맨의 코스튬 같은 것들이 소장 욕구를 자극하며, 소비자를 다음 단계로 인도합니다. 쿠키영상으로 다른 영화를 보게 유도하거나 디즈니랜드에 방문하고 싶게 만드는 것도 마찬가지입니다. 입구는 달라도 결국은 돈을 벌 수 있는 상품이나 서비스로 연결시키는 것이 핵심입니다.

현대의 콘텐츠 산업에서는 콘텐츠의 소비(시청)만으로는 충분한 이익을 낼 수 없습니다. 애초에 굿즈나 체험 상품을 팔기 위해 콘텐츠를 기획한다고 해도 과언이 아닙니다. (심지어 콘텐츠가 후속 연결고리를 걸기 위해 무료로 제공되기도 합니다.) 이러한 상황에서 좋은 크리에이티브란, 작품의 본질적 가치와 후속 연결고리를 동시에 충족하는 선택지가 됩니다. 즉, 작품성을 높이면서 동시에 스토리나 연출에 상품이나 서비스도 녹여내는 것입니다.

이런 후속 연결고리는 소비자에게도 즐거움을 제공합니다. 소비자 역시 매력을 느낀 브랜드와 지속적인 관계 맺기를 원합니다. 나무위키에서 덕질할 것을 찾고, 게임에서 추가 다운로드 콘텐츠(DLC)를 구매하고, 최신 모델로 기기변경을 합니다. 브랜드는 팬들이 계속해서 파먹을 새로운 먹거리를 제공해야만 합니다. 만약 남은 즐길거리가 없어져 버리면 소비자는 다른 관심사를 찾아 떠나 버릴 수도 있습니다.

따라서 후속 연결고리의 설계는 첫 구매뿐만 아니라 크리에이티브의 지속 가능성 측면에서도 중요합니다. 단순히 광고만 창의적으로 만들거나, 본편 콘텐츠만 완성도 있게 만들어서는 부족합니다. 물꼬를 터서 흥미를 유발하고 그것이 다음 소비로 연결될 수 있게 흐름을 설계해야 합니다.

출입구가 두 개인 렐러번스

〈우마무스메 프리티 더비〉는 일본 경마의 실존 경주마들을 미소녀 캐릭터로 치환한 육성 시뮬레이션 게임+애니메이션 시리즈입니다. 단순히 경주마의 외형을 캐릭터 디자인에 이식하는 것에 그치지 않고, 말의 성격, 성별, 라이벌 관계, 심지어 출전 히스토리까지 정교하게 이식했습니다. 예컨대, '보드카'와 '다이와 스칼렛'은 경주마 시절의 라이벌 구도를 그대로 반영하며, 게임 속에서도 팽팽한 경쟁과 서사를 이어갑니다.

이 방식은 양방향으로 외부 렐러번스를 연결시킵니다. 먼저 경마 팬들은 경주마가 미소녀로 의인화되는 순간, "이걸 이렇게 바꿨네?"라는 흥미를 느낍니다. 팩트가 감성적 경험으로 전환됩니다. 반대로, 경마를 전혀 몰랐던 게이머는 캐릭터의 매력과 컨셉에 이끌려 게임을 시작하고, 자연스럽게 그 캐릭터의 배경을 검색하며 경마라는 '원천'에 도착합니다. 서로 다른 입구로 들어와 반대 방향으로 연결되는 것입니다.

이처럼 외부 렐러번스는 입구를 여러 개 만들 수 있습니다. 실제 정보에서 가상 캐릭터로, 다시 그 캐릭터에서 실존 세계로 돌아가는 순환구조가 연결되는 순간, 브랜드는 문화적인 확장을 시작합니다. 우마무스메 게임이 흥행함과 동시에 일본 내 경마 매출이 증가했고, 젊은 세대의 경마장 유입도 가시적으로 늘어났습니다. 일본의 JRA(일본중앙경마회)는 실제 경마장에 우마무스메 관련 부스를 설치하고, 경마 입문자용 가이드를 제작하며, 새로운 관객층이 쉽게 경마를 즐길 수 있는 시스템들을 도입했습니다. 게임과 애니메이션의 파장이 현실의 산업 생태계까지 영향을 미친 사례입니다.

'빙그레우스' 역시 마찬가지입니다. 빙그레 제품만 알고 있던 소비자는 현실 속 브랜드가 마치 대하사극처럼 각색되는 모습을 보며 '이걸 이렇게 스토리텔링 했네?' 하는 낯익지만 익숙한 즐거움을 느낍니다. 반대로, 콘텐츠를 입구로 들어온 소비자는 '빙그레'라는 브랜드의 첫인상을 다르게 형성합니다. 50살이 넘은 브랜드가 아니라 자신과 같은 취향이나 유머 코드를 공유하는 젊은 브랜드로 인식합니다. 브랜드는 이때 회춘합니다.

이처럼 렐러번스는 양방향으로 연결됩니다. 어떻게 연결하느냐에 따라 브랜드는 새로운 생명력을 얻게 됩니다. 실존하는 정보든, 오래된 이미지든, 생경한 세계관이든 잘 설계된 렐러번스는 전혀 다른 타깃과도 연결이 가능하게 합니다.

경마를 좋아하던 중년 여성과 미소녀 캐릭터에 반응하는 10대 남학생이 같은 게임을 하게 만드는 것. 목욕 후 바나나맛 우유를 먹던 70~80년생과, 빙그레우스 밈을 저장하는 Z세대가 같은 브랜드를 이야기하게 만드는 것. 바로 이 양방향 연결이 렐러번스의 힘입니다.

우마무스메의 성공은 단지 게임과 애니메이션이 잘 만들어졌기 때문이 아닙니다. 이미 잊혀지거나 쇠퇴하던 영역에, 새로운 접속의 고리를 만들었기 때문입니다. 입구를 통해 들어온 소비자가 후속 연결고리를 통해 브랜드의 구석구석을 둘러보게 만들어야 합니다. 단단하게 연결된 내부 렐러번스는 이때부터 그 가치가 드러납니다. 소비자는 창작자가 설계한 지도를 따라 브랜드에 스며듭니다.

유명세의 렐러번스

연예인은 사람이지만 하나의 브랜드로 봐도 무방합니다. 소속사에서 이미지를 관리하는 '상품'의 속성을 갖고 있기 때문입니다. 연예인은 렐러번스로 먹고산다고 봐도 과언이 아닙니다. 캐스팅되기 위해 '최초상기도'를 확보해야 합니다. 예컨대, 배우는 '잘 울기만 해도 10년은 간다'라는 속설이 있었습니다. 시청자를 울리는 스토리텔링의 수요는 항상 많기 때문에, 잘 우는 배우는 섭외 1순위입니다. 그래서 배우나 희극인들은 캐릭터를 잡기 위해 안간힘을 씁니다. 잘 연결된 캐릭터성이 연예인 본인의 인지도를 높임과 동시에 앞으로의 캐스팅에도 영향을 줍니다.

인플루언서 마켓이 성장함에 따라 기존 연예인이나 모델들이 연결되지 않았던 니치하고, 디테일한 캐릭터성을 가진 연예인들이 등장했습니다. '곽튜브'나 '빠니보틀' 같은 유튜버는 속칭 '찐따' 컨셉과 강하게 연결되며 기존 연예인들과 차별화에 성공했습니다. 또한 '여행+유튜버'라는 속성을 활용해 공중파 여행 예능에 출연하기도 합니다. 이런 비전형적인 캐릭터를 크리에이티브의 부품으로 활용해 방송가의 PD들은 기존에 못 보던 컨셉의 프로그램을 만듭니다.

잘 잡힌 캐릭터는 특정한 단어와 밀접하게 연결되어 특이점을 만들고 관심을 확보합니다. 예컨대, 가수 브라이언(플라이투더

스카이)은 한 예능에서 결벽증에 가까운 '청결 집착남'의 캐릭터를 획득했습니다. 과거에도 청결을 중요시하는 연예인은 몇 있었지만, 브라이언만큼 파격적이고 유쾌하게 캐릭터를 잡은 연예인은 없었습니다. 청결이라는 단어에서 브라이언은 최초상기도를 획득했습니다. 그 인기로 인해 청소용품 브랜드, 구취제거제 브랜드의 광고 모델이 되었습니다. '청결함'이라는 연결고리를 타고 캐스팅이 성사된 것입니다.

속된 말로 '일단 유명해져라!'는 말은 이래서 의미가 있습니다. 브랜드든 창작물이든 특정 키워드와 단단하게 연결되면, 그것을 활용해 돈을 벌거나, 활동 영역을 확장하기 쉽습니다. 사회적으로 인정되는 영역의 키워드라면 무엇이든 가능합니다. 그리고 이왕이면 그 키워드를 중간 연결고리 삼아 활동하는 브랜드나 방송 프로그램이 많이 있을수록 좋습니다.

광고모델의 렐러번스

광고에서 유명인을 모델로 캐스팅하는 것은 매우 합리적인 선택지이자 유서 깊은 비즈니스입니다. 15초라는 짧은 광고 시간, 포스터 한 장이라는 제한된 지면에서 모델 선정만큼 효과적인 대안이 없습니다. 빠르게 이미지를 각인시키고 제품이나 서비스가 지닌 특장점을 설명하는 데 남은 공간과 시간을 씁니다. 모델 선정 자체가 제약조건을 극복하는 '솔루션의 선택지'이자 '렐러번스의 설계'인 셈입니다.

브랜드는 모델을 캐스팅해 해당 유명인의 이미지를 브랜드의 이미지와 연결시킵니다. 유명인이 이미 구축한 렐러번스를 모델료를 지급하고 구매하는 것입니다. 예컨대, 화장품 브랜드들은 당대 최고의 미인을 기용해 '아름다움'이라는 추상적 개념을 소비자에게 각인시킵니다. 영화배우 마릴린 먼로가 "잠들 때 무엇을 입나요?"라는 질문에 "샤넬 No.5 몇 방울만요"라고 대답한 전설이 대표적입니다. 이 짧은 대답 하나로 샤넬 No.5는 매혹적이고 관능적인 이미지를 욕망하는 소비자와 연결됩니다.

유명 모델 기용 전략은 초기 브랜드에게 특히 효과적입니다. 아직 별다른 연결고리를 형성하지 못한 신규 브랜드는 유명 모델을 통해 첫인상을 만듭니다. 예컨대, '전지현 샴푸'처럼 유명인의 이름만으로도 브랜드의 '추구미'를 효율적으로 전달하고, 유명인의 신뢰를 흡수합니다.

브랜드가 모델에게 거액의 모델료를 지급하기에, 둘의 관계는 모델에게 일방적인 이득으로 보일 수 있습니다. 그러나 연결고리가 잘 형성된 캐스팅은 서로에게 윈윈win-win입니다. 예컨대, 커피 브랜드 맥심은 안성기(38년), 모카골드는 이나영(23년), T,O,P는 원빈(17년 이상), 카누는 공유(14년 이상), 화이트골드는 김연아(13년 이상)와 같이 제품 라인업마다 장기 모델 전략을 사용해 브랜드 이미지를 모델과 단단히 연결합니다. 반대로 감성적 음료인 커피는 모델의 고급스러운 이미지에 도움이 됩니다. 또한 소비자들이 커피를 마실 때마다 해당 모델을 상기시키는 효과도 있습니다.

화장품 브랜드인 SKII는 '김희애'와 2004년부터 10년 이상

관계를 유지했습니다. 맑고 투명한 피부와 고급스러운 이미지가 브랜드와 잘 어울렸기 때문입니다. 김희애가 〈밀회〉 같은 인기 드라마에 출연해, '어쩜 김희애는 늙지를 않니' 같은 시청자 반응을 얻을수록 SKII 브랜드는 광고 효과를 톡톡히 봅니다. 반대로 유명 브랜드가 지속적으로 캐스팅하는 신뢰의 이미지는 모델에게도 도움이 됩니다.

모델 캐스팅에도 비전형적 선택지가 있습니다. 모델 선정에도 격식이 있고, '그 사람이 광고 모델을 어떻게 해?'라는 고정관념도 있습니다. 그러나 특별한 렐러번스를 가진 모델이 있고, 브랜드가 그 렐러번스를 원한다면 이례적인 캐스팅이 성사되기도 합니다. 예컨대, 2030 여성을 타깃으로 하는 패션플랫폼 '지그재그'는 배우 '윤여정'을 캐스팅해 '네 마음대로 사세요'라고 말하며 '나다움'을 강조했습니다. 파격적인 캐스팅이었지만, 배우 윤여정의 이미지는 컨셉에 착 걸렸습니다. 영화 〈미나리〉의 시상식 소감을 비롯하여 그녀가 지금까지 걸어온 길이 '그런 말을 할 자격이 있는' 렐러번스를 형성했기 때문이었습니다. 덕분에 브랜드는 광고에서 특이점을 만들 수 있었고, 배우는 새로운 타깃들과 접점을 만들 수 있었습니다.

콜라보레이션의 렐러번스

브랜드 간의 콜라보레이션은 브랜드와 모델 간의 윈윈 전략과 유사한 메커니즘으로 성사됩니다. 즉, 각각 다른 렐러번스를 가진 두 브랜드가 서로의 연결고리를 교환하는 것입니다. 콜라보레이션은 두 브랜드가 서로의 영역으로 확장의 니즈를 갖고 있을 때 성사됩니다. 너무 확고한 렐러번스는 고정관념으로 굳어져 브랜드 확장에 방해가 되는데 이럴 때 콜라보레이션은 새로운 렐러번스를 만들 수 있는 기회가 됩니다.

2017년 루이뷔통Louis vuitton과 슈프림Supreme의 콜라보레이션은 가장 대표적이고 성공적인 사례입니다. 루이뷔통은 브랜드의 노후화를 방지하고 젊은 타깃들의 주목을 끌기 위해, 같은 패션 카테고리임에도 불구하고, '힙한 이미지'의 슈프림과 협력했습니다. 슈프림 역시 글로벌 명품 시장으로 확장하려면, 자체 렐러번스만으론 한계가 있었습니다. 루이뷔통의 헤리티지는 슈프림에게 공식적인 '프리미엄 증명서'가 되었습니다. 짝퉁 범람으로 흔들리던 브랜드 가치를 고급화 전략으로 보호할 수 있었던 것입니다. 슈프림은 루이뷔통을 통해 브랜드 권위를 끌어올렸고, 루이뷔통은 슈프림의 젊은 팬덤을 흡수해 '오래된 명품' 이미지를 씻어내는 쌍방 윈윈의 교환을 완성했습니다.

인플루언서들 또한 '합방'이라는 개념으로 콜라보레이션을 합니다. 유사한 카테고리에서 활동하는 인플루언서들이 협력해 콘텐츠의 스케일과 컨셉을 키웁니다. 예컨대, 음악 인플루언서들은 함께 합주 콘텐츠를 제작해 혼자서는 불가능한 감동과 장면을 연출합니다. 각자의 팬들은 이를 계기로 상대 아티스트와 자연스럽게 연결됩니다. 이미 팔로우하고 있는 인플루언서를 통해, 또 다른 인플루언서에게 신뢰할 만한 연결고리가 형성되는 것입니다. 반대로, 전혀 다른 카테고리의 합방으로 특이점을 만들기도 합니다. 대표적인 예로, 과학 인플루언서 '궤도'가 침착맨의 방송에 출연해 '지평좌표계'라는 발언으로 단숨에 인지도를 높인 사례가 있습니다. 이는 두 브랜드에게 긍정적인 결과를 가져다준 콜라보였습니다.

영화나 애니메이션에서는 카메오라는 형태로 콜라보레이션이 나타납니다. 관객들은 "네가 거기서 왜 나와?"라는 의외의 반응으로 흥미를 느낍니다. 카메오로 등장하는 캐릭터나 배우 역시 상대적으로 적은 노력으로 대중과의 연결고리를 확보합니다.

콜라보레이션은 함께 밥 한번 먹는 단순한 만남이 아니라, 두 브랜드의 '렐러번스 자산을 교환'하는 거래입니다. 성공적인 콜라보레이션은 혼자서는 연결되기 어려운 소비자의 관심을 확보하고, 브랜드 확장의 한계를 극복합니다. 혼자서만 성장하기 어렵다고 느낄 때 콜라보레이션 대상을 찾아봅시다. 단, 거래가 성사되려면 교환할 만한 충분한 렐러번스 자산을 가지고 있어야 합니다. 물물교환이 어렵다면 비용을 지불하고 렐러번스를 구매해야 합니다.

거대 연결고리

'나이키의 경쟁자는 닌텐도'라는 유명한 말이 있습니다. 얼핏 보면 서로 상관없어 보이는 두 브랜드가 '소비자의 여가 시간'이라는 한정된 자원을 두고 경쟁한다는 뜻입니다.

예컨대, 소비자가 여가 시간에 스포츠를 먼저 떠올리면 나이키가 승리하고, 게임을 떠올리면 닌텐도가 이깁니다. 마이클 조던이 유명한 농구 선수가 아니라 세계적인 아이콘이 되면, 여가 시간에 스포츠를 선택하는 사람이 늘어나고, 이 흐름을 타고 나이키 같은 농구화 브랜드가 혜택을 받습니다. 반대로 페이커 같은 게이머가 유명해지면, 사람들은 게임에 더 많은 여가 시간을 쓰게 됩니다. 박세리로 인해 골프 시장이 커지고, 김연아로 인해 피겨 스케이팅 유소년 선수 풀이 커지는 것도 동일한 원리입니다. 소비자의 관심과 가치관이라는 연결고리가 바뀌면 시장의 크기 자체가 바뀝니다.

인공지능이 시대의 화두로 떠오르자 그래픽카드를 만드는 엔비디아의 주가가 치솟았습니다. 환경문제가 심각해지니 친환경 기업들에 정부보조금이 나오고, 전기·수소차 기업들이 수혜를 받습니다. 이런 현상은 인류의 역사에서 반복적으로 나타납니다. 산업혁명, 서부 개척, 대항해시대, 인터넷의 발명 등처럼 말이죠.

이처럼 브랜드의 운명을 결정짓는 '거대한 연결고리'가 있습니다. 정부 정책이나 전쟁, 무역 갈등, 환경문제 같은 거대한 변화가 브랜드나 콘텐츠에도 영향을 줍니다. 물론 이 정도 규모의 연결고리는 개별 브랜드나 창작자가 통제할 수 없는 천재지변의 영역입니다. 하지만 창작자는 이런 거대 연결고리가 브랜드와 연결되어 있다는 사실은 알고 있어야 합니다.

사례를 통해 거대한 렐러번스가 어떻게 크리에이티브와 연결되는지 알아보겠습니다. 〈케이팝 데몬 헌터스〉는 2025년 최고의 흥행작입니다. 이 하나의 작품에 여러 가지 메가 트렌드가 연결되어 다양한 소비자들을 유입시킵니다. 예컨대, BTS와 블랙핑크를 필두로 한 K-POP 트렌드+〈스파이더맨 어크로스 더 유니버스〉가 구축한 '3D+2D' 조합의 애니메이션 스타일+버츄얼 인플루언서 트렌드+〈리그 오브 레전드〉의 프로젝트 걸그룹 'K/DA'의 컨셉+빅스Vixx의 〈도원경〉으로 대표되는 한복 입은 남자아이돌 퍼포먼스+〈파묘〉, 〈퇴마록〉 같은 오컬트 트렌드 등이 한데 뒤섞여 있습니다.

서로 상관없어 보이던 트렌드와 컨셉들을 하나의 작품 안에 설득력 있게 융합하자 파격이 발생한 것입니다. 한국계 제작진이 만든 디테일은 특이점이 되고, 음악, 스토리, 연출, 캐릭터 디자인 등 각각의 요소들은 퀄리티의 격식을 지탱합니다. 각기 다른 입구로 유입된 소비자들은 촘촘히 짜여진 내부 렐러번스를 따라 즐거운 여정을 시작합니다.

이제 〈케이팝 데몬 헌터스〉는 전 세계적인 인기에 힘입어 후속편은 물론이고, 세계관 안에 다른 아이돌을 추가하며 스핀오프나 시리즈를 만들 수 있습니다. 굿즈, 팝업스토어, 콜라보레이션, 광고모델로 활동할 수도 있고 버츄얼 아이돌의 특성을 살려 '하츠네 미쿠'처럼 단독 콘서트도 가능합니다.

이처럼 거대한 렐러번스를 고려한 크리에이티브는 놀라운 파급력을 만들 수 있습니다. 따라서 창작자는 언제나 '큰 그림'을 봐야 합니다. 물론 제작기간이 길수록 모든 연결고리를 고려하는 건 어렵습니다. 때론 초기 기획 시기의 트렌드가 사라지기도 하고, 없던 트렌드가 나타나기도 하기 때문입니다.

렐러번스와 브랜드 확장

외부 렐러번스의 두 번째 속성은 확장성입니다. 첫 번째 속성이 '끌어당기는' 연결이었다면, 확장은 반대로 '밖으로 나가는' 연결입니다. 이를 통해 브랜드는 새로운 소비자를 만나고, 기존에는 고려하지 못했던 것들과 연결되며 변화를 시작합니다.

트렌드나 환경이 변하면 의도와 상관없는 연결고리가 걸리기도 합니다. 〈블레이드 러너〉가 그랬고, 윤수일의 노래 〈아파트〉가 끌어올려진 것처럼 말이죠. 창작물은 그대로인데 렐러번스의 '재맥락화'가 일어난 것입니다.

이미 완성된 작품이 아니라 현재 진행형인 브랜드에게 렐러번스의 재맥락화가 일어난다면, 브랜드와 창작자는 선택의 기로에 섭니다. 기존의 연결고리를 유지할지, 아니면 새로운 연결고리로 옮겨 걸지 결정해야 합니다. 옮겨 건다면 기존 브랜드 자산을 포기하는 것이고, 유지한다면 가능성을 포기하는 것과 같습니다.

이 과정에서 브랜드는 반드시 다음과 같은 핵심 질문을 던져야 합니다.

- 새로운 연결고리는 기존 브랜드 정체성과 충돌하지 않는가?
- 이 연결고리는 일회성 반응인가, 아니면 장기적으로 지속 가능한가?
- 기존의 내부 렐러번스를 희생하더라도 새 연결고리가 더 큰 가능성을 제공하는가?

만약 이 새로운 연결고리가 기존 브랜딩과의 충돌이 적고 새로운 가능성을 창출할 수 있다면, 브랜드는 본격적으로 확장성을 검토하기 시작합니다. 그리고 이 연결고리를 중심으로 브랜드를 재구성하기로 결단을 내린다면, 브랜드는 기존과는 전혀 다른 형태로 진화하게 됩니다.

중간고리 만들기: 기네스북 & 미슐랭 가이드

연결되고 싶은 지점은 있는데 마땅히 콜라보레이션할 만한 상대가 없다면? 스스로 만들어 버릴 수도 있습니다. 강력하고 설득력 있는 '중간 연결고리'를 만드는 것입니다.

기네스북Guinness Book of Records과 미슐랭 가이드Michelin Guide가 대표적 사례입니다. 두 책 모두 본래 브랜드와 직접적인 관계가 없는 콘텐츠로 출발했지만, 지금은 독립적인 브랜드로 자리 잡았습니다.

기네스북은 맥주 회사 기네스Guinness가 발간한 세계 기록 모음집입니다. 처음 들으면 맥주와 세계 기록 사이에 어떤 관계가 있는지 의아합니다. 기네스 양조장의 임원이었던 휴 비버가 사냥을 하다가 "유럽에서 가장 빠른 사냥새는 무엇인가?" 같은 논쟁을 겪은 뒤, 이런 흥미로운 논쟁을 해결할 책의 필요성을 깨달았습니다. '잡담과 논쟁거리'라는 맥주와 다소 동떨어진 개념을 기네스북으로 연결했습니다. 소비자들은 "술자리에서 벌어지는 논쟁을 해결하는 책이라니, 재미있네!"라고 직관적으로 받아들였습니다.

덕분에 기네스북은 이제 본체 브랜드보다 더 유명해졌으며, 심지어 최근의 젊은 소비자 중에는 "왜 기네스북이 맥주도 만들지?"라고 오해하는 경우마저 있습니다.[29]

'미슐랭 가이드'는 프랑스의 타이어 회사 미쉐린Michelin이 제작한 미식 안내서입니다. 미슐랭은 미쉐린의 프랑스어 발음입니다. 이 책은 처음에 자동차 여행 중 방문하기 좋은 레스토랑과 여행 정보를 안내하는 소책자였습니다. 타이어와 미식은 멀어 보이지만, '자동차 여행용 소책자'라는 중간 연결고리를 통해 자연스럽게 연결되었습니다. 소비자는 이 책을 보고 "타이어 회사라면 자동차 여행 정보를 잘 알겠지!"라고 납득했습니다. 현재 미슐랭 가이드는 세계 최고의 권위를 가진 레스토랑 평가 지표로 자리 잡았고, 브랜드의 타이어 사업과는 별개로 강력한 렐러번스를 얻게 되었습니다. 2017년부터 미슐랭 가이드는 한국에서 공식 명칭을 '미쉐린 가이드'로 변경했습니다. 왜 이름을 변경했을지 렐러번스 측면에서 생각해 봅시다.

두 사례 모두, '납득되는 중간 연결고리'를 만들어서 렐러번스를 확장했습니다. '스튜어디스 화장품'이나 '피부과 직원이 몰래 쓰는 화장품' 같은 표현도 같은 원리입니다. 이런 정보는 '누가 말했는지'를 중간 연결고리 삼아 신뢰를 획득합니다. 꼭 유명인이 아니어도 됩니다. 장시간 비행에도 무너지지 않는 스튜어디스의 메이크업처럼 구체적이고 믿음직한 직업도 중간 연결고리가 될 수 있습니다.

---

29 2001년, 기네스사는 '기네스북(도서)' 부문을 매각했지만, 여전히 많은 사람들은 기네스 맥주와 세계 기록 사이에 연결고리가 있다고 인식하고 있습니다.

예컨대, 자동차 브랜드 '볼보Volvo'는 '세상에서 가장 안전한 차'라는 렐러번스 외에도 '의사들이 타는 차'라는 중간 연결고리도 갖고 있습니다. 이 중간 연결고리는 브랜드가 만든 것이 아니라 구전된 도시전설입니다. 심각한 사고에도 살아서 병원에 실려 오는 환자들의 차량이 볼보인 경우가 많았고, 이를 보고 의사들이 볼보를 사게 되었다는 이야기입니다. 이 중간 연결고리는 "볼보는 튼튼하다"라는 광고 문구보다 훨씬 강력하게 소비자의 뇌리에 박히고, '세상에서 가장 안전한 차'라는 핵심 연결고리를 더 단단하게 강화시킵니다.

스포츠 구단을 운영하는 것도 중간 연결고리를 만드는 좋은 방법입니다. 한국의 프로야구, 농구, 축구는 팀 이름에 기업의 이름이 들어갑니다. 팬들은 자연스럽게 기업의 이름을 외칩니다. 실제로 내가 그 기업과 관련이 없어도, 깊은 유대감을 느낍니다. 이렇게 강한 팬덤을 만드는 방법은 흔치 않습니다. 브랜드가 비싼 비용을 감당하며 프로팀을 운영하는 이유입니다.

관련 없어 보이는 지점을 연결할 때는 반드시 납득 가능한 '중간 연결고리가' 있어야 합니다. 그래야 소비자는 브랜드의 메시지를 납득하고, 스스로 다른 사람에게 이야기하는 바이럴 효과까지 발휘하게 됩니다.

중간 연결고리의 가장 큰 장점은 바로 확장성입니다. 본래의 제품이나 서비스로는 연결이 불가능한 분야로 확장할 수 있습니다. 또한 미슐랭 가이드나 기네스북처럼, 중간 연결고리를 통해 확장된 브랜드 자산에서 또 한 번 더 멀리 확장해 나갈 수도 있습니다.

연결고리 분산하기

하나의 브랜드가 너무 단단한 렐러번스로 연결되면, 때로는 새로운 분야로 확장하는 데 걸림돌이 되기도 합니다. 예컨대, 경제적이고 실용적인 이미지로 렐러번스를 구축한 브랜드가 갑자기 하이엔드 프리미엄 제품을 출시하면 소비자들은 인지부조화를 느낍니다. 기존 연결고리가 너무 강력해 오히려 확장의 족쇄가 되는 것입니다.

이때 할 수 있는 효과적인 전략은 '분산하기'입니다. 기존의 연결고리를 무리하게 확장하는 대신, 새로운 브랜드를 런칭하거나 이미 탄탄한 렐러번스를 구축한 브랜드를 인수하는 방식입니다.

대표적인 사례는 폭스바겐 그룹입니다. 폭스바겐은 합리적이고 실용적인 이미지, 아우디는 세련된 기술과 고급스러운 이미지, 포르쉐는 고성능 스포츠카의 이미지로 서로 다른 소비자층과 렐러번스를 연결합니다. 하나의 브랜드로 모든 소비자를 설득하는 대신 여러 브랜드로 포트폴리오를 구성한 것입니다. 럭셔리 그룹 LVMH도 루이뷔통, 디올Dior, 지방시Givenchy 등의 브랜드로 다양한 취향의 소비자들과 연결됩니다.

콘텐츠 업계에서도 비슷한 전략이 나타납니다. 디즈니는 전 연령층을 위한 가족 친화적인 콘텐츠로, 픽사는 창의적이고 감성적인 스토리텔링으로, 마블은 히어로 액션과 강력한 팬덤으로 각기 다른 렐러번스를 구축했습니다. 서로 다른 팬층과 연결되며 보다 폭넓은 시장을 확보합니다. 이런 다양한 포트폴리오는 OTT인 디즈니플러스에선 장르로, 테마파크 '디즈니월드'에선 '테마'로 활용됩니다.

개인 창작자 역시 이런 전략을 활용할 수 있습니다. 한 명의 창작자가 여러 개의 ID로 활동하며 각 계정마다 전혀 다른 연결고리를 만드는 방식입니다. 전문적이고 진지한 콘텐츠를 다루는 본캐와 가벼운 일상 콘텐츠를 다루는 부캐를 동시에 운영하는 유튜버가 대표적인 사례입니다. 웹툰 작가가 하나의 필명으로 로맨스 장르를, 다른 필명으로는 액션 장르를 연재하는 방식도 같은 원리입니다.

분산 전략에 주의해야 할 점은 브랜드 수가 많아질수록 관리의 난이도가 급격히 증가한다는 것입니다. 각 연결고리마다 시간과 노력을 투입해야 하며, 연결고리들이 서로 충돌하지 않도록 세심하게 조율해야 하기 때문입니다. 브랜드를 다루는 회사라면 전담팀을 운영하는 것처럼 많은 자본이 필요하고, 개인 창작자라면 열정과 체력이 필요합니다.

분산 전략의 핵심은 하나의 브랜드에 너무 많은 연결고리가 걸리지 않도록 관리하는 기술입니다. 모든 것과 애매하게 연결되느니, 선택과 집중을 통해 특이점을 만드는 '크리에이티브 전략'입니다.

렐러번스 갈아 끼우기

사람이 인생을 살면서 가치관이 바뀌듯, 브랜드와 콘텐츠도 환경 변화에 맞춰 렐러번스를 바꾸기도 합니다. 기존 연결고리를 활용해 확장하거나 교체하기도 하고, 때론 전혀 다른 렐러번스로 새롭게 태어나기도 합니다. 브랜드와 콘텐츠에서 대표적인 사례 세 가지를 소개합니다.

　야마하Yamaha는 연결고리 확장을 통해 진화한 탁월한 사례입니다. 야마하는 원래 피아노와 오르간을 제작하는 악기 브랜드로 출발했지만, 악기를 통해 축적한 정밀 가공과 금속 공학 기술을 바탕으로 오토바이 제조라는 전혀 다른 산업 분야로 성공적으로 진출했습니다. 이후 야마하는 마린 엔진, 산업용 로봇, 심지어 가상 악기 소프트웨어인 보컬로이드와 같은 콘텐츠까지 확장했습니다. 놀랍게도 이런 극단적 확장 속에서도 야마하는 '정밀한 기술력과 세심한 성능 조율'이라는 브랜드의 내부 렐러번스를 일관되게 유지했습니다. 악기의 정교한 조율처럼, 바이크와 엔진 제품에도 섬세한 성능 조정의 철학을 적용해 렐러번스를 확장시킨 것입니다.

　『드래곤볼』은 콘텐츠 연재 도중 갈아 끼우기를 가장 성공적으로 한 사례입니다. 작가 토리야마 아키라는 서유기에서 영감을 받아, 주인공 손오공이 소원을 들어주는 드래곤볼 7개를 모으는 모험물로 시작했습니다. 그러다 피콜로 마왕의 등장을 기점으로, 강력한 빌런과의 대결 구도를 중심으로 하는 배틀물로 장르를 전환했습니다. 점점 더 강한 빌런들이 등장하면서 시리즈의 인기는 날로 높아졌습니다. 이 과정에서 드래곤볼은 나름의 역할을 하긴 하지만, 배틀물로 장르가 옮겨가며 스토리에서 그 위상은 점점 줄어들었습니다. 배틀물 장르는 그 자체로 격식이 되어, 이후『원피스』나『나루토』,『블리치』같은 작품들의 토대가 되었습니다.

반면에 코닥Kodak은 기존 렐러번스를 완전히 끊고, 이사를 간 사례입니다. 한때 '사진' 하면 코닥을 떠올렸고, 필름이라는 자산과 기술이 브랜드의 가장 중요한 렐러번스였습니다. 그러나 디지털 카메라의 등장으로 필름 중심의 렐러번스가 약해지자, 코닥은 이 변화를 수용하지 않고 기존의 방식을 고집했습니다. 결과적으로 필름 사업은 붕괴됐고 소비자 브랜드로서의 존재감도 약해졌습니다. 하지만 코닥은 필름 제조 과정에서 축적한 화학적 기술과 재료공학적 역량을 헬스케어와 산업용 화학소재 분야로 탈바꿈해 브랜드 정체성을 재정립했습니다. 여기서 주목할 점은, 사진이라는 형태적 렐러번스는 포기했지만, 기술적 역량이라는 내부 렐러번스를 유지하며 새로운 산업 영역으로 확장했다는 것입니다.

렐러번스 재활성화: 헤리티지

오래된 브랜드나 올드한 장르가 젊어지고 싶을 때, 가장 요긴하게 쓸 수 있는 자원이 있습니다. 바로 헤리티지heritage입니다. 단어 그대로 해석하면 '유산'이지만, 렐러번스의 개념으로 헤리티지는 '시간이 만든 신뢰' 또는 '역사로 증명한 정체성'이라는 연결고리라고 이해해도 좋습니다.

헤리티지가 지닌 힘은 단순히 오래되었다는 데 있지 않습니다. '살아남았다는 것은 강하다는 것.' 자체가 강력한 메시지가 됩니다. 물론 오래되었다는 이유만으로 소비자의 관심을 끌 수는 없습니다. 문제는 '어떻게 연결할 것인가'입니다. 헤리티지를 '레트로'로만 쓰지 않고 현재와 연결되는 렐러번스를 만들어야 합니다.

'삼양라면 60주년 캠페인'은 그 좋은 예입니다. 삼양라면은 대한민국 최초의 라면이라는 헤리티지를 가진 브랜드입니다. 브랜드의 시작은 단순한 식품 개발이 아니라, 배고픈 사람들을 먹이기 위한 창립자의 의지에서 비롯되었습니다. 그러나 수십 년의 세월이 지나자 삼양라면의 헤리티지는 젊은 세대와 연결이 끊겼습니다. 그저 오래된 라면이었습니다. 캠페인은 단순히 '맛있다', '어떤 맛이다'가 아니라 '근본 있는 라면', '60년간 지켜온 기본'이라는 브랜드의 초심을 설득력 있고 흥미로운 스토리로 구성했습니다. 단지 '레트로 놀이'를 한 것이 아니라, 헤리티지를 오늘날에도 유효한 가치로 번역한 것입니다.

헤리티지를 활용하는 방식은 장르를 가리지 않습니다. 루이뷔통, 에르메스Hermès, 구찌Gucci 같은 명품 브랜드는 '전통'이라는 무형의 자산을 기반으로 수많은 제품과 광고 캠페인을 전개합니다. 이들은 젊고 감각적인 디자이너를 기용해 최신 트렌드를 반영한 컬렉션을 내놓지만, 그 중심에는 '브랜드의 헤리티지'가 단단하게 연결돼 있습니다. 헤리티지를 단순히 보관하고 전시하는 것이 아니라, 젊은 세대에게 적절한 방식으로 연결하는 작업을 반복합니다.

영국 왕실 역시 비슷한 전략을 씁니다. 세계에서 가장 오래된 왕실 중 하나인 그들은, 시대의 요구에 따라 끊임없이 변화합니다. 찰스 3세의 왕위 즉위식이나 윌리엄 왕자의 행보는 왕실이라는 가장 고풍스러운 시스템을 오늘날의 미디어 환경에 맞게 운영하는 '퍼포먼스'에 가깝습니다.

한국 사례 중 가장 인상 깊은 곳은 '한국민속촌'입니다. 민속촌은 원래 교육적 렐러번스가 강한 장소였습니다. 수학여행이나 백일장에 방문하기 좋은 장소였습니다. 그러나 최근에는 여름 납량특집 시즌에 조선시대 의상을 입고 귀신 연기를 펼치는 캐릭터들이 등장하고, SNS상에서는 출연진들이 '연기력 갑'이라는 반응과 밈이 퍼지며 MZ세대의 놀이공간으로 자리 잡았습니다. 역사라는 헤리티지를 놀이와 드립의 언어로 번역하니, 올드했던 관광지가 핫해졌습니다.

유튜버 밀라논나도 마찬가지입니다. 그녀는 귀부인처럼 보이지만, 실제로는 젊은 세대의 취향과 문법을 완벽히 체화한 유튜브 콘텐츠를 만듭니다. 그녀의 말투, 취향, 시선은 세대를 관통합니다. 나이를 먹었을 뿐, 생각까지 늙지 않았다는 사실을 증명합니다. 젊은 세대는 그녀의 언행을 '꼰대'라고 말하지 않습니다. 그 안에 '어른다움', '우아함'이라는 헤리티지가 존재하기 때문입니다. 듣기 좋은 말을 골라낸 게 아니라, 젊은 세대와 연결 가능하게 다듬었을 뿐입니다.

헤리티지는 잘만 연결하면, 신규 브랜드나 스타트업이 절대 만들 수 없는 압도적인 렐러번스가 됩니다. 그리고 이 연결고리는 단순히 튼튼하기만 한 게 아니라, 때로는 특이점이자 파격이 됩니다. 으르렁 댄스를 추는 교수님들처럼, 모두가 진지하리라 생각했던 대상이 낯설게 등장하는 순간, 사람들은 놀라고 웃고 감탄합니다. 헤리티지가 예상과 다른 행동을 할 때, 그것은 그 자체로 파격이 됩니다.

만약 지금 브랜드가 더 이상 확장되지 못하고 성장이 멈추었다면, 렐러번스를 통한 재접속이 필요합니다. 리바이탈 렐러번스 설계는 지자체 홍보나 국악, 불교 등 '올드하다'고 느껴지는 브랜드에 특히 유용합니다. '뉴진스님(개그맨 정성호)'이 반야심경 EDM을 대학교 축제에서 공연하고, 충주시를 필두로 많은 지자체들이 홍보 방식을 바꾼 것처럼 말이죠. 이 모든 시도는 단 하나의 질문에서 시작되었습니다.

"이 유산을 오늘날 누구와 어떻게 연결할 것인가?"

이미 만들어 둔 격식을 활용해 새로운 연결고리를 찾는 일. 그것이 바로 브랜드 리바이탈의 시작입니다. 헤리티지를 올드하다고 치부하고 창고에 처박아 두기 전에, 아직도 빛이 나는지 닦아 봐야 합니다.

썩은 렐러번스: 족쇄

그러나 헤리티지가 항상 가치 있는 보물인 것은 아닙니다. 믿었던 연결고리가 알고 보니 족쇄였을 수도 있습니다. 예컨대 모바일폰 브랜드 블랙베리는 키패드라는 형태와 강력한 보안성이라는 연결고리에 지나치게 의존했습니다. 소비자들은 터치스크린과 다양한 앱 중심의 편리한 환경으로 이동하고 있었지만, 블랙베리는 키패드라는 유산을 포기하지 못했습니다. 그 결과 스마트폰 시장에서 급속히 몰락하고 말았습니다.

인터넷 초창기 최고의 브랜드였던 '야후yahoo' 역시 '포털'이라는 형태에 과몰입했습니다. 인터넷 검색과 소비자 행동은 이미 단순하고 직관적인 구글식 검색으로 이동하고 있었지만, 야후는 복잡한 포털 사이트 형태를 끝까지 고수했습니다. 결국 변화한 소비자 행동과 기술 발전에 대응하지 못하고 시장에서 밀려났습니다.

이들의 실패는 기존 연결고리에 지나치게 집착했기 때문입니다. 브랜드가 본질적 가치(Why)가 아니라 특정 형태(What)에만 집착하면 시대적 흐름이나 소비자의 요구 변화에 대응하기 어렵습니다. 과거의 성공을 만들었던 형태적 요소에 발이 묶여 도태되기도 합니다. 예컨대, 챗지피티ChatGPT 같은 AI 플랫폼의 발달은 그동안 '검색엔진'이라는 단단했던 연결고리를 순식간에 무의미한 연결고리로 만들어 버릴 수 있습니다. 아이폰이 모바일폰에게 했던 것처럼 말이죠. 그래서 포털의 네이버, 채팅의 카카오, SNS의 메타(페이스북), OTT의 넷플릭스 모두 자신들을 '플랫폼'

이라는 '형태'에 갇히지 않기 위해 끊임없는 확장을 시도합니다. 넷플릭스가 〈블랙 미러: 밴더스내치〉 같은 인터랙티브 무비 장르나 '스트리밍 게임'을 시도하는 것도 OTT가 기존 TV 채널처럼 '영화, 드라마를 틀어주는 곳'으로 인식되는 것을 막기 위해서입니다.

최근 디즈니, 마블, 대형 게임 IP들이 '정치적 올바름'이라는 렐러번스를 만들기 위해 노력합니다. 기존 팬들에게 욕을 먹으면서도 계속해서 새로운 연결을 시도하는 것은, 그들은 이 새로운 연결고리가 다음 세대의 본질적 가치와 연결된다고 믿기 때문입니다. 누구보다 빠르게 새로운 시대를 선점하기 위해서입니다. 2025년 기준, 이 고리가 족쇄인지, 본질적인 새 연결고리인지는 아직 알 수 없습니다.

새로운 세대는 아직 격식이란 것이 확립되지 않았습니다. 어쩌면 다인종 디즈니 공주들로 입문한 세대에겐 그것이 기준이 될 수도 있습니다. 단순히 기성세대가 싫어하니까 반항심으로 이 렐러번스에 동의할 수도 있습니다. 반대로, 기성세대에 동의하며 근본으로 회귀할지도 모릅니다.

도전자들에게 이런 환경과 인식의 변화는 기회입니다. 새로운 연결고리를 찾기 위해 떠난 권위자의 빈집을 탈취할 수도 있고, 권위자보다 민첩하게 움직여 새로운 연결고리를 선점할 수도 있습니다. 이 고민은 크기와 경력에 관계없이 모든 창작자에게 주어진 숙제입니다.

의도 없는 렐러번스 통제하기

창작자는 예상하지 못한 연결고리, 즉 '의도 밖 렐러번스'는 언제든지 나타날 수 있습니다. 부정적인 렐러번스는 가능한 한 통제해야 합니다. 전문용어는 아니지만, 이해를 돕기 위해 '노이즈 컨트롤'이라고 부르겠습니다. 노이즈 컨트롤은 불필요한 연결로 인한 혼선을 예방하는 전략적 활동입니다.

선거철이 되면 유명인들은 피곤해집니다. 빨강, 파랑, 노랑 같은 색상의 옷도 못 입고, 숫자를 연상시키는 손가락 포즈나 티셔츠 프린팅도 피해야 합니다. 선거라는 특별한 맥락 때문에 그동안 아무 문제가 없었던 코디와 제스처, 맨션이 갑자기 노이즈가 됩니다. 그렇다고 SNS 활동을 멈추기도 애매합니다. 예전에는 논란도 자주 일어났지만, 요즘은 소속사 차원에서 선거 기간 중 아티스트의 게시물을 관리합니다. 노하우가 생긴 것입니다. 아예 여러 색상이 섞인 옷을 입거나, 노이즈를 원천 봉쇄하거나 오히려 이를 이용해 크리에이티브를 발휘하기도 합니다.

노이즈를 통제하는 것은 어려운 일입니다. 대중의 반응을 모두 예상하는 것은 현실적으로 불가능에 더 가깝습니다. 만약 노이즈를 통제하지 못했다면, 그 후속 대처로 극복해야 합니다.

'파맛 첵스 사건'은 통제 불가능한 노이즈가 빚어낸 유명한 마케팅 해프닝입니다. 2004년, 켈로그는 시리얼 브랜드 첵스초코의 캠페인으로 대통령 선거 콘셉트를 내세웠습니다. 광고에서는 초코맛 첵스를 명백한 주인공으로, 아이들이 싫어할 것이라 예상한 파맛 첵스를 악당 캐릭터로 설정해 실제 투표를 진행했습니다. 하지만 이런 특이점이 온라인 커뮤니티를 중심으로 큰 관심을 끌었습니다. 사람들은 장난삼아 "파맛 첵스를 당선시키자"라며 뭉쳤고, 실제로 파맛 첵스가 당선되어 버렸습니다. 켈로그는 급히 사과하며 캠페인을 철회했습니다.

사건은 오랫동안 인터넷에서 회자되며 유머 소재가 되었습니다. 그러나 약 16년이 지난 2020년, 소비자들의 관심사와 트렌드가 바뀌었습니다. 즐거움과 재미를 소비하는 '펀슈머(fun+consumer)' 문화가 떠오르자, 켈로그는 오히려 이 사건을 역이용해 파맛 첵스를 정식 출시했습니다. 켈로그는 가수 태진아의 히트곡 '미안 미안해'를 활용한 재치 있는 마케팅으로, 과거의 논란을 유쾌하게 승화시켰습니다. 렐러번스의 재맥락화를 통해 성공적인 크리에이티브를 만든 사례입니다.

영화 〈겟 아웃〉은 흑인 인종 문제를 다루면서 발생할 수 있는 노이즈를 효과적으로 통제, 극복한 사례입니다. 할리우드에서 인종 문제는 늘 극히 조심스럽게 다루어졌습니다. 노이즈를 너무 신경 쓰거나 전형적인 방식으로 다뤘습니다. 각본을 쓴 조던 필Jordan Peele 감독은 인종 문제를 정면으로 다루되, 새로운 접근법을 선택했습니다. 민감한 주제를 초현실적인 '호러 + 풍자'로 묘사하여, 관객에게 불편함 대신 색다른 경험과 깊은 성찰을 제공했습니다. 결과적으로 〈겟 아웃〉은 비평가들의 압도적 찬사와 함께 대중적 성공까지 거두었으며, 제90회 아카데미 시상식에서 최우수 각본상을 수상하는 쾌거를 이뤘습니다. 이 작품은 노이즈를 크리에이티브한 방식으로 정면 돌파한 사례입니다.

창작자는 부정적인 연결고리를 미리 예측하고 이를 통제할 수 있어야 합니다. 창작물이 공개되어 세상에 나간 이후 발생하는 렐러번스는 통제할 수 없습니다. 가능한 한 크리에이티브를 수정해 노이즈를 없애야 합니다. 단순히 욕을 안 먹기 위해서가 아닙니다. 잘 통제된 노이즈로 창작물의 본질이 온전하게 소비자와 연결되게 하기 위함입니다.

낙인을 브랜드로 바꾼다

렐러번스 설계의 숨겨진 힘은 '기피 대상'이었던 부정적 렐러번스, 즉 낙인(烙印)을 오히려 핵심 자산으로 갈아 끼우는 데 있습니다. 이것은 역발상의 크리에이티브입니다. 다음의 사례들은 각자의 방식으로 낙인을 전략으로 바꾼 인물과 브랜드들입니다.

모니카 루인스키: 사이버 괴롭힘 방지의 상징

1998년 백악관 성 추문으로 전 세계 조롱의 대상이 된 모니카 루인스키는 '사이버 괴롭힘의 첫 희생자'라는 프레임을 자기 스스로 만들었습니다. 2015년 TED 강연 'The Price of Shame(수치심의 대가)'과 캠페인에서 온라인과 오프라인 괴롭힘을 비교하며 디지털 윤리를 촉구했고, 오늘날 사이버 불링 담론의 대표 목소리가 되었습니다.

로버트 다우니 주니어: 문제 배우에서 인간적인 슈퍼히어로로

1990년대 약물 남용과 반복된 수감으로 커리어가 끊겼지만, 2008년 〈아이언맨〉의 토니 스타크 역할을 통해 '망가졌던 남자' 서사를 캐릭터에 겹쳤습니다. 실제 배우의 부활 서사가 캐릭터에 녹아들며 그는 마블 유니버스의 핵심 인물이자 흥행 신뢰도의 상징이 되었습니다.

킴 카다시안: 사생활 스캔들에서 미디어 제국까지

2007년 사적인 영상 유출로 거센 비난을 받았지만, 이를 회피하지 않고 오히려 사생활을 더 드러냈습니다. 가족 리얼리티쇼 〈키핑 업 위드 더 카다시안스〉를 시작했습니다. 사생활을 콘텐츠로 전환한 뒤 패션, 뷰티, SNS 사업을 확장해 글로벌 인플루언서이자 40억 달러 기업 스킴스SKIMS의 수장으로 자리매김했습니다.

크록스: '못생긴 신발'의 반전

언론과 소비자가 "못생겼다"고 조롱하던 디자인을 그대로 받아들여 'Ugly Can Be Beautiful' 슬로건을 내걸었습니다. 이어 발렌시아가Balenciaga, 포스트 말론Post Malone 등 '괴짜 감성'의 셀럽이나 하이패션과 협업해 유행의 정점에 올랐고, 2017년 이후, 5년간 매출이 3배 이상 성장했습니다.

바비: 비현실적 인형에서 다양성 플랫폼으로

'비현실적 몸매'라는 비판을 받던 바비는 2016년 키와 체형, 피부색을 늘린 커비Curvy, 톨Tall, 퍼티트Petite 라인을 출시할 뿐 아니라 휠체어를 탄 바비, 히잡을 쓴 바비도 선보였습니다. 또한 2023년 영화 〈바비〉는 그 부정적 이미지를 자기 해체적 유머로 재활용해 전 세계에서 14억 달러의 수익을 기록했습니다.

베네통: 논란을 광고로, 광고를 브랜드로

1990년대 베네통은 에이즈AIDS 임종 사진, 사제와 수녀의 키스, 사형수의 마지막 초상 같은 파격적 이미지를 전면에 내세웠습니다. '외설', '불경'이라는 비난에 대해 브랜드는 단 한 문장만 반복했습니다. "색color은 사람, 이슈의 다양성이다." 광고가 논란을 낳을 때마다 글로벌 언론이 이를 기사화했고, 1993년 매출은 20억 유로를 돌파했습니다. 논란 자체가 브랜드 파워가 된 사례입니다.

타이레놀: 살인 사건에서 '가장 안전한 약'으로

1982년 시카고 독극물 혼입 사건 이후, 모회사 존슨앤드존슨은 전 제품을 전량 리콜하고 공개 사과했으며, 3중 밀봉 패키지를 도입했습니다. 위기를 '제품 안전 혁신'으로 전환한 대응은 오늘

날까지 위기 관리 교과서에서 모범사례로 자주 인용되고 있습니다.

이와 같은 사례들을 통해 낙인을 전략으로 바꾸는 법칙을 세 가지로 정리할 수 있습니다.

- **숨기지 않는다**: 정면 돌파해 서사의 주도권을 되찾는다.
- **문맥을 바꾼다**: 사회운동, 패션, 예능, 제품 등 전혀 다른 맥락에 다시 연결한다.
- **공개 순환시킨다**: 문제 → 자가 해석 → 성취 과정을 반복 노출해 악명을 브랜드 자산으로 바꾼다.

낙인(烙印)은 족쇄가 아니라 제대로만 활용하면 가장 강력한 브랜딩의 출발점이 됩니다. 악명도 유명세입니다. 노력해도 얻기 힘든 관심과 강력하게 연결된 렐러번스는 활용하기에 따라 훌륭한 자원이 됩니다. 물론, 한 방에 모든 것을 해결할 수는 없습니다. 꾸준함과 진정성이 함께 누적되어야 렐러번스가 바뀝니다.

렐러번스 트레이닝

지금까지 다룬 렐러번스 설계법을 활용해 트레이닝 방법을 제안합니다. 초심자를 위한 방법들만 추렸습니다.

렐러번스 자체평가법: 흑백요리사 참가자 되기

〈흑백요리사〉의 두 심사위원, 백종원 대표와 안성재 셰프는 외부와 내부 렐러번스의 화신입니다. 창작자는 두 사람의 사진을 붙여놓고 참가자로 빙의해 스스로 렐러번스를 점검할 수 있습니다. 백종원 대표에게는 '대중성'이라는 키워드로 크리에이티브의 컨셉과 가격 등이 '소비자' 기준에서 어떻게 매력적인지를 설명합니다. 반대로 안성재 셰프에게는 창작자의 '의도' 즉, 크리에이티브의 선택지가 '이븐'한지 내부 렐러번스와 완성도를 설명합니다. 예컨대, 안성재 셰프에게 "제 창작물의 의도를 이렇게 표현했습니다"라고 설명하고, 백종원 대표에게 "제 창작물은 이런 이유로 소비자들에게 매력적입니다"라고 설명해 보는 것입니다.

이 두 방향의 렐러번스가 설득력 있게 구성되었다면, 당신의 창작물은 다음 라운드로 진출합니다.

만약 클라이언트나 상사에게 보고해야 한다면, 두 심사위원에게 말한 내용을 발표 자료 양식에 맞게 정리합니다. 최종적으로 보고받는 사람의 렐러번스 기준에서 내용을 수정합니다. 예컨대, 생소할 수 있는 단어는 그들의 언어로 번역합니다.

타깃 페르소나 세팅 방법론

다양한 특성을 가진 수많은 사람들을 일일이 이해하고 연결하는 것은 매우 어렵습니다. 이때 앞서 파격 챕터에서 설명한 '대중이의 격식'을 실무에 적용할 수 있습니다. '타깃 페르소나'를 설정하는 것입니다. 예컨대 너무 다양한 연령과 성별의 MZ세대를 추상적인 개념이 아니라 '민지'라는 사람으로 바꾸어 생각하는 것입니다. 추상적이고 막연한 집단을 명확한 인물로 구체화시키면 연결고리를 형성하기 훨씬 쉬워집니다. 마케팅 분야는 물론, 콘텐츠 업계에서도 타깃 페르소나를 활용하여 소비자와의 연결고리를 시뮬레이션합니다. 분야에 따라 중요하게 생각하는 부분은 다르지만, 공통점은 타깃과 어떻게 연결될 것인지에 대한 기준점을 세우는 것입니다.

　페르소나 설정의 예시는 다음과 같습니다. 브랜드의 목적이나 캠페인 컨셉에 따라 다양한 항목들이 추가되거나 삭제되기도 합니다.

항목	예시
이름	김민지
나이	만 27세 (1998년생)
직업	서울 소재 중견 IT 회사 UI/UX 디자이너, 근무 4년 차, 연봉 4,200만 원
가족 구성	2살 연상의 오빠(직장인), 부모님과 독립해 서울 강서구 오피스텔에서 혼자 거주
거주 환경	월세 70만 원, 지하철역 도보 5분 거리, 8평형 오피스텔, 주로 출퇴근용 지하철 이용
성격 및 특성	호기심 많고 트렌드에 민감, 내향적이지만 SNS에서는 활발하게 활동, 자기 계발에 관심 많고 꼼꼼한 성격, 감성적이면서도 합리적 소비를 지향
취미	필라테스 주 3회, 주말 카페 투어 및 브런치 맛집 탐방, OTT 서비스(넷플릭스·디즈니플러스) 정기 구독, 독립서점 방문하여 에세이와 심리학 서적 읽기
관심사	IT 기기(애플 제품, 스마트 홈 제품), 친환경 제품, 건강식품, 자기 계발 앱(명상, 어학 등), 여행과 숙소 정보, 패션 스타일링(미니멀하고 깔끔한 스타일), 국내외 화장품 브랜드
온라인 활동	인스타그램 팔로워 800명, 주로 감성적이고 일상적인 사진 업로드, 유튜브에서 라이프스타일 및 자기 계발 채널 구독, 틱톡에서는 트렌디한 밈과 유머 콘텐츠 소비
소비 성향	가성비와 프리미엄 사이의 합리적 소비, 자주 구매하는 브랜드에 높은 충성도 보유, 리뷰와 지인의 추천을 꼼꼼히 확인 후 결정, 친환경 제품에 대한 추가 비용 지불에 거부감 없음
구매 자극 요소	신뢰할 만한 후기와 리뷰, SNS에서 발견된 감성적 이미지와 브랜드 스토리, 독특하고 창의적인 패키징, 친환경이나 사회적 가치가 명확히 드러난 제품

일과 생활 루틴	평일 오전 7시에 기상 후 간단히 식사(스무디 또는 그래놀라), 오전 9시까지 출근, 업무 중 점심시간 외에도 커피 타임 필수, 저녁 7시 퇴근 후 운동 또는 친구와 약속, 귀가 후 OTT 시청과 휴식, 주말에는 주로 외출과 개인적 취미생활 및 휴식 위주로 계획
매체 이용 습관	인스타그램과 유튜브를 주로 이용, 뉴스 및 최신 트렌드는 모바일 앱(브런치, 네이버 뉴스)에서 확인, 광고성 메시지는 주로 인스타그램과 유튜브 광고를 통해 접촉

페르소나 설정 예시

타깃 페르소나를 설정할 때는 최대한 구체적이면서도 동시에 많은 사람이 공감할 수 있도록 적당히 포괄적으로 작성해야 합니다. 너무 세부적으로 설정하면 페르소나가 대표하는 집단이 작아져 대중성이 떨어지고, 반대로 너무 폭넓게 설정하면 기준점으로서의 역할이 약해지기 때문입니다. 이 페르소나를 기준으로 협업 부서 간, 광고주와 대행사 사이를 동기화해 크리에이티브나 매체 전략이 적절하게 세팅되었는지를 검증합니다. 이 세팅에 따라 좋은 크리에이티브와 그렇지 못한 크리에이티브가 평가됩니다.

또한 한 프로젝트에서 여러 개의 페르소나를 설정하는 경우도 있습니다. 예컨대, 어떤 웹툰이나 웹소설 장르는 2030 여성과 5060 여성처럼 서로 다른 연령층의 관심을 동시에 끌 수 있습니다. 이때는 하나의 페르소나로 묶기보다, 각각의 특성에 맞춰 여러 페르소나로 나누어 설정하는 편이 효과적입니다.

렐러번스 바꿔 걸기

콘텐츠나 브랜드가 특정 시장에서 반응이 약하다고 해서 곧 실패는 아닙니다. 그 시장의 렐러번스 구조와 맞지 않았을 가능성이 큽니다. 작품을 다른 문화권에 던져 보면, 예상 밖의 고리가 맞물려 전혀 새로운 반응이 생기기도 합니다. 마찬가지로, 해외에서 빛을 못 본 작품이 한국에서 영감을 줄 수도 있습니다.

문화권마다 다른 렐러번스는 브랜드와 콘텐츠에 예상치 못한 기회나 좌절을 주기도 합니다. 예컨대 일본 애니메이션 가운데 〈피구왕 통키〉, 〈마동왕 그랑죠〉 등은 일본 내에서는 크게 주목받진 못한 마이너 타이틀이었지만, 한국에 수입되어 지상파 방영과 완구 라인업을 통해 폭발적 인기를 얻었습니다. 공식 시청률 자료는 제한적이지만 당시 방송 편성, 완구 매출 보고서들은 일본보다 한국 시장에서 연결고리가 더 강하게 작동했음을 보여줍니다.

개인 창작자라면, 아주 간단하게 이를 응용해볼 수 있습니다. 자신의 작업물을 전혀 다른 문화권의 해외 플랫폼에 올려보는 것입니다. 꼭 잘 만든 대표작이 아니어도 됩니다. 누군가에겐 강하게 연결되는 무언가가 있을 수 있습니다. 반대로 신선한 영감을 찾고 싶다면, 동유럽이나 남미의 플랫폼을 둘러보거나 검색어를 포르투갈어나 러시아어로 바꿔보는 것도 좋습니다. 때로는 해당 국가에선 인기가 없던 콘텐츠가 한국인에겐 예상치 못한 영감을 줄 수도 있습니다.

자소서의 렐러번스

취업 시장에서 구직자는 브랜드이고, 소비자는 회사입니다. 자기소개서와 면접은 구직자가 자신을 광고하는 것입니다. 그렇다면 렐러번스를 어떻게 설계해야 할까요? 회사가 나를 선택할 이유, 즉 회사와의 연결에서부터 고민을 시작해야 합니다. 동시에 내가 가진 내부 렐러번스가 무엇인지 명확히 제시해야 합니다.

1. 타깃 렐러번스에서 시작하기

구직자가 하고 싶은 말이 아니라 회사가 듣고 싶어 하는 말에서 출발해야 합니다. 흔히 "저는 유복한 가정환경에서 태어나 성실하신 아버지와 자애로운 어머니 밑에서…" 같은 자기소개서의 첫 줄은 전형적인 클리셰입니다. 왜 이런 진부한 문장이 오랜 격식으로 자리 잡았을까요? 구직자가 손쉽게 첫 문장을 시작할 수 있는 이점도 있지만, 회사 입장에서 '성격적으로 큰 문제가 없는 사람'을 찾고 싶은 니즈와 연결되기 때문입니다. 결국 자소서의 첫 문장은 회사가 원하는 렐러번스에 나를 연결시키는 전략으로 접근해야 합니다. 지금 지원하려고 하는 회사가 과연 '모나지 않은 사람'을 찾고 있는지 생각해봅시다. 만약 다른 요소를 더 중요하게 생각하는 회사에 지원한다면, 자소서의 첫 줄과 본론도 그에 맞춰 바뀌어야 합니다.

2. 렐러번스로 자신을 정의하기

자신을 특정한 기술이나 도구what에만 연결하면, 그 기술이 한창 인기가 있을 땐 좋지만 환경이 바뀌는 순간 위험해집니다. 예컨대 포토샵, 일러스트레이터, 마야MAYA 같은 특정 디자인 도구에만 능숙한 '툴러tooler'로 개인 브랜드를 만들었다고 생각해봅시다. 도구의 유행이 지나거나 AI 같은 신기술이 나타나 툴을 대체하려고 하는 환경이면, 그 가치가 급격히 낮아집니다. 대신 '비주얼 스토리텔링'이나 '문제해결력 중심 디자인'처럼 본질적 가치why를 중심으로 두고 툴을 연결해야 합니다. 본질적 연결고리는 시대가 달라져도 여전히 매력적인 렐러번스가 됩니다. 취업이나 이직 시에도 '5년 차 디자이너'보다는 '비주얼 스토리텔링에 강한 5년 차 그래픽 디자이너'라고 설명하는 것이 훨씬 유리합니다. 물론, 포장한 만큼의 내실도 함께 증명할 수 있어야 합니다.

3. 핵심만 남기고 끊어내기

모든 구직자는 자신의 다양한 렐러번스 자산을 자랑하고 싶습니다. 그래서 자기소개서에 모든 렐러번스를 욕심내서 담으려 합니다. 하지만 회사가 정말 궁금해하는 것은 그 모든 연결고리가 아니라, 구직자와 회사 사이를 이어줄 핵심적인 렐러번스입니다. 핵심 연결고리 하나를 강조하기 위해 다른 연결고리를 과감히 끊어내는 결단이 필요합니다. 자소서에서 제외한다고 해서 내 능력이나 가치가 사라지지 않습니다. 일단, 사용 가능한 툴 인포 그래픽에서 '잘 다루지 못함'부터 제외하십시오. 여러 렐러번스가 뒤섞여 혼란스럽게 만드는 것보다는, 단단하고 선명한 핵심 연결고리 하나를 제시하는 것이 당신의 가치를 더 높여줄 것입니다.

4. 숨겨진 렐러번스로 제시하기

회사에 지원할 때, 구직자 대부분은 회사의 채용공고나 홈페이지에 명시된 요구사항에만 집중합니다. 하지만 정말 회사가 원하는 연결고리는 숨겨져 있을 수 있습니다. 회사의 사업 방향이나 비전, 최근 이슈 등을 꼼꼼히 살펴보면 회사가 말하지 않은 숨겨진 연결고리를 발견할 수 있습니다. 예컨대, 최근 친환경 정책으로 어려움을 겪는 기업의 뉴스에서 니즈를 발견하고, 자신의 환경 관련 경험이나 철학을 연결고리로 제시할 수 있습니다. 이 숨겨진 렐러번스를 자신과 연결시키면, 회사는 구직자를 '문제 해결 능력이 있는 사람'으로 인식하며 훨씬 매력적으로 느낄 것입니다.

자소서의 렐러번스 설계란 결국 '상대가 원하는 것'을 파악해 나와 연결하고, 그 과정에서 나의 본질적 가치를 선명하게 제시하는 일입니다. 상대가 생각하지 못했던, 하지만 절실히 필요했던 연결고리를 발견하고, 그것을 중심으로 자신을 소개하면 채용과 이직의 성공률은 훨씬 높아질 것입니다. 남들 하는 대로 양식에 따라 빈칸만 채우지 않는 것이 좋습니다. 아무리 양식이 정해져 있더라도 그 안에 무엇을 쓸지는 당신의 크리에이티브입니다. 좋은 자소서, 포트폴리오는 회사가 나를 선택할 수밖에 없게 만드는 광고를 완성하는 것입니다.

신인의 렐러번스

스타트업이나 신인 창작자에게는 '헤리티지'가 없습니다. 하지만

이 결핍은 오히려 무한한 가능성입니다. 기존의 규칙이나 전통에 얽매이지 않고, 새로운 방식으로 시장에 접근할 수 있는 자유가 있습니다. 솔직히 말해서 쓸 만한 선택지는 하나뿐입니다. "이 자유를 활용하는 것."

신규 브랜드는 특이점을 통해 차별화와 주목을 이끌어내야 합니다. 이는 헤리티지를 갖춘 경쟁자들이 시도하지 않으려고 하거나 시도할 수 없는 영역을 확보하는 것을 의미합니다. 따라서 신생 브랜드는 기존 시장의 틈새를 공략하거나, 새롭게 등장한 카테고리를 노리는 것이 유리합니다. 이러한 접근을 '블루오션 전략'이라 부릅니다. 경쟁이 치열한 시장(레드오션)을 피하고, 경쟁이 없는 청정한 바다(블루오션)에서 물고기를 잡는 것입니다.

1. 틈새시장

대기업은 덩치가 너무 큽니다. 반면 신규 브랜드는 대기업에 비해 조직 규모와 유지비가 적습니다. 이 불균형이 틈새시장을 만듭니다. 이 작은 시장을 차지하기 위해, 대기업은 조직 규모를 줄이거나 에너지를 집중하는 것보다는 더 큰 먹이를 찾아 떠나는 게 합리적입니다. 틈새시장에 연결된 소비자는 그래서 항상 목이 마릅니다. 공급이 부족하니, 어느 정도 괜찮아 보이기만 해도 구매합니다. 공급자의 노력에 감사를 표하고 충성도도 비교적 빠르게 생깁니다. 틈새시장을 노리는 창작자는 두 가지를 기억해야 합니다.

첫 번째는 가능한 한 높은 완성도입니다. 아무리 배가 고프다고 한들 틈새시장의 소비자도 수준 미달 제품이나 콘텐츠를 계속 소비하진 않습니다. 또한 당신과 같은 전략으로 이 틈새시장에 들어오는 경쟁자가 반드시 있습니다. 이들과의 경쟁에서 승리하기 위해서도 최소한의 완성도 확보는 필수적입니다. 정밀 하드웨어, 의료기기처럼 초기 완성도가 브랜드 생존과 직결되는 분야라면 더 중요합니다. 이렇게 인지도와 충성도를 확보하고 다음 단계로 넘어갑니다.

두 번째는 충성스런 소비자들이 당신을 홍보하게 만듭니다. 적극적인 소통과 맞춤형 서비스를 제공합니다. 조직 규모가 크면 모든 팬들을 한 명 한 명 직접 상대하거나, 그들의 자질구레한 욕구를 충족시켜줄 수 없습니다. 그러나 신규 브랜드는 조직이 작고 민첩하기 때문에 그런 니즈를 충족시켜줄 수 있습니다. 하나뿐인 댓글의 요구를 작품에 반영할 수 있습니다. 대기업이 못하는 '파격'을 만드는 것입니다. 많은 유명 연예인들이 무명 시절부터 함께 관계를 유지해온 '팬클럽 회장'이 있다는 사실을 떠올려 보십시오. 그들이 팬클럽의 규모를 키워, 연예인을 더 유명하게 만들었듯이 당신의 팬들과 함께 성장함을 목표로 해야 합니다.

2. 신규 카테고리

대기업은 이미 자신의 사업이나 삶을 지속하기 위한 카테고리를 갖고 있습니다. 이 카테고리를 떠나는 행동은 굉장한 모험입니다. 그동안 구축한 모든 것을 버려야 할 수도 있습니다. 하지만 신규 브랜드는 가진 것이 없기 때문에, 어디에서라도 시작할 수 있습니다. 사실 살아남을 수 있는 유일한 방법이기도 합니다.

신규 카테고리는 가능성과 리스크가 공존하는 미지의 영역입니다. 소비자조차 자신이 이걸 좋아하는지, 소비할지 모르는 상태입니다. 이 영역에서 가장 중요한 건 속도와 선점입니다. 완성도는 두 번째입니다. 최대한 가볍고 빠르게, 소비자와의 연결고리를 테스트해 봅니다.[30] 앱 마켓에서 프로토타입을 내거나, 도전만화가에서 러프한 스케치로 핵심만 그려낸 웹툰처럼 말입니다. 우선 이 연결고리가 어느 정도의 수요가 있는지 가능성을 체크하는 것이 우선입니다. 완성도는 연결고리가 꽤 튼튼하다는 걸 알고 나서 올려도 늦지 않습니다. 어차피 신규 카테고리라서 완성도로 비교될 경쟁자 자체가 없습니다. 힙스터와 얼리어답터들이 당신의 첫 소비자가 되어줄 것입니다. 그들은 익숙함보다는 신선한 충격을 소비하길 원합니다. 어차피 격식이랄 게 없는 신규 카테고리이므로 자신의 감각을 믿고 밀어붙이는 수밖에 없습니다. 지속적으로 신선함을 제공해야 함을 잊으면 안 됩니다.

수요와 소비자 연결고리가 확보되고, 경쟁자들이 들어오기 시작하면 틈새시장과 유사한 성격을 띠게 됩니다. 이쯤 되면, 감으로만 채웠던 설계에도 나름의 규칙이 생깁니다. 완성도가 중요해지는 시점이 옵니다. 신규 카테고리가 틈새시장과 다른 점은 대기업도 미래의 가능성을 보고 경쟁자로 들어올 수 있다는 점입니다. 선점 효과는 이때 빛을 발합니다. 최초 연결의 효과는 생각보다 강력해서, 웬만큼 후발주자가 완성도를 높이지 않으면 파격이 발생하지 않습니다. 적절한 타이밍에 올린 완성도는 이때 강력한 방패가 되어 줍니다. 신규 카테고리에 욕심을 내는 대기업은 이때

---

[30] 러프한 프로토타입으로 '연결고리(validated learning)' 유무를 확인한 뒤, 수요가 증명되면 완성도를 끌어올립니다. (출처: Ries, E. "Minimum Viable Product." Lean Startup Co. (2011))

보통 인수합병을 제안하거나, 압도적인 물량으로 승부를 걸어옵니다.

스타트업이나 신인 창작자에게 가장 중요한 것은 새로운 연결고리를 만드는 것입니다. 이것은 기존의 틀을 벗어난 새로운 시도를 통해 실현됩니다. 이 과정에서 차별화는 자연스럽게 만들어집니다. 대기업과 경쟁자들이 이미 걸어 놓은 연결고리를 애써 무시하십시오. 덩치 큰 경쟁자의 이미 단단한 연결고리를 탈취하는 것은 매우 어렵습니다. 같은 연결고리에 연결되려고 하면 '힘 싸움'이 되고, 덩치가 작은 신규 브랜드는 불리합니다. 틈새시장이든, 신규 카테고리든 자신만의 연결고리를 걸고 힘을 길러서 다시 도전해도 늦지 않습니다. 『초한지』의 유방이 변방의 촉나라에서 힘을 길러, 천하를 제패했던 전략을 따라가야 합니다. 신규 창작자는 '낯선 연결고리'를 먼저 던지고, 작지만 충성도 높은 초기 수요로 근육을 키운 뒤, 틈새시장이라면 '완성도 강화', 신규 카테고리라면 '규모 확장' 단계로 나아가야 합니다. 기존 연결고리에 맞서는 힘 싸움보다 '새 연결고리 발견 → 선점 → 강화'의 순서가 생존 확률을 높일 수 있습니다.

렐러번스 - 브레인 스토밍

아마 한 번쯤은 '브레인 스토밍'을 해보았을 것입니다. 주제가 되는 단어를 중심에 놓고, 연상되는 관련 단어들을 거미줄처럼 펼쳐나가는 '발상법'입니다. 처음엔 전혀 상관없어 보이던 단어들도 꼬리에 꼬리를 물다 보면 결국 하나의 큰 그림 안에서 연결되는 것이 보입니다. 중심 단어에 브랜드나 창작자의 이름을 놓고 브레인 스토밍을 해봅시다. 연결된 단어들의 집합이 바로 브랜드의 렐러번스 자산입니다.

렐러번스 자산을 눈앞에 펼쳐놓고 아이디어를 떠올리면 머릿속에서만 고민하던 때와는 다른 영감을 받을 수 있습니다.

확장 연결하기

렐러번스 자산 저 멀리에 연결을 원하는 '목표 단어'를 적습니다. 당연히 목표 단어는 렐러번스 자산과 바로 연결되지 않습니다. (이미 연결되어 있다면 목표가 아니겠죠.) 이때 브랜드와 목표 단어 중간에 어떤 단어를 넣어서 양쪽을 자연스럽게 연결할 수 있을지 고민합니다. 이 중간 단어가 미슐랭 가이드나 기네스북 같은 '중간 연결고리'가 됩니다.

이 방식은 교집합을 찾는 것이기 때문에 일반적인 브레인 스토밍처럼 단어가 바로 떠오르진 않습니다. 그러나 솔루션으로서의 선택지처럼 양쪽과 모두 연결되는 단어를 발견했을 때 "이거다!" 싶은 느낌이 바로 듭니다.

단 하나의 단어로 연결된다면 가장 좋습니다. 그 단어는 곧바로 '컨셉'이 될 수 있습니다. 하지만 연결고리 하나만으로 부족할 수도 있습니다. 이럴 때는 두세 개의 단어로 징검다리를 놓습니다. 신조어나 합성어를 만들어 중간 단어로 활용하는 것도 좋은 방법입니다. 목표하는 연결고리가 많고, 기존 단어로는 연결이 어려울 때 유용합니다. 예컨대, 빙그레는 ① MZ세대 타깃 콘텐츠＋

② 다양한 하위브랜드를 포괄+③ SNS 운영 컨셉이라는 목표 단어들에 동시에 연결시키기 위해, '빙그레우스'라는 가상 캐릭터(신조어)를 중간 연결고리로 세팅했습니다.

새롭게 시작하기

런칭한 브랜드나 갓 데뷔한 창작자는 아무런 연결고리 자산이 없습니다. 우선 창작자만이 가지고 있는 특이점이나 차별화된 지식이나 능력을 이름 주변에 흩뿌립니다. 그리고 멀리에 원하는 장르를 중심으로 그 장르의 트렌드나 문법 등을 흩뿌리고 시작합니다.

예컨대, 창작자가 '타이포그래피'나 '폰트'를 좋아하는데, '로맨스 판타지' 장르에서 웹툰을 연재하고 싶다고 가정해 봅시다. 로맨스 판타지 주변의 단어에서 '엑스트라 빙의'와 '특이한 직업'을 고릅니다. '타이포그래피+직업+빙의물+로판'이라는 단어의 연결에서 컨셉을 도출합니다.

> **시놉시스 예시**: 출판 디자이너인 주인공은 과로사로 사망해, 읽고 있던 판타지 소설 속 엑스트라에게 빙의됩니다. 우연한 기회에 황태자와 친해진 주인공은 황태자를 돕기 위해 금속 활자와 인쇄술을 알려줍니다. 지식의 보급으로 나라는 점점 강해지고, 황태자는 주인공의 열정과 지적인 매력에 점점 끌립니다. 그러나 마탑의 주인은 지식의 보급이 자신들의 권위를 위협한다고 생각해 주인공을 해치려 하는데….

이런 식으로 자신과 관련 있는 단어들을 흩뿌려서 크리에이티브의 선택지를 만들어놓고, 비전형적인 조합을 찾아 특이점을 만들 수 있습니다. 렐러번스-브레인 스토밍이 창작자에게 유용한 이유는 작성 과정에서 끊임없이 '렐러번스'를 생각하게 된다는 것입니다. 시각적으로 펼쳐진 연결고리의 지도가 전체 '구조'를 볼 수 있게 돕습니다. 또한 창작자 개인 취향에 매몰되거나, 단순히 욕심나는 것을 고르는 실수를 막아주기도 합니다.

렐러번스 체크 리스트

창작자는 보통 오리엔테이션(OT), 기획서, 작업의뢰서, 회의 등을 통해 목표와 조건을 요구받습니다. 이런 요청서는 요청자(클라이언트, 유관부서)의 기준으로 작성되었기에, 크리에이티브를 위해 번역하여 사용하는 것이 좋습니다. 많은 정보가 오고 갈수록 중요한 연결고리를 놓칠 수 있습니다. 이때 '렐러번스 체크 리스트'가 유용하게 쓰입니다.

 작업의뢰서에 적힌 문장들을 체크 리스트로 옮기며 "~했는가?"라는 질문 형태로 변경하면 됩니다. 예컨대 '타깃 고객의 라이프 스타일에 부합하게 제작되길 희망'이라는 문장은 '타깃 라이프 스타일에 부합하는가?'로 바꿀 수 있습니다. 만약 한 문장에 두 가지 이상의 연결고리가 포함되어 있다면, 문장을 분리하여 두 개의 체크 리스트를 구성하는 것이 좋습니다. 또한 회의를 통해 해당 체크 리스트 가운데 중요한 것과 덜 중요한 것의 순위를 파악하여, 중요도 순으로 내림차순하여 적어둡니다.

체크 리스트 예시는 다음과 같습니다. 이해를 돕기 위한 목적이기에, 특정 브랜드나 프로젝트와 관련성 없게 작성되었습니다. 아이디어를 체크 리스트에 맞춰 점검하면 크리에이티브의 '적합성'을 쉽게 판단할 수 있습니다. 많은 항목에 체크될수록 다중 렐러번스로 연결된 좋은 아이디어입니다. 반대로 하지 말아야 할 항목에 너무 많이 체크된다면 아이디어 자체를 수정해야 합니다. 만약 법적이거나 도덕적으로 문제가 되진 않는 조건하에 1, 2, 3번 항목 모두에 많이 체크되었다면, 그것은 파격적이고 창의적인 아이디어일 가능성이 높습니다.

1. 프로젝트 렐러번스	2. 분야의 격식 (광고)	3. 분야의 금기
의뢰서에서 요구한 타깃층을 명확히 설정했는가?	임팩트가 충분히 강력한가?	법적 금기를 위반하지 않았는가?
브랜드의 이미지와 톤을 정확히 유지했는가?	제품의 핵심 기능이 잘 전달되는가?	윤리적으로 문제가 없는가?
OT에서 강조한 핵심 메시지가 모두 포함됐는가?	소비자가 쉽고 명확하게 이해할 수 있는가?	브랜드 이미지를 훼손하지 않았는가?
예산과 일정을 충분히 고려했는가?	해당 장르의 트렌드를 잘 반영했는가?	업계의 금기 사항을 준수했는가?
주요 경쟁사와 명확히 차별화됐는가?	감성적 또는 논리적 설득력이 충분한가?	소비자에게 오해를 일으킬 표현을 피했는가?
의뢰서에서 제시한 스타일을 충실히 반영했는가?	크리에이티브가 브랜드를 잘 드러내는가?	과장된 광고 표현을 하지 않았는가?
광고주가 원하는 미디어 전략과 일치하는가?	메시지가 간결하고 명료하게 표현되었는가?	민감한 사회 이슈를 불필요하게 다루지 않았는가?

제품이나 서비스의 USP[31]가 확실히 강조됐는가?	소비자의 관심과 흥미를 유발하는가?	특정 집단을 차별하거나 불쾌하게 하지 않았는가?
캠페인의 기대 효과를 명확하게 설정했는가?	기억에 남을 만한 창의적인 요소가 있는가?	부정적인 연상이 될 수 있는 요소를 피했는가?
타깃층의 라이프스타일과 정확히 연결됐는가?	소비자의 공감을 효과적으로 이끌었는가?	특정 제품의 부정적인 이슈를 언급하지 않았는가?

렐러번스 체크 리스트

2번 일반 렐러번스나 3번 금기사항은 격식의 성격을 갖고 있습니다. 선배나 상사가 알려주는 내용을 틈틈이 기록하여 누적하여 추가해 나가는 것이 좋습니다. 1번 프로젝트 렐러번스는 해당 프로젝트가 시작될 때 의뢰서에 맞춰 새롭게 작성하고, 2, 3번은 지속적으로 재활용합니다. 프로젝트가 시작될 때 2, 3번도 맥락에 맞춰 추가하거나 수정하면 더욱 효과적입니다. 이 체크 리스트를 팀과 공유하여 목표 동기화에 사용할 수도 있습니다.

체크 리스트는 프로젝트 진행 중에도 추가되거나 삭제될 수 있습니다. 예컨대, 브랜드 내부 사정으로 요청사항이 바뀌거나, 외부 요인으로 인해 바뀌기도 하고, 특정 사건으로 인해 분야의 트렌드가 바뀌는 경우도 있습니다. 이때, 그 한 가지 변화에 너무 신경을 쓴 나머지 다른 중요한 렐러번스를 놓치는 경우가 빈번합니다. 체크 리스트는 이러한 실수를 줄여줍니다. 따라서 인쇄된 종이보다는 편집이 가능한 디지털 파일이 효과적입니다.

---

31   Unique Selling Proposition / Point: 특정 제품이나 서비스만이 가진 고유한 강점이나 차별점을 의미합니다.

'제작 용이성'이나 '지속 가능성' 같은 추가 항목(열)을 만들어 아이디어의 우열을 가릴 수도 있습니다. 마치 토너먼트에서 승점이 같은 두 팀이 '승자승'이나 '골득실'로 다음 라운드 진출자를 결정하는 것과 같습니다. 이는 예산이나 시간이 부족한 제약조건의 상황에서 효율적인 선택 기준이 됩니다. 예컨대, 두 개 이상의 크리에이티브가 체크 리스트에 유사한 숫자로 체크되었고, 그저 '감'으로 최종 결정해야 하는 경우에 유용합니다.

체크 리스트를 활용하면 복잡한 프로젝트에서도 연결고리를 효과적으로 관리하여 크리에이티브의 완성도를 높일 수 있습니다. 연차와 경험치가 쌓이면 이런 체크 리스트를 굳이 문서화하지 않아도, 기본기처럼 머릿속에서 불러올 수 있게 될 것입니다. 특정 분야에서 오랫동안 일했다는 것, 1만 시간을 채워서 격식을 체득했다는 것은 이 체크 리스트가 이미 머릿속에 있다는 뜻이기도 합니다. 렐러번스를 다루는 일은 단시간에 이뤄지지도 않고, 자동으로 습득되는 것도 아닙니다. 보통 '아, 깜빡했다'와 '죄송합니다' 같은 실수를 반복하면서 머릿속에 새겨집니다. 체크 리스트는 미안할 일 없이 성장할 수 있는 좋은 도구입니다.

인간이 아닌 것들과의 연결고리

최근 창작자와 브랜드 담당자들은 인간뿐만 아니라 AI 같은 인간이 아닌 존재와의 연결고리까지 고민해야 합니다. 특히 디지털 환경에서는 정보의 흐름이 검색엔진 최적화SEO, Search Engine Optimization나 인공지능 알고리즘에 의해 크게 좌우되기 때문입니다.

SEO는 온라인에서 콘텐츠가 잘 노출되도록 키워드와 콘텐츠 구조를 최적화하는 작업을 말합니다. AI가 인터넷상의 정보 흐름을 주도하게 되면서 창작자와 마케터는 인간과는 다른 AI만의 취향과 작동 메커니즘을 파악하는 것이 필수가 되었습니다. 소비자가 아닌 AI에게 맞는 렐러번스를 따로 구축해야 할 필요성마저 생긴 것입니다.

하지만 이 경우에도 기본적인 접근 방식은 같습니다. MZ세대를 '민지'라는 구체적인 인물로 설정하듯, AI 역시 하나의 독립된 페르소나로 보고 접근해야 합니다. AI가 관심 있어 하는 키워드와 콘텐츠 형식을 면밀히 관찰하고 테스트하며, 성공적인 연결고리를 찾아야 합니다. 타깃이 인간이든, 인공지능이든 이 연결을 성공시키는 것은 결국 창작자의 몫입니다.

기획서와 시안의 역할:
렐러번스 관점에서 쉽게 이해하기

'이 연결이 정말 제대로 이루어질까?'의 답을 주는 것이 기획서와 시안의 역할입니다.

> **기획서:** "이 아이디어가 소비자와 이렇게 연결되어서 이런 효과를 얻을 수 있습니다!"라고 글로 설명하는 역할.
> **시안:** 말로 설명하기 어려운 시각적, 청각적 느낌 등을 간단히 만

들어 실제 소비자와의 연결을 미리 빠르게 확인하는 역할.

이렇게 역할을 명확히 하면 광고주, 창작자 모두 이 아이디어가 정말 소비자와 연결될지 실제 제작비를 쓰기 전에 '저렴하게' 판단할 수 있습니다. 만약 연결이 잘 안될 것 같다면? 수정하거나 새롭게 기획을 시작합니다. 시안이나 글의 퀄리티가 나빠서가 아닙니다. 연결이 안 될 것 같아서 다시 하는 것입니다. 연결'은' 잘 될 것 같다면? 방향성을 확정하고, 다음 단계에서 시안이나 글의 퀄리티를 디벨롭해서 완성하면 됩니다.

렐러번스 결론

크리에이티브가 관심을 끌고 차별화하는 무기라면, '렐러번스'는 그 관심을 브랜드의 가치로 바꿔주는 연결고리입니다. 마케팅·문화연구에서 '문화적 렐러번스cultural relevance'란 '소비자가 속한 문화·가치·지향과 브랜드 메시지가 높은 적합도를 이룬 상태'를 뜻합니다. 이것이 렐러번스의 핵심입니다.

렐러번스가 없으면 아무리 대단한 파격이라도 단순한 기술 차력쇼로 인식되거나, 소비자의 피로감만 높일 뿐입니다. 목적이나 명분과 연결되지 않은 충격은 잠깐 웃기고 사라져 버리는 싸구려 밈이 됩니다. 광고에서 갑자기 뜬금없이 등장하는 셀럽의 아무 말이나, 의미 없는 바이럴 챌린지를 떠올려 보십시오. 반면 렐러번스로 촘촘히 연결된 콘텐츠는 소비자가 보자마자 '이건 진짜다'

라고 느끼는 완성도를 갖습니다. 좋은 창작자는 이 단단한 렐러번스 위에 메시지를 올려둬 효과적으로 전달합니다. 나이키의 '저스트 두 잇Just Do It' 캠페인을 떠올려 봅시다. 단순히 눈길을 끈 것이 아니라, 공감받고, 경외감을 불러일으켜 결국 소비자의 삶을 긍정적으로 바꾸었습니다.

단단한 내부 렐러번스는 갸우뚱한 시도마저 납득 가능하게 만듭니다. 발렌시아가가 쓰레기봉투 형태의 파우치를 1,790달러의 명품백처럼 팔았을 때 미친 짓으로 여겨지지 않았던 건, 발렌시아가의 기존 도발적이고 아방가르드한 이미지와 강력히 연결됐기 때문입니다. 마블의 〈데드풀〉 시리즈가 말도 안 되는 무리수를 던져도 웃을 수 있는 이유도 같습니다.

또한 렐러번스는 브랜드의 지속 가능성을 책임집니다. 빠르게 변하는 트렌드 속에서도 꾸준히 신뢰받는 브랜드는 자기다움이 확실한 브랜드입니다. 파타고니아나 유한킴벌리가 환경을 보호하는 꾸준한 활동을 통해, 브랜드가 추구하는 가치를 소비자와 연결시킵니다. 이 진정성 덕분에 소비자는 브랜드의 행동이 그 브랜드답다고 느끼고 지지를 이어갑니다.

렐러번스를 확실히 구축하면 브랜드의 확장도 자연스러워집니다. 미쉐린 타이어가 미식 가이드로, 기네스 맥주가 세계 기록으로 자연스레 연결된 것은 우연이 아닙니다. 브랜드의 본질과 연관된 확장이 성공률을 높입니다. 만약 포크레인이 스마트폰을 만들면 어색하지만, 전동드릴을 만든다면 납득이 됩니다. 중간 연결고리를 설득력 있게 만들어낸다면 파격적인 확장마저 브랜드의 새로운 차별점이 될 수 있습니다. 렐러번스를 고려한 크리에이티브는 불가능해 보이는 연결마저 가능케 하는 힘을 가집니다.

렐러번스는 파격의 명분을 제공하고, 지속 가능한 가치를 만드는 핵심적인 개념입니다. 겉으로 드러나는 파격과 크리에이티브와 달리 렐러번스의 힘은 숨겨져 있습니다. 그래서 대부분의 주니어 창작자들이 가장 늦게 이해하는 개념입니다. 다년간 회사 내외부의 창작자들을 관찰해본 결과, 렐러번스의 개념을 이해하고 활용하기 시작한 시점부터 창작자의 퍼포먼스의 '급'이 높아지는 것을 확인했습니다. 렐러번스 설계 능력은 창작자가 데뷔 전에 갖춰야 할 마지막 퍼즐 조각인 셈입니다.

창작자와 브랜드가 렐러번스를 고려해 크리에이티브를 설계할 때, 파격은 소비자의 관심을 끌고, 렐러번스가 그 관심을 브랜드의 정체성과 장기적 가치로 연결시킵니다. 삼박자를 갖춘 균형 잡힌 창작물과 브랜드만이 경쟁에서 살아남고 세상을 바꿉니다. 그렇게 크리에이티브는 비로소 최종목표에 도달합니다.

Chapter 4

격식

새로운 격식의
주인

파격적으로 등장한 당신의 크리에이티브는 빠르게 세상으로 퍼져나갔습니다. 당신의 크리에이티브에는 특이점이 있었고, 당연히 실현 가능했고, 기존 방식보다 뛰어난 성과를 냈으며, 사회적인 인정을 얻었고, 지속 가능합니다. 사람들은 지나간 과거의 격식을 잊고, 당신을 기준으로 판단하고 행동하기 시작했습니다. 이 모든 것은 당신의 파격이 소비자와 시대에 착! 연결된 렐러번스를 갖추었기에 가능했습니다.

이제 더 이상 당신은 파격적이지도, 창의적이지도 않습니다. 당신은 새로운 격식을 '창조'했습니다. 이제 당신은 도전적인 혁명가가 아니라, 모두가 따르는 새로운 격식의 주인인 '왕'입니다.

도전자와 챔피언의 마음가짐은 다를 수밖에 없습니다. 도전자일 때는 챔피언 한 사람만 보고 공략하셨지만, 챔피언이 되셨

으니 이제 수많은 도전자들의 타깃이 되실 겁니다. 당신을 왕좌에 올려준 핵심 기술들이 모조리 분석되고 공략 대상이 될 것입니다. 이제 방어전을 시작하셔야 합니다. 격식 챕터는 트레이닝이 없습니다.

왕관을 쓴 자, 그 무게를 견디셔야 합니다.

유지력의 싸움

파격이 격식이 되었다는 것은 공격에서 수비로 바뀐 것과 같습니다. 성을 세우셨으니, 이젠 성문을 지킬 차례입니다. 격식을 창조하는 것만큼 중요한 일은 바로 그 격식이 지속적으로 기능하도록 관리하고 유지하는 것입니다.

그러나 당신이 새로운 아이디어를 찾아내고 비전형적인 길을 개척하는 것에서 흥미와 보람을 느끼는 '정복 군주' 타입이라면, '유지'와 '방어'라는 역할은 단조롭고 지루할 수 있습니다. 그렇다면 다른 선택지도 있습니다.

첫째, 대리인을 세워 유지 보수의 운영을 맡기고 해방되십시오. 둘째, 지휘권을 내려놓고 확보한 시간으로 창의적인 업무에 집중하십시오. 셋째, 후계자를 길러 훗날을 대비하십시오. 당신의 창의성은 영원할 수 없고, 비상시를 대비하셔야 합니다.

만약 운영권을 넘긴다면 그 결과도 감내하셔야 합니다. 당신이 손을 떼는 순간 격식은 엉뚱한 방향으로 흘러갈 수 있습니다. 그 변화를 받아들일 각오를 하셔야 합니다.

만약 당신의 운명을 받아들여, 유지의 의무를 다하겠다 마음먹으셨다면, 격식을 정교화하는 일 또한 여전히 크리에이티브한 작업임을 말씀드리고 싶습니다. 앞에서 언급했듯이, 제약과 한계 속에서 크리에이티브는 오히려 더 큰 빛을 발합니다.

당신이 만든 성공 공식이 이제부터 당신을 옭아매는 제약 조건이 될 것입니다. 도전자 시절의 자유로움은 없어지고, 이제부턴 해야 되는 일보다 해선 안 되는 일을 더 신경 쓰시게 될 것입니다. 파격을 만들 때는 '성과'가 목표였고, 약간의 비효율쯤은 용인되었습니다. 이제는 효율이 곧 성과입니다. 특이점은 살리고 비용은 낮추십시오. 자원을 필요한 곳에만 정확히 꽂으십시오.

유지 보수를 지루한 일로 규정하지 마십시오. 파격을 창조하던 그때와 작동 원리는 같습니다. 층위만 달라졌을 뿐입니다. 내부 렐러번스를 단단히 다져 완성도를 높이십시오. 당신만큼 격식의 구조를 잘 아는 적임자는 없습니다. 당신이 만드셨기 때문입니다.

효율화에 성공하면 잉여력이 생깁니다. 남은 힘을 두 방향에 쓰십시오. 하나, 특이점을 강화하는 대담한 실험에 투자하십시오. 둘, 전혀 다른 영역으로 과감히 확장하십시오. 어느 쪽이든 격식의 안정성과 예측 가능성이 든든한 기반이 되어줄 것입니다. 과거처럼 실패하면 곧바로 망하는 상황이 아닙니다. 물론 그 긴장감이 당신의 감각을 날카롭게 만든 원동력이었을 것입니다. 그러나 이제는 실패해도 수습할 수 있는 여력이란 선택지가 늘었다고 생각하십시오. 여기서 끝이 아닐지도 모릅니다. 우린 더 멀리 나아갈 수 있습니다. 우리에겐 아직 당신의 창의력이 필요합니다.

격식의 약점

격식은 권력입니다. 그러나 모든 권력이 그렇듯 영원할 수 없습니다. 언제나 파격이라는 이름의 도전자들이 격식의 가장 약한 부분을 집요하게 공략할 것입니다. 이미 경험하셨듯이, 격식의 단단함은 때로 치명적인 약점이 되기도 합니다. 우리는 격식의 약점이 어딘지 명확히 이해하고, 방어하는 데 만전을 기해야 합니다.

1. 격식이 오히려 비싸질 때를 경계하십시오.
격식의 가장 큰 강점은 효율성입니다. 당신의 격식은 분명 가장 효율적인 선택지였습니다만, 시간이 지나면 효율성을 떨어뜨리는 다양한 상황이 발생할 것입니다. 파격은 바로 이 지점을 집중적으로 공격할 것입니다.

예컨대, 문서 보고서를 대신해 등장한 PPT 보고서는 처음에는 시청각 자료, 화려한 효과 등으로 높은 평가를 받았습니다. 문서 보고서로는 불가능한 정보를 전달하지만, 결국 디자인을 위한 디자인이라는 매너리즘에 빠졌습니다. 파격은 이를 '본질보다 형식에 치중'했다며 비판했습니다. 실제로 기업에서 화려한 PPT 디자인을 제거하거나, 간결한 1페이지 요약보고서를 권장하는 것도 그 효율성 논리가 설득력을 얻었기 때문입니다.

결혼의 경우도 마찬가지입니다. 중매 결혼이 개인의 행복을 보장하지 못한다는 파격의 공격에 자유연애라는 새 격식이 등장했지만, 이마저 완벽하지 않자 다시 결혼정보회사라는 새로운 대안이 나타났습니다. 이는 기존 격식들이 가진 효율성의 한계를 파격이 끈질기게 파고든 결과입니다.

복잡해지는 절차 역시 좋은 공격 대상입니다. 국가기관 제출 서류가 복잡해지고 절차가 번거로워지면, 파격은 시민의 불편을 부각하며 이를 비효율의 상징으로 공격할 것입니다. 불만이 쌓일수록 필수 요건만을 남긴 약식 절차가 등장하거나, 격식을 우회하는 '치팅'이 생겨날 수도 있습니다. 파격은 갑자기 전면전을 선포하진 않습니다. 우선 다양한 특이점을 가진 '대안'으로 격식의 약점을 파고들 것입니다.

파격의 전략은 명확합니다. 당신이 만든 격식의 비효율성을 비판하고 대안을 제시하는 것입니다. 그렇다면 우리는 어떻게 방어해야 하겠습니까? 우리의 격식이 가진 효율성을 끊임없이 강조해야 합니다. 여전히 유효하며, 앞으로도 효율적일 것임을 증명해야 합니다. 그리고 동시에 대안이 얼마나 불안정한지, 오히려 비효율적인지 비판해야 합니다.

2. 격식이 문을 걸어 잠가선 안 됩니다.

기술이 진보하거나 사회적 요구가 달라질 때, 트렌드가 바뀔 때, 그 변화를 수용하지 못하면 점점 도태될 수 있습니다. 견고한 요새처럼 보일지 몰라도, 지나치게 경직되고 닫힌 격식은 결국 내부를 질식시킬 수 있습니다. 파격의 도전자들은 요새를 빙 둘러싸고, 길을 막아 결국 격식을 쫄쫄 굶게 만들 것입니다. 결국 한정된 자원을 둘러싼 내부 갈등, 조급함에서 나오는 무리수를 통해 격식은 무너질 것입니다.

가장 완고하다고 여겨지는 법조차도 끊임없는 입법과 개정을 통해 현실과 타협하며 변화의 가능성을 열어둡니다. 계약서 양식 역시 특약이라는 유연한 장치를 마련하여, 거래 당사자들의 필요와 상황을 반영합니다. 격식은 원칙과 규율을 통해 질서를 유지하지만, 그 효용성은 일정 부분의 유연성을 갖추었을 때 극대화됩니다. 만약 유연성이 부족하다면, 환경의 변화에 대응할 수 없습니다. 우린 격식을 통제할 수 있어도, 환경 변화를 통제할 수는 없습니다.

꽉 막힌 격식은 창의성과 혁신의 싹을 잘라버리는 독과 같습니다. 예컨대, 연공서열을 지나치게 강조하는 조직에서는 젊은 직원들의 창의적이고 신선한 아이디어가 묵살됩니다. 만약 젊은 세대와 소통해야 하는 브랜드라면 이는 치명적인 결함이 됩니다. 파격의 도전자들은 자신들이 얼마나 유연한지를 강조하며, 우리의 격식에 거절당한 이들을 흡수할 것입니다.

최근 Web 3.0의 급부상을 보십시오. 기존 인터넷 서비스가 독점적 플랫폼과 폐쇄적인 데이터 통제에 의존할 때, Web 3.0은 탈중앙화와 개방성을 앞세워 새로운 질서를 제안했습니다. 데이터를 사용자의 손에 돌려주는 이 개방적 시스템은 폐쇄적 격식이 가진 약점을 치밀하고 효과적으로 파고든 결과입니다.

결국, 격식을 유지하는 힘은 빈틈없는 단단함이 아니라 약간의 유연성에서 나옵니다. 시대의 흐름을 정확히 읽고, 꼭 필요한 만큼만 문을 열어두십시오. 오랜 시간 변함없이 유지되고 싶다면, 갈대처럼 유연하게 흔들리셔야 합니다.

3. 권위가 위협받을 때

권위는 고리타분하고 타파되어야 할 악습처럼 여겨지지만, 그것은 도전자의 마인드일 뿐입니다. 이미 권위를 획득한 격식은 본질을 수호하고 가치를 유지하는 것을 최우선으로 하셔야 합니다. 격식의 권위는, 과도한 폐쇄성과 과도한 개방성이라는 양극단 사이에서 흔들립니다. 권위는 위태로운 줄타기와 같습니다. 파격의 도전자들은 격식이 중심을 잃는 순간을 노릴 것입니다.

권위가 과도하면 필연적으로 불공평과 소외가 생깁니다. 격식이 특권이 되는 순간, 소외된 사람들의 반발이 시작됩니다. 그렇다고 누구나 쉽게 접근할 수 있게 과도하게 열어두면 권위 자체가 무너지고, 사람들의 선망이 사라집니다.

에르메스가 제품 구매 조건을 까다롭게 유지하는 것도 권위를 보호하기 위한 철저한 전략입니다. 아무리 돈이 있어도, 일정 조건을 갖추지 않으면 제품을 구매할 수 없습니다. 완전히 닫지 않고, 약간 열어두면서 선망을 유지하셔야 합니다. 명품 브랜드들은 항상 이런 긴장감 속에서 권위를 유지합니다.

비즈니스 복장으로 자리 잡았던 '슈트'는 실리콘밸리에서 온 파격적 도전자들로 인해 그 권위가 심각하게 흔들렸습니다. IT 스타트업 CEO들이 후드티와 티셔츠를 입고 나오자, 그들의 자유롭고 혁신적인 이미지가 기존 격식을 낡고 답답한 것으로 만들어 버렸습니다. 이 도전자들은 전통적 권위의 상징을 무력화하고, 전혀 다른 종류의 권위를 주장했습니다. 우리는 이 사례에서 권위가 환경 변화에 민감하게 대응하지 못하면 얼마나 쉽게 무너질 수 있는지 배워야 합니다.

당신의 권위는 언제나 파격의 도전을 받을 것입니다. 당신을 쓰러뜨린다면 당신이 가진 모든 것을 빼앗을 수 있기 때문에, 모든 도전자의 표적이 될 것입니다. 심지어 일부 반골 기질의 도전자는 그냥 권위 자체가 꼴 보기 싫어서 깨부수려는 경향도 있습니다. 항시 마음을 놓으시면 안 됩니다.

결국 권위란 도전에 흔들리지 않는 것이 아니라, 끊임없이 흔들림을 관리하는 기술입니다. 권위가 영원하리라는 착각에서 벗어나, 항상 깨어 있는 긴장 속에서 균형을 유지하십시오. 권위는 과하거나 부족한 개방성 모두에서 위험하지만, 본질을 지킨 제한적인 개방에서 가장 안전하다는 진리를 반드시 기억해야 합니다. 파격의 도전자들이 권위의 빈틈을 노리지 못하도록, 우리가 먼저 미세한 균형을 계속 조정하고 관리해야 합니다.

아무리 변화가 절실한 경우에도 신중해야 합니다. 격식은 밀도 높은 조직력과 상호 연결된 구조를 기반으로 유지되기 때문입니다. 자칫 사소한 변화 하나가 전체 시스템을 흔들어 무너뜨릴 수도 있음을 명심하십시오. 격식의 구조를 안정적으로 유지하고자 한다면, 작은 균열도 방치하지 말고 철저히 보수해야 합니다. 통제는 가능하되, 문제는 해결할 수 있는 최소한의 단위로 개선해야 합니다. 기억하십시오. 우리는 외부와 단절된 채로 권위를 유지할 수 없습니다. 개방은 제한적으로, 변화는 전략적으로, 그러나 본질은 절대 흔들리지 않아야 합니다.

자기복제의 늪

효율성과 예측 가능성은 격식의 가장 강력한 무기지만, 동시에 치명적인 함정이기도 합니다. 그 함정의 이름은 바로 '자기복제'입니다. 자기복제는 격식을 만들어낸 모든 창작자가 직면하는 숙명입니다. 성공한 전작과 유사한 구성을 반복해도 계속 통한다는 것은 물론 축복입니다. 우리의 격식이 변주 가능한 유연함을 갖고 있다는 뜻입니다. 하지만 파격은 우리의 변주를 '식상함'과 '진부함'으로 치부하며 균열을 만들려 할 것입니다.

우리의 숙제는 자기복제의 균형점을 찾는 일입니다. 소비자들은 너무 많이 반복하면 "또 같은 내용인가?"라며 권태를 느끼고, 반대로 매번 새로운 시도를 하면 혼란을 느끼고 등을 돌립니다. 격식을 유지하려면, 익숙한 큰 틀을 깨지 않으면서도 소비자가 신선함을 느낄 만큼의 미묘한 변주를 지속적으로 가미해야 합니다.

콘텐츠 소비 속도가 극도로 빨라진 지금, 당신 같은 격식의 권위자가 마주한 현실은 혹독합니다. 불과 며칠 전의 파격적인 이슈도 금세 식상해지는 시대입니다. 뉴스와 미디어 채널에는 끊임없이 더 자극적이고 더 새로운 콘텐츠들이 넘쳐나고, 파격의 도전자들은 지루함과 권태를 느끼는 소비자의 눈길을 언제든지 빼앗으려 준비하고 있습니다.

따라서 우리는 '너무 미미한 변주'와 '너무 급격한 변화'라는 양극단을 반드시 피해야 합니다. 자기복제는 우리를 유지하는 동시에 우리를 위협하는 양날의 검입니다. 소비자가 지루함을 느끼지 않을 만큼의 섬세한 변주만이, 우리를 파격의 위협으로부터 지킬 수 있는 유일한 방어책입니다.

카피캣을 막는 해자

당신의 성공 방식을 따라 하는 표절자들이 나타날 것입니다. 그들은 당신의 시행착오를 교훈 삼아, 더 효율적이고 빠르게 턱 밑까지 치고 올라올 것입니다. 비슷한 퀄리티에 더 낮은 가격, 더 빠른 속도, 그들만이 갖고 있는 장점으로 만든 특이점으로 당신과 경쟁하려 들 것입니다.

우리는 성벽 주변에 '해자moat[32]'를 파야 합니다. 표절자들이 쉽게 따라 할 수 없도록 진입장벽을 두껍게 만들어야 합니다. 우선, 저작권과 특허 등을 활용해 법적으로 격식을 수호하고, 표절자를 단죄해야 합니다. 모든 표절자를 상대할 필요는 없습니다. 그중 우두머리 하나만을 골라 본보기로 삼는다면, 다른 작은 표절자들은 알아서 꼬리를 내릴 것입니다. 모든 표절자를 없애려 하진

---

[32] 경제적 해자(Economic Moat): 워렌 버핏이 말한, 기업이 경쟁사보다 우위를 점할 수 있도록 하는 독점적인 경쟁력을 뜻합니다. 이는 원래 적의 공격을 막기 위해 성 주위에 파 놓은 도랑인, '해자'에서 유래된 용어로, 경쟁 기업이 쉽게 넘볼 수 없는 진입 장벽을 구축한 기업을 의미합니다.

마십시오. 마음만 먹으면 물리칠 수 있는 몇몇 표절자들은 오히려 남아 있는 편이 유리합니다. 당신의 격식이 여전히 유효하다는 증거이며, 당신이 판 해자의 일부가 되어줄 것입니다.

시행착오를 통해 만들어진 따라 하기 어려운 노하우는 지속적으로 개선하고 발전시켜 더 깊은 해자로 만드셔야 합니다. 비용절감의 크리에이티브는 이 지점에서 다시 한번 유용하게 사용됩니다. 당신의 노하우가 외부로 유출되지 않도록 사람과 기술, 정보도 통제하셔야 합니다.

네트워크를 활용해 아군을 늘리는 것도 좋은 해자입니다. 파격의 도전자들에겐 없는 자원을 적극적으로 활용하십시오. 생산과 유통을 위한 협력, 콜라보레이션을 통한 외부 렐러번스의 확장, PR 전략 등이 모두 포함됩니다. 핵심은 도전자들이 감히 공격할 엄두조차 내지 못할 만큼 거대해지는 것입니다.

모든 싸움을 자본력을 중심으로 한 '퀄리티 싸움'으로 끌고 가십시오. 더 몸값 높은 캐스팅, 뛰어난 그래픽과 영상미, 점점 더 커지는 스케일을 통한 파워게임이 되면, 대부분의 경쟁자들은 알아서 나가떨어질 것입니다. 우리가 높이 쌓아 올린 성벽을 증축한다고 생각하십시오. 혹은 최적화, 효율화, 개선, 디벨롭 그 어떤 단어라도 좋습니다.

촉의 업데이트

여유가 생기면 초심자들을 찾아다니십시오. 그들에게 질문하고,

그들이 어떤 생각을 하고 있는지 파악합니다. 그리고 당신의 생각과 비교해, 세상이 어떻게 바뀌었는지 깨달으십시오.

당신에겐 바닥부터 왕좌까지 올라온 경험이 있습니다. 당신은 수많은 경쟁자들을 물리쳤으며, 그 과정에서 다양한 특이점들을 마주쳤습니다. 새로운 세대의 초심자 중 과거의 라이벌들이 떠오를 수도 있습니다. 과거엔 당신이 승자였지만, 바뀐 환경에선 다를 수 있습니다. 그들에게서 배우고, 그들의 특이점을 흡수하십시오. 같은 편으로 만들거나, 본질만 추출해 가져오는 방법도 있습니다. 물론 그에 합당한 보상을 해주셔야 할 겁니다.

이제 주변이 시끄러워지기 시작합니다. 정점에 섰다는 것은 반대로 말하면 그다음 방향을 잃었다는 뜻입니다. 더 올라갈 곳 없는 산꼭대기에서는 내려가는 것밖에 없습니다. 피부로 느껴지는 성공과 성과들로 채워졌던 과거에 비해 현재의 성과는 왠지 하찮고 보잘것없어 보일 수 있습니다. 뚜렷한 하나의 목표가 얼마나 쉽게 조직력을 만들었는지를 깨닫게 되실 것입니다. 이제부터는 다음 목표를 제안하는 수많은 유혹과 내부 갈등의 시작입니다.

유혹은 저마다의 매력적인 명분을 내세우며 당신의 선택지를 급격히 늘릴 것입니다. 파격을 만들던 도전자 시절에는 기껏해야 세 가지 중에 하나를 골라야 했다면, 이제는 100가지, 300가지 중에 하나를 선택해야 합니다. 선택지의 저주에 빠질 수 있습니다. 창의성은 다양한 선택지에서 나오지만 너무 많은 선택지는 효율성을 떨어뜨리고 속도를 늦춥니다. 모든 가능성을 검토하고 테스트해 보느라 느려지는 것을 경계하십시오. 그래야 몸집이 가볍고 날랜 도전자들의 속도를 조금이나마 따라갈 수 있습니다.

지속 가능하기 위한 자기파괴

세상의 모든 지혜들이 입을 모으는 하나의 진리가 있습니다.

"변하지 않는 진리는, 모든 것이 변한다는 것뿐이다."

세상의 변화는 막을 수 없고, 변화는 격식에게 무조건 불리합니다. 우리가 격식이 될 수 있었던 이유는, 그 환경에서 가장 적확한 선택지였기 때문입니다. 바꾸어 말하면 환경이 바뀌면 그 권위도 함께 흔들린다는 뜻입니다.

통제된 개방성으로 대부분의 환경 변화는 극복할 수 있습니다. 그러나 수십 년 만의 폭염, 빙하기의 반복 같은 거시적 환경 변화에서 그 정도의 작은 변화만으로는 대응할 수 없습니다. 이때는 본질을 건드는 수준으로 크게 바꾸어야 합니다. 본질을 바꾼다는 것은 당연히 뼈를 깎는 고통과 같습니다. 이미 잘되고 있는데 왜 굳이 바꿔야 하냐는 내부 구성원들의 반발도 있을 것입니다. 그러나 불사조가 자신의 몸을 태워 다시 부활하고, 이건희 회장이 '마누라와 자식 빼고 다 바꿔라'라며 쇄신을 촉구했다던 장면을 떠올려 보십시오. 넷플릭스와 아마존이 어떻게 본질까지 바꾸며 퀀텀 점프를 이룩했는지 떠올려 보십시오. 환경의 변화가 눈앞에 보이는데, 이룩한 것들이 아까워서 바꾸지 못하는 것만큼 바보 같은 행동은 없습니다.

경영이론 중, '피터의 법칙[33]'은 단순히 개인에게만 적용되는 문제가 아닙니다. 브랜드, 콘텐츠, 창작자 모두에게 적용되는 법

---

33 조직 내 승진 과정에서 개인의 능력 한계까지 승진하게 되어 무능한 고위직이 발생하는 현상을 설명하는 이론입니다.

칙입니다. 격식이 된 이후의 지속 가능성은 당신이 도전자였던 때와는 전혀 다릅니다. 그러므로 우리는 스스로 자기 자신을 부수어야 합니다. 경계해야 할 것은 단 하나, 그대로 멈춰 있는 것입니다.

격식의 대들보, 브랜드 철학

지금까지는 주목을 끌기 위해, 경쟁자를 무너뜨리기 위해 파격과 크리에이티브에만 집중해왔습니다. 그러나 격식의 지위를 획득한 지금부터는 내부 렐러번스를 다져야 합니다. 격식의 중심축을 세워야 합니다. 바로 '브랜드 철학'입니다. 브랜드의 본질을 정리하고, 방향성을 명확히 할 시점입니다.

브랜드 철학은 격식의 척추입니다. 격식은 단단한 외골격이 아니라, 유연하면서도 중심을 잃지 않는 척추 같은 것입니다. 중심 철학이 없으면 외부 환경 변화에 따라 판단 기준이 흔들립니다. 그러나 철학이 있다면 모든 선택의 근거가 명확해지고, 심지어 그 선택이 실패해도 격식의 권위는 유지됩니다. 아무리 파격적인 비전형적 선택지도 철학과 렐러번스가 있다면 '의도 있는 설계'가 됩니다.

그동안의 활동과 선택들을 돌아보십시오. 성공이든 실패든, 그 안에는 일관된 사고와 판단 기준이 있었을 것입니다. 그것들을 엮어 하나의 철학으로 다듬어야 합니다. 새로운 나라를 세우면 국호를 바로잡고 역사서를 편찬하듯, 우리 스스로의 명분과 사유를 공표해야 합니다. 이 과정을 통해 만들어진 철학은 앞으로의 치세를 이어갈 구심점이 됩니다. 물론 그동안의 성장 과정에서 일관되지 않은 선택들이 있었을 것입니다. 부끄러워하지 않으셔도 됩니다. 완벽한 파격은 없습니다. 불완전했음을 숨기거나 덮지 말고 지금 시점에 정리하고 처분하면 됩니다.

IR, 브랜드 필름, 비전 선포식 등을 통해 공표된 철학은 앞으로의 선택을 명쾌하게 만들고, 의사결정 속도를 높여줍니다. 내부 구성원들은 이 철학을 기준으로 스스로 옳고 그름을 판단할 수 있고, 선택의 효율성은 비약적으로 향상됩니다. 브랜드 철학의 정립은 단순히 과거를 반추하는 도구가 아닙니다. 그것은 미래의 선택을 효율화하는 과정이며, 우리가 왜 이 방향으로 가는지를 납득시키는 설계도입니다. 브랜드 철학은 격식과 파격 사이를 오가는 데 있어 중심을 잡는 렐러번스입니다.

브랜드 철학은 외부에도 반드시 공유되어야 합니다. 우리는 이미 파격으로 주목을 받았습니다. 그렇다면 이제, "이들은 왜 이런 선택을 해왔는가?", "무엇을 기준으로 파격을 감행했는가?"라는 질문들이 따라옵니다. 이때 철학이 없다면 모든 행동은 즉흥적인 행위로 보입니다. 그러나 단단한 철학이 공표된다면, 그 파격은 오히려 설득력을 얻습니다.

애플의 'Think different'가 그 예입니다. 혁신의 기조는 그 철학에서 비롯되며, 그 덕분에 실패작마저도 납득 가능한 시도처럼 보입니다. 문제는 정반대입니다. 애플이 평이하고 자기복제적인 제품을 내놓을 때, 소비자들은 실망합니다. 왜냐하면 그럴 브랜드가 아니기 때문입니다. 브랜드 철학은 소비자들이 기대하게 만들고, 브랜드의 행동을 판단하는 기준이기도 합니다.

연예인이나 아티스트 같은 퍼스널 브랜드 역시 마찬가지입니다. 평소에 보여준 철학이 명확하면, 파격적인 발언조차도 그들의 스타일로 해석됩니다. 하지만 선언된 철학 없이 파격만 반복된다면, 소비자는 혼란을 느끼고 신뢰를 잃습니다. 이처럼 브랜드 철학은 외부 렐러번스를 안정화시키는 핵심 장치입니다.

파격의 성공 이후, 반드시 철학이 필요합니다. 세상의 기준으로는 파격처럼 보일지라도, 브랜드의 철학이나 내부 렐러번스에 비추어 합당하다면 그것은 무모한 시도가 아닙니다. 그것은 의도된 선택이고, 설계된 파격입니다.

격식의 연결고리 관리하기

격식의 권위는 내부의 정교한 규칙과 일관성에서 비롯되지만, 진정한 권위로 완성되기 위해서는 반드시 외부, 즉 소비자와의 렐러번스를 유지해야 합니다. 내부의 격이 아무리 단단하더라도 외부에서 인정받지 못한다면, 그 권위는 닫힌 방 안에서 메아리처럼 흩어지고 맙니다. 파격의 도전자들은 우리의 격식이 외부와의 연결이 약해질 때, 그 틈을 창의적인 방식으로 비집고 들어와 연결고리를 탈취할 것입니다.

가장 중요한 것은 '최초상기도'입니다. 이를 위해 얼마나 많은 시간과 자원을 들였습니까. 인지도를 기반으로 한 꾸준한 노출과 성과를 통해, 소비자들의 입에서 "역시, 이건 그 브랜드지"라는 말이 나오게 만들어야 합니다. 우리의 격식은 늘 주목받아야 하며,

그 존재 자체로 경쟁자의 의욕을 꺾어야 합니다. 도전자들은 연결고리를 탈취하기 위해 더 파격적이고 더 자극적인 크리에이티브로 도전해올 것입니다. 그럴 때일수록 우리는 숫자로 위엄을 증명해야 합니다. 매출, 구독자 수, 조회 수, 수상 경력 등 도전자들이 감히 넘볼 수 없는 벽을 제시하십시오.

그러나 어떤 도전자는 우리의 든든한 연결고리 자체를 무력화할 수 있는 새로운 방식으로 등장합니다. 더 세련되고 자극적인 메시지로 순식간에 우리의 연결고리를 '구식'으로 만들어 버릴 것입니다. 도전자 중 대다수는 시간이 조금 지나면 알아서 자멸하겠지만, 개중에는 뼈대가 단단한 도전자도 있습니다. 우리는 노키아가 애플의 스마트폰을 만났던 순간을 반복해선 안 됩니다. 도전자가 내민 새로운 연결고리가 더 매력적으로 느껴지지 않도록, 그 고리를 끊어야 합니다. 강력한 마케팅 전략, 미디어 장악력, 브랜드 자산을 총동원하여 새 연결고리를 무력화하고, 우리가 만든 렐러번스의 우수성과 효율성을 강조하십시오.

만일 그들의 연결고리를 끊어내기 어렵다면, 탈취하십시오. 도전자가 견고한 렐러번스를 구축하기 전, 우리 쪽에서 먼저 별동대를 파견해 양동작전을 펼쳐야 합니다. 기존 권위의 중심은 지키되, 새로운 영역에 가볍게 발을 들이십시오. 우리는 그들보다 자본과 인력이 풍부합니다. 그들의 전 재산은 우리에겐 한 번의 실험, 푼돈일 뿐입니다. 필요하다면 두려운 도전자들이 더 커지기 전에 미리 인수하는 방법도 있습니다. 어떤 방식으로든 그들의 성장을 저지하십시오. 다만 유의할 점은 자원이 무한하지 않다는 사실입니다. 모든 연결고리를 다 커버할 수는 없습니다. 냉철한 선택과 집중이 필요합니다.

또한 우리가 만든 연결고리도 언젠가는 노후화된다는 사실을 명심하셔야 합니다. 패러다임 시프트Paradigm shift는 반드시 일어납니다. 지금은 격식으로 기능하지만, 시간이 흐르면 우리의 격식도 소비자와 함께 늙고, 낡을 것입니다. 새로운 세대에겐 우리의 격식이 고리타분해 보일 수 있습니다. 도전자들은 이 약점을 정확히 공략할 것입니다. 다행인 것은 경쟁자가 새로운 연결고리의 가치를 깨닫기 전에, 우리가 스스로 노후화를 먼저 깨달을 수 있다는 것입니다. 경쟁자는 소비자의 반응을 눈으로 확인해야만, 확신을 가지고 파격을 시도할 수 있습니다. '예전 같지 않다'는 감각을 외면하지 마십시오.

만약 노후화를 너무 늦게 깨달으셨다면 두 가지 방법이 있습니다. 과감한 용기로 본질부터 뜯어고치거나, 새로운 브랜드를 만들어 도전자의 대항마를 만드는 것입니다.

우리는 정기적으로 새로운 세대의 소비자와 접점을 만들고, 그들의 언어로 말을 걸어야 합니다. 이 작업을 게을리하면, 우리가 쌓아 올린 격식도 순식간에 무너질 수 있습니다.

영향력

격식이 만들어지고 나면 인터뷰, 강의, 책 집필, 멘토링 제안처럼 당신의 노하우를 궁금해하는 사람들이 많아지게 됩니다. 이때, 외부로 지식과 지혜를 전파하는 것을 불편해하실 수 있습니다. 그러나 격식을 지키고 더 발전시키는 유용한 방법 중 하나임을 말씀드리고자 합니다. 혼자서 지키는 격식은 취약합니다. 격식은 따르는 사람의 수가 늘어날수록 강해집니다. 따라서 창시자로서 당신은 추종자와 협력자의 수를 늘려야 합니다.

당신의 노하우를 널리 전파해 창의성의 확산자가 되십시오. 물론 노하우 공개가 불안할 수 있습니다. 그러나 노하우를 알려준다고 추종자들이 곧바로 당신의 경쟁자가 되는 것은 아닙니다. 추종자의 환경은 당신과 다르기에, 같은 노하우로 동일한 성공을 거둘 확률은 극히 낮습니다. 전쟁터에서 같은 자리에 포탄이 두 번 떨어지거나, 번개를 연달아 두 번 맞을 확률과 같습니다. 추종자는 당신을 포함해, 다양한 것들로부터 영감을 받아 전혀 다른 크리에이티브를 만들어냅니다. 당신도 여러 레퍼런스를 섞어서 영감을 받았듯이, 누군가의 크리에이티브를 위한 영감의 한 조각이 되는 것뿐입니다. 만약 추종자가 당신의 노하우를 적극적으로 사용해 창작물을 만들었다면, 그것은 당신에게도 큰 도움이 됩니다. 당신이 격식을 습득할 당시, 장르의 역사를 따라 거슬러 올라갔을 때를 떠올려 보십시오. 추종자의 창작물은 새로운 소비자가 당신이 만든 파격의 발자취를 찾아올 수 있게 돕는 이정표가 될 것입니다.

또한 노하우의 전파는 새로운 '협력자'라는 네트워크 형성에도 도움이 됩니다. 앞서 설명했듯이, 모든 사람들은 단순히 자신의 분야에서만 레퍼런스를 찾지 않습니다. 다른 분야의 노하우를 자신의 분야로 융합하기 위해서 장르를 넘어 레퍼런스를 찾아다닙니다. 당신의 장르, 영역 바깥으로 확장되어 새로운 관계성을 만들 수 있습니다. 이 과정에서 예상치 못했던 A+B의 콜라보레이션이 이뤄지며 새로운 창조가 시작됩니다. 그 접점이 늘어날수록 당신의 영향력은 더 강해지고, 당신의 크리에이티브가 사회 전체로 퍼져나가게 될 것입니다.

영향력을 확장하는 과정에서 발생하는 책, 인터뷰, 강의 등의 자료는 당신의 '팬'에게도 중요한 역할을 합니다. 당신의 결과물에 경외감을 느낀 팬들은, 당신의 노하우를 '덕질'할 수 있습니다. '이 격식이 어떤 과정을 통해 만들어졌는가?', '창작자의 철학이나 의도는 무엇인가?'라는 팬이라면 당연한, 자연스러운 궁금증입니다. 물론 결과물 자체만으로도 팬심은 발동할 수 있으나, 결과물의 구조와 창작자의 생각이 잘 정돈되었고 일치한다면 팬들의 충성도는 더 높아집니다. 충성도 높은 팬심은 이후 당신의 활동에 든든한 지원군이 되어줄 것입니다. 이는 배우들의 티켓 파워처럼 당신의 성과가 '높을 것으로' 예측 가능하게 만듭니다.

격식은 당신의 손에서 만들어졌지만, 결국 사람들 사이에서 살아 숨 쉬게 됩니다. 당신의 노하우를 아낌없이 나눌수록 영향력은 커지고, 그 영향력은 다시 당신의 격식을 더욱 견고하게 만듭니다. 창의성을 소유하지 말고 공유하십시오. 이것이 결국 당신을 더욱 위대한 존재로 만들 것입니다.

격식을 수호하는 핵심은 하나입니다. 스스로를 전략적으로 부숴야 합니다. 거대한 격식이 아닌 자신을 부수는 것으로 타깃만 바뀌었을 뿐입니다. 그 누구보다 부수는 것에는 능하시지 않으십니까. 우리의 격식이 지속 가능하기 위해서는 끊임없이 변해야 한다는 사실을 기억해 주십시오.

마치며

"납득되게 설계된 파격"

이 문장은 '파격 × 크리에이티브 × 렐러번스'라는 이 책의 개념을 모두 함축한 문장입니다.

　　파격 없는 크리에이티브는 '포장지만 리뉴얼'이고,
　　크리에이티브 없는 렐러번스는 '뻔한 모범답안'
　　렐러번스 없는 파격은 '하루짜리 해프닝'
　　파격 없는 렐러번스는 '식상한 공감'
　　크리에이티브 없는 파격은 '뇌절'
　　렐러번스 없는 크리에이티브는 '관심 없는 신상품'입니다.

　하지만 이 세 요소가 유기적으로 결합될 때, 창작물은 세상을 흔들고, 사람들의 가슴속에 깊은 울림을 남깁니다.
　결국 창작자가 갖춰야 할 가장 중요한 기술은, 내 자신이 아니라 '세상'과 '소비자'를 중심에 두는 관점이라고 생각합니다. 나의 창작물이 세상과 어떻게 연결될 것인가를 고민하기 시작하면, 창의성은 우연한 영감이나 신내림이 아니라 훈련 가능한 근육이 됩니다. 그때부터 크리에이티브의 결은 완전히 달라질 것입니다. 이 과정이 '인문학적 소양'을 쌓는 과정이라고 믿습니다.

과학, 예술, 문화 등 장르를 가리지 않고 만들어지는 크고 작은 특이점과 파격의 성과들은 서로 영향을 주며 인류의 한계를 확장시킵니다. 달에 간 인간의 모습에 감동한 어린이는 훗날 SF 영화를 만들고, 그 영화 속에 등장한 상상의 기술들을 후대의 엔지니어들이 구현해 냅니다. 그 디바이스는 더 복잡한 계산과 시뮬레이션을 가능케 하고, 이는 세상을 더 풍요롭게 만듭니다. 풍요로운 세상에서 자라난 꼬마 과학자는 이제 인류를 더 멀리, 화성으로 보낼 것입니다.

피 한 방울 섞이지 않았지만, 우리는 모두 창조의 확산이라는 거대한 렐러번스로 연결되어 있습니다. 파격과 격식의 순환과 윤회라는 과정 속에서 우리의 창작물은 하나의 연결고리 역할을 합니다.

파격을 만들어내는 것은 참 어려운 일입니다. 세상은 너무 빠르게 변하고, 진리라고 믿어왔던 것도 하루아침에 아무 소용이 없어져 버립니다. 저는 물론, 업계의 선배들도 남모르게 매일같이 치열한 고민으로 살아가고 있다고 말합니다.

그러나 바꾸어 생각하면 계속해서 새로운 진리를 업데이트하는 과정은 매우 즐거운 일이라고 생각합니다. 정답이 없기 때문에 오히려 재밌습니다. 정해진 규칙이 없단 것은 나에게도 기회가 올 수 있다는 가능성이기도 하니까요.

우리 모두 창작을 처음 시작할 때처럼 과정을 즐기던 마음이 영원하길 바랍니다. 전공이나 장르는 달라도 다 비슷했지 않을까요? 격식과 파격 사이에서 방황하고, 시행착오를 겪었던 모든 경험들이 크리에이티브 자산이 되리라 믿습니다. 무언가 새로운 것을 시도할 때, 두려움보다는 그 시도가 만들어낼 무한한 가능성에 집중할 수 있기를 바랍니다.

당신의 파격이 시대를 바꾸고
새로운 격식이 되기를 바랍니다.

송재원 올림

영감을 주신 분들

이 책의 영감은 사랑하는 아내이자, 파트너(나의 클라이언트)인 남우리 CD의 지분이 매우 높습니다. 마치 공자나 석가모니의 제자들이 스승의 가르침을 옮겨 적었듯, 남우리 CD의 크리에이티브 작업 과정을 옆에서 지켜보며 깨달은 것들을 정리한 것이기도 합니다. 그녀의 창의적 확산성이 저에게 미친 영향이 가장 큽니다. 물론 제가 재해석하고, 변주한 부분이 있기에 이 책이 남 CD의 철학이나 방법론을 대변하진 않습니다.

제일기획 재직 당시, 소속 팀장님이셨던 서용민 CD 님의 영향도 많이 받았습니다. 본질을 탐구하고, 단어의 어원에서 시작하시던 크리에이티브의 방법론이 저에게 유전되었습니다.

추천사를 써주신 분들께도 각기 다른 영감을 받았습니다.

최인아 대표님께는 '격식'과 '태도'의 영감을 받았습니다. 대표님께서 CD로 활약하셨을 때의 전설적인 광고들과 대표님께서 가르치셨던 CD님들의 방법들을 비교하며, 시대를 관통하는 크리에이티브의 격식을 배웠습니다. '일'을 할 때의 주인의식이나 광고업의 품위에 관한 가르침이 얼마나 중요했었는지 새삼 실감하고 있습니다. "컨텐츠 같은 광고 만들고 싶습니다"라는 포부를 신입사원 면접에서 말씀드렸는데 실제로 그런 일을 하게 되었습니다. 뽑아주셔서 감사합니다.

신우석 감독님께는 '파격'의 영감을 받았습니다. 몰상식이 주는 파괴력을 스스로 증명하셨죠. 또한 돌고래유괴단 소속 감독님들과 업계 전반에 미친 영향력을 통해 '창의적 확산성'이 무엇인지 확인할 수 있었습니다.

스투시의 마케팅팩토리는 제가 대학생 때부터 신세를 지고 있는 레퍼런스의 보물창고입니다. 그곳에서 크리에이티브의 다양한 공식과 방법론을 습득할 수 있었습니다. 또한, 큐레이션이란 단어가 없던 시절부터의 꾸준한 활동을 보며 '독보적인 신뢰의 렐러번스'란 어떻게 생기는가에 대해 배울 수 있었습니다.

저는 김기조 키즈입니다. (마치 박세리, 김연아 키즈처럼요.) 레터링과 타이포그래피로 어떤 파급력을 만들 수 있는가에 대해 영감을 받았습니다. 덕분에 선배의 방법론을 광고라는 배경에 재맥락화할 수 있었습니다. 또한 디자이너라는 한 명의 개인이 구축할 수 있는 '퍼스널 브랜딩'이란 무엇인가, 나는 이 업계에서 '어떻게 포지셔닝해야 하는가'에 대해 생각하는 계기를 마련해주셨습니다.

유준호 님께는 크리에이터는 어떻게 성장하는지에 대한 영감을 받았습니다. 창작자의 재능을 활용한 크리에이티브가 어떻게 특이점을 만드는가에 대해 확인했습니다. 이후, 중심 컨셉을 꾸준히 유지하며 '지속가능성'과 '렐러번스의 확장'이란 무엇인가에 대해 배웠습니다.

그동안 함께 작업해주신 모든 광고주, 협력사, 그리고 제일기획과 스튜디오좋의 동료분들의 가르침 역시 영감의 조각이 되어 책 곳곳에 녹아 있습니다. 여기 다 적지 못한 감사의 말은 직접 찾아뵙고 말씀드리겠습니다.

감사합니다.

납득되는 몰상식한 아이디어

1판 1쇄 발행 2025년 8월 25일
1판 2쇄 발행 2025년 9월 23일

지은이 송재원
발행인 오영진 김진갑
발행처 토네이도미디어그룹(주)

기획편집 박수진 유인경 박은화 김예은
디자인팀 김현주 강재준
표지 및 본문 디자인 studio forb
마케팅 박시현 박준서 김수연 박가영
경영지원 이혜선

출판등록 2006년 1월 11일 제313-2006-15호
주소 서울시 마포구 월드컵북로5가길 12 서교빌딩 2층
원고 투고 및 독자 문의 midnightbookstore@naver.com
전화 02-332-3310 **팩스** 02-332-7741
블로그 blog.naver.com/midnightbookstore
페이스북 www.facebook.com/tornadobook
인스타그램 @tornadobooks

ISBN 979-11-5851-325-2 03190

사진자료를 제외한 삽화는 AI(ChatGPT)로 생성한 이미지를 활용해 제작되었습니다.

토네이도는 토네이도미디어그룹(주)의 자기계발/경제경영 브랜드입니다.
이 책은 저작권법에 따라 보호를 받는 저작물이므로
무단전재와 무단복제를 금하며, 이 책 내용의 전부 또는 일부를 사용하려면
반드시 저작권자와 토네이도의 서면 동의를 받아야 합니다.

잘못되거나 파손된 책은 구입하신 서점에서 교환해드립니다.
책값은 뒤표지에 있습니다.